計画の他にも、環境づくりや保育教材、安全に関わる資料など、初めてクラス担任になった保育者が手にして、すぐに役立つ保育資料がたくさんあります。

　折しも、平成30年4月から、改訂(定)された幼稚園教育要領、保育所保育指針、幼保連携型認定こども園教育・保育要領が実施されます。これらでは、3歳児、4歳児、5歳児については、5領域のねらい及び内容、更に「幼児期の終わりまでに育ってほしい姿」が共通に示されました。特に、5歳児については、「幼児期の終わりまでに育ってほしい姿」を活用して、小学校のカリキュラムと円滑な接続をしていくことが求められ、いずれの施設においても幼児教育の質保証が一層期待されています。

　多くの保育者が、本書を活用し、自信と誇りをもって、よりよい保育を創っていくことを願っています。

監修　神長美津子

保育のきほん

大切にしておきたい要領、指針、教育・保育要領のことを分かりやすく解説しています。

5歳児の担任になったぞ！初めての5歳児の担任！いっぱい子どもたちと遊んで、子どもたちが楽しめるように……頑張ろう！

でも…初めてだからちょっと不安かな

あらあら、張り切っているね。けど、少し心配になったかな。初めての担任でも大丈夫！ この本があなたの保育をサポートしてくれますよ♪

まず、保育を始める前に要領・指針のことや子どもの発達、指導計画について押さえておこうね。
要領・指針についてのラインナップはこんな感じよ。

保育のきほん

環境を通した保育	5
資質・能力	
幼児期の終わりまでに育って欲しい姿	6
5つの領域	8
養護	10
計画・評価	11

いろいろポイント

健康	12
食育	13
安全	14
子育て支援	15
専門性　認定こども園	16
おさえておきたい基本の病気	18
子どもの症状を見るポイント	19
防災のための注意点	20

良かった…！
安心しました。
もっと知りたい！
詳しく教えてください！

じゃあさっそく、「環境を通した保育」から見ていきましょう！

0歳児では、養護を基盤に身体、社会、精神の3つの視点に大きく分けています。安定した中で子どもが自分から周りの環境に関わっていくことを大切にしています。

1歳以上3歳未満児では先ほどの「5つの領域」と同じですが、よりその年齢に合った形になっています。やはり保育者との関わりの中で、育んでいくことを目指しながら、ねらいが編成されていることを覚えておきましょうね。

養護の理念では、保育者が行なう援助や関わりを、「生命の保持」と「情緒の安定」に大きく分けて構成されています。保育所保育を通じて、養護と教育の一体性がうたわれています。

環境に気を配ろう

保健的で清潔・安全な保育環境は欠かせません。保育室・衣類・寝具などが衛生的に保たれるよう気を配りましょう。また、子どもが主体的に活動できるような環境をつくっておくことも養護の理念につながります。休息できるような場を整えておくことも大切です。

受容的な援助を心掛けよう

子どもは、身近にいる大人から受け止められ、認められることで初めて自分を十分に発揮して周囲の環境に関わっていくことができます。そのため保育者には、常に子どもの思いを受け止めながら、それに対する関わりが求められます。一日の生活の流れを見通して、静と動のバランス良く活動できるように調整することも大切でしょう。

計画・評価

計画をつくり、それをもとに保育を行ない、評価していく中で保育の改善を重ねていく必要があります。

保育のきほん　養護／計画・評価

保育者一人ひとりが保育の振り返りをしよう

まずは保育者一人ひとりが立案し、行なった保育を振り返ることから始めましょう。その過程で、子どもへの理解を深めます。肯定的な視点で子ども一人ひとりの良さを認め、また自らの保育の改善点を把握しましょう。

保育者間で共有しよう

職員間でも振り返りを行なってみましょう。そうすることで、互いの理解と協働性が強まります。その保育の見直しが、日々の指導計画の見直し、ひいては全体的な計画の改善へとつながっていきます。

いろいろポイント

幼稚園・保育園・認定こども園、どんな施設であっても、知っておきたいポイントについて大切なところを確認しておきましょう。

健康 健康状態の把握から始めよう

　子どもの生命を守ることと、心の安定を保つことは保育の基本です。養護の考え方にも重なる部分なので、まずはその認識をもちましょう。

　子どもの発達の状態と、日々の子どもの健康状態を確認することは重要です。0・1・2歳児の場合には、睡眠時の観察も十分に行ない、安全な午睡環境の提供にも努めましょう。

　健康状態を確認する際、病気や障害だけでなく、虐待などの兆候が見られる場合には、早期の発見と対応が必要になります。地域の実情に応じて、市町村との連携を図りましょう。

　また、感染症の流行を予防するためには、体液（血液や汗を除く）に触れる際に使い捨て手袋を着用し、外したあとには流水とせっけんで手洗いを行なうといった予防策をとりましょう。

保育のきほん　健康／食育

食育
日々の生活で、「食」を楽しいと思えるように

　食は、子どもが豊かな人間性を育み、生きる力を身につけるために、また健康増進のために重要です。それで保育の一環として食育を位置付けられています。

　日々の食事や野菜の栽培、収穫した食材での調理などの経験を通じて、食材そのものや食べることを楽しいと思えるようにすることが食育の大きな意義となります。園では、食材や調理師など人との関わりだけでなく、食事をする部屋の採光や食具も含め、食に関する人的・物的環境の構成に配慮しましょう。

　領域「健康」とも密接な関連性があることを意識しながら、日々の生活と深く関わっていることをおさえておきましょう。また、伝統的な食文化を扱う際には、栄養士や調理師など多様な人々と連携することも考えるようにしましょう。

安全 事故や災害に備えるための危機管理対策をしよう

　保育者は、保育環境の整備や、職員間での打ち合わせなどを通して、日常の安全管理に留意する必要があります。特に睡眠中、プール活動・水遊び中、食事中の場面などは、重大な事故が起こりやすいことを踏まえ、適切な対応をとりましょう。
　また、ただ子どもから危険な物を排除するのではなく、子ども自らが危険と判断して回避できるような援助も重要です。
　災害への備えとして、施設の安全点検や安全環境の整備に努めることは大切です。また、引き渡しの配慮なども含め、様々な事態を想定して避難訓練に関するマニュアルを作成して、職員間で共通の対策を取れるようにしておきましょう。

子育て支援

保護者と子どもの育ちを喜び合おう

　まずは子どもの育ちを保護者と共に喜び合えるようにしましょう。保育者の側から思いを押し付けるのではなく、保護者の主体性や自己決定を尊重しながら、子育ての支援をできるようにしましょう。

　園に通っている子どもの保護者には、連絡帳や登降園時の会話、行事などを通して子どもの育ちを知らせます。保育の活動に保護者の参加を促すことは、保護者自身の子育てへの気付きにもつながることから、積極的に行なえるといいでしょう。

　また地域の未就園児に対しては親子遊びの講座や給食参観などを開いたりする取り組みも子育て支援の一つです。一時預かり事業などを行なう場合には、園での行事や日頃の保育と関連付けながら、柔軟に保育することも大切です。

専門性 — 研修を通して知識・技能の向上を図ろう

保育の場では、管理栄養士や看護師含め、たくさんの職種の人が働いています。保育者として、子どもとの関わり方や保護者に今行なっている保育を十分に説明できるようにするといった、コミュニケーション力やプレゼンテーション力を向上させましょう。

また、そのためには同僚と行なう園内研修をはじめとした学びの場や、外部での研修に積極的に出向くことも大切です。

認定こども園 — 多様な背景の子どもたちに配慮しよう

登園時間、在園時間、入園した時期や在園期間の違いによる園生活の経験など、認定こども園では多様な背景をもつ子どもたちが在園することが、これまで以上に増えてきます。特に安全の確保や1日の生活のリズムを整えるよう工夫することが大切です。子ども一人ひとりと信頼関係を結び、生活が安定に向かうためにも保育者間での情報の共有などを大切にしましょう。

ここまでは、どんな施設形態でも共通して知っておきたい健康・安全・食育・子育て支援などのポイントについて伝えてきたけど、OKかしら？

最後に、知っておいてほしい病気や災害時の持ち出しグッズについて説明するわね！その前に…保育者としてレベルアップするためのポイントを3つ紹介しておくわね！

❶ アプローチできる物を増やしてみよう

子どもの思いに応える際、保育者の教材などへの知識が多いほど、より寄り添ったものを選ぶことができます。素材の良いところや特徴を把握しておきましょう。

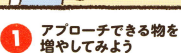

❷ 環境について、見える物を増やそう

環境に危険な物がないかどうか、子どもの発達に沿っているかなどはただぼんやりと見ていてはなかなか見えてこないもの。他の保育室も参考にしながら気付きを増やしましょう。

❸ 子どもの声を聴こう

保育を組み立てるうえで必要な興味・関心は日々の子どもの声に耳を傾けるところから始まります。

おさえておきたい 基本の病気

園でよく流行する感染症について、その症状と予防・拡大防止のために必要なことをまとめました。

インフルエンザ

症状：感染後1〜4日間の潜伏期を経て高熱が3〜4日間続きます。全身の倦怠感や関節痛、筋肉痛、頭痛が伴い、咽頭痛、鼻汁、せきなどが出ます。一週間ほどでよくなります。

予防・拡大防止策

ワクチンの接種：乳幼児ではワクチンの有効性が低いので2〜4週間あけて2回の接種が望まれます。

マスクの装着：患者発生時は全員がマスクの装着を心掛け、せきやくしゃみの際には人に向かってしないことを徹底しましょう。

手洗い・消毒：手洗いなどの手指衛生を心掛け、またつばなどの体液がついたものを中心にアルコールによる消毒を行ないます。

麻しん

症状：38℃以上の高熱、せき、鼻汁、結膜充血、目やにが見られます。熱が一時下がってから再び高くなり、耳後部に赤みが強く少し盛り上がった発しんが現れます。

予防・拡大防止策

ワクチンの接種：入園前の健康状況調査で、ワクチンの接種歴を確認します。未接種の場合には接種を強く勧めましょう。解熱した後は、3日を経過するまで登園を避けるように保護者に依頼します。

腸管出血性大腸菌感染症

症状：激しい腹痛とともに、頻回の水様便や血便の症状があります。発熱は軽度です。血便は初期では少量の血液の混入で始まりますが、次第に血液の量が増加し、典型例では血液そのものといった状態になります。

予防・拡大防止策

食材の管理：適切な温度で食材を保管したり、十分に加熱調理をしたりして、衛生的な取り扱いに留意します。

手洗いの励行：接触感染の対策として最も重要です。日頃から心掛けましょう。

ノロウイルス

症状：潜伏期間は12〜48時間で、嘔吐、下痢、腹痛、発熱などの症状が出ます。通常3日以内に回復します。嘔吐、下痢が頻繁の場合、脱水症状を起こすことがあるので尿が出ているかどうかの確認が必要です。

予防・拡大防止策

別室への移動：感染を防ぐために、換気しながら周りの子どもたちを別室に移動させます。職員は速やかに汚染物を処理します。

消毒：次亜塩素酸ナトリウム0.02％（糞便・おう吐物の場合は0.1％）で消毒します。バケツ、手袋、エプロン、使い捨ての雑巾やペーパータオルなどはひとまとめにしてあらかじめ準備します。

参考：2012年改訂版 保育所における感染症対策ガイドライン（厚生労働省・平成24年11月）

保育のきほん　防災のための注意点

防災のための注意点

持ち出しグッズや注意事項など、災害時の被害を少しでも減らせるようなポイントです。

持ち出しグッズはこれ！

- クラフトテープ
- 紙
- フェルトペンなど筆記用具
- 軍手
- お尻拭き
- 紙オムツ
- ウェットティッシュ
- バスタオル
- ビニール袋・ゴミ袋
- ホイッスルライト
- ミネラルウォーター
- お菓子
- 着替え

保護者と共通で認識しておきたい事項

災害のときには何かと想定外のことが起こります。引き渡しの方法や緊急連絡先も、祖父母や、近隣の住民など、保護者以外の場合も考えておく必要があります。また避難先についても、認識を共有しておきましょう。

避難訓練の注意事項

雨の降っている日など、いつもと違う状況での避難訓練も想定しておきましょう。保護者と連携した引き渡し訓練も経験しておく必要があります。また、アレルギーをもつ子どもにも配慮が必要です。

参考：想定外から子どもを守る 保育施設のための防災ハンドブック（経済産業省・平成24年）

5歳児保育のきほん

生活と遊び両面の子どもの発達と、
指導計画の書き方の基本を解説しています。

● 0～5歳児の発達を見通そう　編集／『月刊 保育とカリキュラム』編集委員
● 発達と生活・発達と遊び　監修・執筆／塩谷 香（國學院大學特任教授、NPO法人「ぴあわらべ」理事）
● 指導計画のきほん　監修・執筆／神長美津子（國學院大學教授）

※発達と生活・発達と遊びは、『月刊 保育とカリキュラム』2015年度の連載『0～5歳児　発達と保育』に加筆・修正を加え、再編集したものです。

0〜5歳児の発達を見通そう

担当する年齢の発達に加え、0〜5歳児の発達過程を見通し、日々の保育や指導計画の参考にしましょう。

※全ての子どもにあてはまるというわけではありません。

0歳児 / 1歳児 / 2歳児

発達の過程 ※柴崎先生による

0歳児	1歳児	2歳児
特定の保育者との情緒的なきずなが形成され、寝返りやお座りができるようになる。周囲の環境に自発的に興味を示すようになり、手を伸ばして触り、口に持って行くようになる。また自分の気持ちを、表情や喃語などで表現する。	一人で歩き始めるようになり、自分から周囲の環境を積極的に探索するようになる。親しい保育者には簡単な言葉を用いて要求や思いを表現するようになるが、知らない人に対しては人見知りもする。また物を見立てて楽しむようになる。	手指や体の運動能力が向上し、生活習慣を自分から進めていこうとする。だが自我の芽生えや言葉の発達に伴い、自己主張も強くなり友達との物の取り合いが多くなる。また好きなヒーローなどになり切る遊びが盛んになる。

子どもの姿

0歳児

ごくごく飲んで、ぐっすり眠る
生活リズムが大切にされることで、生理的欲求、依存的欲求が満たされ、生命の保持と生活の安定が図られます。清潔で気持ちの良い生活をします。

だっこ 大好き
だっこでにっこりと見つめ合ったり、笑顔を交わしたり、優しく話し掛けてもらったりなど、特定の保育者との愛情豊かで応答的な関わりにより、情緒が安定します。

手足ぐんぐん・伸び伸び
首が据わり、寝返り、腹ばいなど、全身の動きが活発になり、自分の意思で体を動かそうとします。

なんでも、口で試してみたい
オッパイを吸って、たっぷり口唇の力を使います。気になるものがあると、すぐに口元へ持って行き、口の中で感触を確かめ、試してみようとします。

ねえ、ねえ、こっち見て・喃語
泣く、笑う、喃語を発するなどで、自分の欲求を表現して、特定の大人と関わろうとするようになります。

おんも（お外）、大好き！
安心できる人的・物的環境の下で、見たり触ったりする機会を通して、周りの環境に対する興味や好奇心が芽生えてきます。

先生がいるから遊べるよ
保育者に見守られて、玩具や身の回りのもので一人遊びを十分に楽しむようになります。

1歳児

おいしく食べて、よく眠り
楽しい雰囲気の中で、食事、間食をとるようになり、自分で食事をしようとするようになります。安全で健康な環境の中、生活リズムが大切にされ、安心して睡眠をとります。

わーい、歩けた
立って歩き、自分からいろいろな環境に関わろうとするようになります。

自分で、自分で
安心できる保育者との関係の下、食事、排せつ、衣服の着脱などの身の回りのことを通して自分でしようとする気持ちが芽生えます。

なんだろう
手先・指を使って、物のやり取りをしたり、玩具を触ったりなど、探索活動が活発になります。

「マンマ」「マンマ」片言でお話し
応答的な大人との関わりにより、指さし、身ぶり、片言などを使って、自分の気持ちを伝えようとするようになります。

2歳児

よいしょ よいしょ 楽しいね
またぐ・くぐる・走る・よじのぼる・押すなど、全身を使う動きや、つまむ・丸める・めくるなどの手や指を使うことができるようになり、それを遊びとして楽しむことができるようになります。

なんでも「ジブンデ」するの
大人に手助けされながら、食事・排せつ・着替えなど、簡単な身の回りのことを自分でしようとします。「ジブンデ」と、よく言うようになります。

まねっこ、大好き
周りの人の行動に興味を示し、盛んにまねたり、歌ったりするようになります。○○になったつもりの遊び・見立てる遊びが盛んになります。

「なんで？」「これなあに？」
挨拶や返事など、生活に必要な言葉を使ったり、「なんで？」などの質問が盛んになったりします。繰り返しのある言葉を喜んだりもします。

5歳児保育のきほん　0〜5歳児の発達を見通そう

3歳児	4歳児	5歳児	
生活習慣が次第に自立するようになる。気の合う友達と一緒の遊びが盛んになり、お店屋さんごっこやヒーローごっこなどのごっこ遊びを楽しむようになる。また言葉への関心が強くなり、新しい言葉や直接体験を通した知識を積極的に取り入れていく。	幾つかの動きを同時にできるようになり、思い切り走る、ボールを蹴る、回転するなどの動きに挑戦するようになる。友達と言葉により気持ちや意思を伝え、一緒に遊びを進めるようになる。また様々な表現を楽しめるようになる。	基本的な運動や生活習慣が身につき、生活や遊びを仲間と協調的に進めていくことができる。友達と協同的な集団活動を展開できるようになり、自分の思いを言葉や様々な方法で表現できるようになる。	

見て見て自分で…
食事、排せつ、衣服の脱ぎ着、清潔など、基本的生活習慣がほぼ自分でできるようになり、認めてもらって自信をもち始めます。

「いれて」「だめよ」
初めての集団生活の中で、人と関わることが楽しくもあり、戸惑ったり葛藤したりする姿もあります。

お友達大好き
自我が芽生え、大人との関係から次第に周りの人のことが分かるようになって、友達に興味をもち始め、気の合う友達と遊び出します。

何でも触って…
土、砂、水などの自然物や、身近な動物、昆虫などに関心をもち、怖がらずに見たり、触れたりして、好奇心いっぱいに遊びます。

おしゃべり大好き
自分の思いを言葉にできることを楽しむ姿が見られます。

「わたし」「あなた」
イメージが豊かになり、ごっこを好み、言葉によるやり取りを楽しむ中で「わたし」などの一人称や、「あなた」などの二人称を使えるようになって喜んで遊びます。

ウサギさんぴょーん
ウサギになって2拍子で跳んだり、ギャロップでウマになったり、リズムを聞き分けて身体で表現したり、盛んに歌うようになります。

何でもひとりでするよ
身の回りの始末はほとんど自分でできるようになり、生活の流れに見通しがもてます。

こんなに動けるよ
全身のバランスがとれて、体の動きが巧みになり「〜しながら〜する」というふたつの動きを同時にでき、片足跳びやスキップができます。

どうぞ、いいよ…
友達の思いに気付き「〜だけど〜する」という自分の気持ちを抑えて我慢をしたり、譲ったりができるようになってくる反面、抑えがきかずトラブルも起きます。

やってみたい！
新しい活動にも取り組めるようになり、試す・工夫する・頑張ろうとするなどの気持ちが見られるようになります。

右足には右の靴だよ
自分の位置を基準にして、上下、左右、前後、遠近が分かるようになり、物を分別したりグループ分けができるようになったりします。

「どうして？」
身近な自然など、興味をもったこと、疑問に思ったことの理由を尋ねたり、試したり、質問したりするようになり、自分のイメージをもって話すようになります。

こんなのできたよ
自分なりのイメージをもって、身近な素材を使って、描いたり作ったりするようになり、感じたこと、考えたことを表せるようになります。

園が楽しい
基本的な生活習慣が自立し、見通しをもってみずから健康で安全な生活（食事を含む）を楽しむようになります。年長児として、年下の子どもをいたわるようになります。

動いて、元気！先生より跳べるよ！
目と手と体の全ての部位が自由に動かせるようになり、複合応用運動ができます。

みんなと一緒に！
友達同士の仲間意識ができ、集団を意識するとともに友達のよさに気付きます。また、規範意識が高まり、決まりや時間配分をつくり、園生活を自主的に送ろうとします。

そうだ そうだ わかるよ
友達の気持ちや立場が理解でき、他者から見た自分も分かるようになり、葛藤しながら共感性が高まって、協同しつつ共通の目標に向かう姿が見られます。

なにか おもしろそうだな
日常生活の中で、数量、図形、記号、文字、磁石などへの理解が深まり、比べたり、数えたり・科学遊びをしたりして興味をもって関わります。

みんな命があるんだね
動植物の飼育栽培など、様々な環境に関わる中で、友達の違う考えにふれて新しい考えを生み出したり、命の大切さが分かったりするようになります。

黙って考えてるの
一人言が少なくなり、自分の行為、計画を頭の中で思考するようになり、言葉で自分をコントロールするようになります。落ち着いて人の話が聞けるようになります。

言葉遊びができるよ
語彙が増え、想像力が豊かになるとともに、日本語の仕組みに気付き、しりとり遊びや逆さ言葉で遊んだり、伝える喜びを感じたりするようになります。

自分で作ったよ
生活の中での感動によりイメージを膨らませたり、友達の表現にふれたりして、自己表現をしようとするようになります。

みんなで作ったよ
友達と共通のイメージや目的意識をもって、素材や用具を適切に使い、共同でさまざまな表現をするようになります。

健康　人間関係　環境　言葉　表現

（保育年数により経験差が見られる時期ですので、広く捉えてください）

発達と生活

みんなで気持ち良く生活するためにはどうすれば良いか、考えられるようにしていきましょう。マナーなどの意味も知らせていきます。

発達の流れ　生活

5・6歳

- 生活の見通しをもって自分で排便、排尿ができる
- ドアを閉めて排せつする
- トイレの水を流す、手を洗う、スリッパをそろえる、ドアをノックするなどのマナーが身につく
- 着替え、手洗い、トイレ、整頓などの基本的な生活習慣が身につく

保育のポイント　環境・援助

衣服の調節ができるように

「きれいな服に着替えると気持ち良いね」

🔊 こんなことばがけを

子どもには
衣服の役割や効果を意識するようなことばがけを心掛けていきましょう。

★ 衣服と衛生の関係を伝える
衣服には体内から排出する分泌物を繊維で吸い取る働きがあります。汚れたら着替えて新陳代謝を助ける必要があることを伝えていきましょう。

★ 季節との関係を意識させる
日本には四季があります。暑くなれば涼しい服を着て、寒くなれば重ね着をして体温を調節する必要性を伝え、意識させます。

★ 活動に合わせることを伝える
衣服は体を守ります。運動や遊びなど体を十分に動かすときには、伸縮性のある服、軽い服を着るとよいことを伝えましょう。

保護者との共有
衣服の知識を家庭と共有しましょう
衣服は健康な体を守る必需品ですが、同時に着こなしや、社会的なマナーなどの観点からも生活に欠かせないものです。家庭でもそのような視点をもって援助に協力してもらうよう伝えましょう。

ちょう結び

援助のポイント
輪を作ったり、輪に絡ませたりするときは、「ゆっくりやっていいんだよ」などと言葉を掛けましょう。

❶ ひもを1回結んでから、下から出ている方のひもで輪を作ります。他方のひもを輪の根元手前から後ろへ1周、回します。

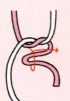

❷ 根元にできた小さな輪の中に、1周したひもを輪にして引っ張り、チョウの形にします。

- 食べ物と体との関係、食べ物の命を感じるようになる
- マナーをわきまえて、決められた時間内に食べる
- 苦手な物も体によいことを理解して、食べようとする
- 1日の生活におおよその見通しをもって行動できるようになる

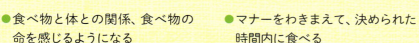
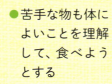

見通しをもって生活するように

🔊 こんなことばがけを

子どもには
見通しが立つと自分から寝やすく、安心して眠れる子どももいます。

保護者には
家庭で自分から寝られない子どもの保護者には、園でどのような様子かを伝えましょう。

★ 寝る前の準備を大切に

寝る前に自分で着替える、布団を敷く、トイレに行く、手洗いをする、などの一連の準備ができるようにしましょう。覚えるまではことばがけをし、ある程度できるようになったら、できている子どもを褒め、他の子どもの刺激にしていくとよいでしょう。

保護者との共有
生活リズムの大切さを伝えましょう

人は、24時間の周期が崩れると、ぼんやりしたり、イライラしたり、疲れやすくなったりします。早寝早起きが難しい家庭には、まずは早起きから心掛け、早寝早起きのサイクルをつくっていくことが大切であることを伝えましょう。

★ 朝一番に1日のスケジュールを

1日の初めに、その日のスケジュールを、子どもたちと一緒に確認し、午睡の時間を把握しておくようにします。

★ 時計を使って

寝る時間が迫ってきたら、「もう〇時〇分だよ」と時計に注目させ、自分で寝る準備ができるようにしていきましょう。

5歳児保育のきほん　発達と生活／5・6歳

発達の流れ｜生活

- 必要な子どもだけが午睡をする（ほとんどの子どもが昼寝をしなくなる）
- 年下の子どもに、直接手を取る、お手本をやって見せるなどして教えることができる
- 体温や環境に合わせて、自分で衣服の調節をする

 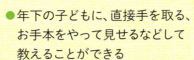  

保育のポイント

自分たちで主体的に①

🔊 こんなことばがけを

子どもには
今日の日付と予定を時間に沿って示しておきます。子どもが見て自分なりに行動を決められるようにします。

援助のポイント
子どもにも分かりやすいよう、ひらがなと絵で予定を書いておきましょう。

保護者には
子どもの主体性を尊重できるよう、園でしていることを伝えます。

（吹き出し）
- そろそろかたづけて、つぎのよういしよっと！
- そうだね。自分で気付いてえらいね
- ○○ちゃん、今日は次にやることを考えて片付けていて、びっくりしました！

環境・援助

★ 当番活動をする
当番活動は、みんなの役に立つ喜び、役を果たした達成感が味わえます。給食時の当番など、グループ内で役割を話し合いながら行なうと良いでしょう。

★ 振り返りをする
自分でできるようになったことを友達と話し合い、成長を喜び合いましょう。

★ マナーをわきまえて「みんなの生活」を意識する
みんなが気持ち良く生活をするためにはマナーが必要になることを、意識させましょう。
例）
- 食事…テーブルの汚れに気付いて、拭く
- トイレ…スリッパをそろえて置く
- 整理・整頓…使った物は元にあった場所に戻す

保護者との共有
就学に向けて
保護者も心配だと思いますが、子どもはそれ以上に不安に思っているもの。プレッシャーを与えないように伝えるとともに、小さなことでもできるようになったことを認めて自信につなげながら、就学に期待できるようにしてあげたいですね。

- 決まりや遊びのルールなどをを自発的に守るようになる

- 汗をかいたらハンカチで拭く

- 友達のエプロンのひもを結ぶ

- 自分の身の回りの清潔、清掃、身だしなみに注意をする

5歳児保育のきほん　発達と生活／5・6歳

自分たちで主体的に②

🔊 こんなことばがけを

「これはどこに片付けると良いかな？」

子どもには
その日の活動予定を知らせておき、次の活動を意識して片付け始めている子どもに声を掛け、他の子どもたちにも気付かせます。

★ 主体的に片付ける

● **1日のスケジュールを事前に知らせる**
その日のスケジュールを言葉で伝えたり掲示物で知らせたりしておきます。次の活動を意識して、自分から遊びを切り上げて片付けられるようにしていきます。

● **自主性を認める**
見通しをもって片付けようとする姿を認めて褒め、生活への主体性を伸ばします。

援助のポイント
子どもたちと話し合いながら片付け方を工夫します。

★ 用具の整理・分類

● ハサミやセロハンテープは片付ける所に番号やイラストを表示して、同じ表示のある場所へ片付けます。

● イスには番号を表示して5脚ずつ所定の場所に片付ける（もしくは床に表示してある番号の数を重ねる）など、分かりやすい表示で整理や分類ができるようにします。きちんと整理すると気持ちが良いという感覚が身につくようにしましょう。

援助のポイント
色別、用途ごとのセットなど、使いやすく美しい収納環境をつくりましょう。

★ 身近な所の清掃

製作活動や食事の後など、扱いやすいサイズのぞうきんや台拭き、ほうき、ちりとり、ミニブラシなどを使って自分たちできれいにします。子どもの姿を認めつつ、きれいになった心地良さを味わえるようにしていきましょう。

27

発達の流れ｜生活

5・6歳

- 着替え、食事、手洗い、自分の持ち物の整理など、基本的な生活習慣が身につく
- 子どもたちで相談しながら、物事を進めていける場合がある
- 友達や大人の話を聞くことができる
- 集団の中で、自分の役割を意識する

「あたらしいはこにいれる？」「このはこいっぱいになったよ」

保育のポイント｜環境・援助

みんなでの生活の中で

こんなことばがけを
「どうしたらきれいに片付けられるかな？」

子どもには
「みんなでの生活」を意識させる言葉を掛け、集団生活の場が清潔で心地が良いことを感じられるようにしましょう。

★ 集団生活の中で意識を養う

● マナー
きれいにすることは、みんなが気持ち良く生活するために必要なことだと伝えましょう。意識が育ってくると、相手に不快な思いをさせないためのマナーも身についていきます。

● 友達との協力
友達同士で掃除や片付けをした後、きれいになったことを確認し合うなど、子どもたちが主体的に取り組めるようにしていきます。

保護者との共有
家庭で清潔習慣を定着させる
家庭でも、子どもと話し合いながら子どもがタオルで手や顔を拭くことや鼻をかむことが自分からできるように位置や場を工夫してもらいましょう。家庭でできてこそ、清潔習慣が定着したことになることを伝え、協力してもらいましょう。

歯の正しい磨き方

※就学前の完成は難しいです。家庭と協力しながら子どもたちの様子を見て、意識できるよう、絵カードを使ったりことばがけを工夫したりして行なってみてください。

前歯の正しい磨き方

● 平らな部分
1本ずつ、歯の表面に並行になるようにブラシを立てて磨きます。

● 曲面
歯の左右の曲面は、ブラシの端を使って磨きます。

奥歯の正しい磨き方

● 溝
ブラシの先を使って、溝の奥まできれいにします。

● 内側
ブラシのサイドを使います。

● 歯と歯茎の間
ブラシを45°に傾けて奥まで磨きます。

発達と遊び

発達の流れ　遊び

5・6歳

- 友達と主張がぶつかると、自分の気持ちを言葉で説明したり、相手の言い分を聞こうとしたりする
- 子ども同士で相談しながら、遊びを発展させていく
- 集団で遊び、自分の役割を意識する

ぼくは〇〇したい □□ちゃんは？

保育のポイント　環境・援助

いろいろな人と関わりながら

お当番さん、頑張ってるね！

こんなことばがけを

子どもには
集団の中で役割を果たすなど、人との関わりで役だっていることに対して、感謝を伝えます。

★ 自分の思いを出せるように

寄り添いながら、優しく「どうしたいの？」「○○ちゃんにお願いしてみたら？」と言って、子どもが思いを出せるように促していきます。

〇〇ちゃんにお願いしてみたら？

★ 自分たちで遊びの計画を立てる

子ども同士で相談して遊びの計画を立て、自主的に遊ぶ時間をつくります。準備から片付けまでを自分たちでやることを確認しつつ、進めましょう。

ポイント①
チーム分けのときに、実力差や勝敗へのこだわりなどからぶつかるときは、保育者が仲介しながら「みんなで仲よく楽しくゲームする方法を考えましょう」と促していきましょう。

ポイント②
ボールやチーム分け用の帽子やゼッケンなど必要な用具は、出しやすく片付けやすいように収納しておきます。

★ 感謝を伝える

おにいちゃん・おねえちゃんや、高齢者の方に遊んでもらったときに、「楽しかったね」「遊んでもらえてよかったね」と言って、「みんなでお礼を言おうね」と伝えましょう。

★ 役割を意識する

● 共同製作
大型紙芝居をグループで製作するときなどは、目的を共有して、イメージ出しから製作、発表までを行ないます。時には保育者が中に入って、子どもたちのイメージをうまくつないでいきましょう。

● 当番活動
給食当番などで、みんなの役に立つ喜びや、役を果たした達成感が味わえるように援助します。保育者は行動の範囲を明確にし、用具の始末や収納を伝え、子どもたちで協力してやり遂げる大切さを教えましょう。

一人ではできないこともみんなですることでより楽しく充実した遊びになることを体験したいものです。役割分担なども自分たちで決められるようにできるといいですね。

5歳児保育のきほん　発達と生活／5・6歳　発達と遊び／5・6歳

29

発達の流れ｜遊び

5・6歳

- 縄跳びができる
- 片足立ちやつま先立ちで少しの間静止する
- はん登棒を登ったり降りたりする
- 自転車に乗る
- 竹馬で遊ぶ
- とび箱を跳ぶ

保育のポイント

達成感が味わえる遊びを

🔊 **こんなことばがけを**

（先生）「頑張れるかな？きっとできるよ」

（子ども）「10かいとんでみる！」

（保護者に）「○○くん、すごく頑張ってできたんですよ」

子どもには
「すこし頑張れば、できそう」と感じるように遊びの難易度を調整し、挑戦しようと思えるようなことばがけをしましょう。

保護者には
できたことは、しっかりと保護者に伝えましょう。保護者からも子どもを褒めてもらい、次のやる気につなげます。

環境・援助

⭐ 少し難しいことに取り組む

● **チームをつくって遊ぶ**
例えばドッジボールでは、遊びの中で、思い切り投げる、受け取る、よけるなどの技能を切磋琢磨できます。チームの分け方も子どもたちに決めさせますが、実力差や勝敗へのこだわりからもめるときは、保育者がみんなで楽しむために仲立ちしましょう。

● **はしごを使って**
サーキットのコースにはしごを組み入れ、四つばいで進んでみましょう。子どもたちの興味やレベルに合わせて、微調整をするなど工夫しましょう。

⭐ 固定遊具を大変身

見慣れた固定遊具を、ロープでつないでアスレチックに変身させ、子どもの挑戦心を引き出します。「いつもと違う！」と驚くように、登園時間前に構成しましょう。

環境構成のポイント
ロープが途中で緩んだりほどけたりしないよう、しっかり結び、事前に安全点検を。

- 子ども同士のトラブルを、大人のヒントを得ながら、自分たちで解決するようになる
- 友達との競争心が出てくる中で、嫉妬の気持ちも生まれてくる
- 友達や大人の話をしっかりと聞こうとする

感情のコントロールができるように

🔊 こんなことばがけを

「うれしいね！やったね」

子どもには
子どもにプラスの感情が出たときは、一緒に喜び、マイナスの感情が出たときは否定的な態度を取らず、受け止めましょう。

「嫌だよね…。でも、次はできるよ！」

援助のポイント
気持ちに寄り添い、認めることがポイントです。

⭐ 一人ひとりが活躍できる遊びを

自分に自信をもち、また人を認め褒め合う機会が増えるように、一人ひとりが活躍できるドッジボールや劇遊びなどの遊びを積極的に取り入れましょう。

⭐ マイナス感情には

「悲しかったね」と気持ちを受け止めるだけでは子どもが気持ちを立て直せない場合は、すぐに収めようとせず、自分で切り替えができるように少し待ってみましょう。できないようなら、再度話をしてみます。

⭐ 葛藤を味わい折り合いをつける

● 気持ちを通訳する
子ども同士が気持ちのすれ違いでトラブルになったときは、保育者が互いの気持ちを説明し、相手の気持ちを考えられるようにします。

● 強要しない
けんかをしても、保育者は「仲よくしなさい」と強要せず、「一緒に遊ぶとおもしろいかもしれないよ」などと提案するように心掛けます。

「一緒に遊ぶとおもしろいかもしれないよ」

5歳児保育のきほん　発達と遊び／5・6歳

発達の流れ　遊び

5・6歳

- 積み木を1個・2個・3個と数の順に積んで階段を作る

- 輪唱や交互唱など、様々な歌い方を楽しむようになる

- 「お星様キラキラ」のように手のひらを裏と表に連続して返す動作が速くできる

保育のポイント　環境・援助

試行錯誤しながら表現の幅を広げよう

🔊 こんなことばがけを

「よく考えたね」
「この材料を使ってみるといいかも」
「今日は、夢中になってこんなことに挑戦していました。頑張ったね」

子どもには
自分がしたい表現（目標）に向けて、自分なりに試したり工夫したりすることを認め、必要に応じてヒントを出しつつ、できたときにはしっかり褒めていきましょう。

保護者には
子どもがいる前で、結果の成功・失敗よりも、繰り返し試しながら工夫する姿を褒め、保護者にも認めてもらうようにします。

★ 絵の具を使って

● **マーブリング**
水面に絵の具を落とし、その上に画用紙を置き、色を写します。偶然の模様を楽しみ、表現の幅を広げましょう。

● **デカルコマニー**
半分に折った画用紙の一方に絵の具を付け、閉じます。絵の具の交じり合ったときにできた新しい色や、形を楽しみましょう。

★ 友達と相談しながら

共同製作ならではの大きな紙芝居を作ります。4～6人のグループで話を考え、絵を描き、みんなの前でめくりながら発表します。イメージを出し合う中で友達のよさに気付いたり、自分の意見が受け入れられたりしながら、仲間と活動する楽しさを経験します。

援助のポイント
目的を共有できるように、製作中は仲間との相談をサポートしていきます。

援助のポイント
卒園を前に「みんなで発表しよう」「おうちの人にも来てもらおう」などと伝え、目的を意識づけします。

- 問題が起きたときに、原因を客観的に見ることができる
- 不思議なことや分からないことに出会うと、調べたり試したりしながら自分でも考えようとする

言葉で思いや感じたことを伝えよう

🔊 こんなことばがけを

「そうなんだ。もっと教えて」

子どもには
子どもが「きちんと聞いてもらえた、伝わった」と思えるように、上手に相づちを打ったり、うなずいたりして、話して伝えることへの意欲を引き出しましょう。

援助のポイント
「話したい内容」「話したい相手」「ゆったり聞いてくれる雰囲気」という条件がそろうと、子どもは安心でき、おしゃべりが弾みます。

★ 遊びながら言葉や文字に親しむ 〜かるた作り〜

子どもはおもしろさを感じると文字への理解が急速に進むので、遊びに取り入れましょう。まずは既製の物でもよいので、簡単なかるた遊びをしてみます。ルールが分かってきたらオリジナルのかるたを作りましょう。好きな絵を描いて絵札を作り、次に絵に合った言葉を考え、保育者が聞き取って読み札を書きます。出来上がったら、みんなで遊びましょう。

★ 人の話が聞けるように

自分の思いを主張するだけでなく、他者の意見を聞くことで折り合いをつけていくことが大切です。話し合いの機会などを多くもつようにしましょう。

援助のポイント
「〜はどう思ったかな？ みんなにお話してくれるかな？」など自分の思いを表現できるように促していきます。

★ 思っていることを話せるように

ふだん無口な子どもには、ぼそっとつぶやいたら「そうだったんだ！」と対応しましょう。自分の考えが認められるうれしさを感じられれば、また話したいという気持ちになります。

援助のポイント
「○○ちゃんのお話聞けてよかった！ また聞かせてね」と励ましていくようにします。

5歳児保育のきほん 発達と遊び／5・6歳

指導計画のきほん

指導計画の仕組みと、様々な項目の書き方・考え方について見ていきます。

指導計画ってなぜ必要?

　指導計画とは、保育が行き当たりばったりにならないようにするためのものです。ざっくりとした計画で偶然に任せるような保育では、子どもが育つために必要な経験を得る機会を保障していくことはできません。しかし反対に、育てたい思いだけを書き込んだとしても、子どもの主体的な活動を確保できる訳でもありません。

　一人ひとりの発達を保障する園生活をつくり出し、またそれが子どもの視点に立ったものであることを意識するために、指導計画は必要なのです。

カリキュラム・マネジメントって?

　カリキュラム・マネジメントとは、計画を作り、それをもとに保育を行ない、その後評価していく中で、保育の改善を重ねていく一連のサイクルのことです。

　園で目指す子どもの育ちに向けて、教職員全体で組織的に行なう必要があります。

　園全体で作る計画はもちろん、日々の月案・週案にも関わってくる話です。作った計画が実情に合っていたかどうか評価し、常に改善していくことは、園の保育の質の向上と共に、保育者の専門性の向上につながります。

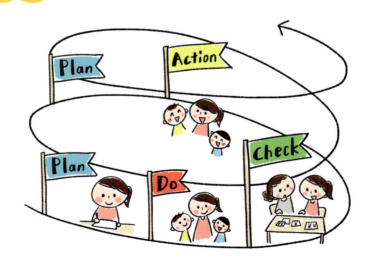

全体的な計画とは

　全体的な計画は、子どもが園に在籍している期間の全体にわたって、保育の目標を達成するためにどのような道筋をたどり保育を進めていくかを示すものです。発達過程に沿い、それぞれの時期の生活や遊びで、子どもがしていく体験とその際の援助を明らかにすることを目的とし、園全体で作成します。

各施設での仕組み

年間計画、月案、週案、など作成する指導計画は全て、この全体的な計画を基盤として考えていきましょう。

〈幼稚園〉
　登園してから預かり保育を受けて降園する子どもがいた場合、従来の教育課程だけでは、預かり保育の計画や食育、安全の計画をカバーしきれていない面があります。ですから、保健計画、食育計画、預かり保育の計画などと共により関連させて作成する必要があります。

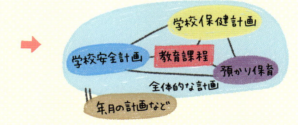

〈保育園〉
　乳児・1歳以上満3歳未満児にねらい・内容が示され、全年齢に内容の取扱いが示されたことから、あらためてこれらを組み入れながら全体的な計画を作成する必要があります。なお、これに基づいて毎月の指導計画、保健計画、食育計画を立てていきます。

〈幼保連携型認定こども園〉
　認定こども園は教育及び保育を行なう学校としての機能と、児童福祉施設としての機能を併せもっており、さらに特色として、子育て支援の義務化が挙げられます。そのため、左の図のような計画に加え、一時預かり事業や延長・夜間・休日保育といった、子育て支援の計画も関連させながら作り上げる必要があります。

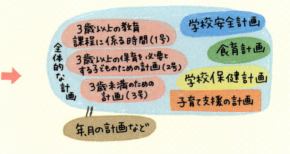

各計画とそのつながり

それぞれの計画は歯車みたいに連動しているんだ！

年間計画

全体的な計画で考えられた1年間の教育内容をもとに、それぞれの時期に必要な子どもの経験を示します。

長期の指導計画

月案

その月における子どもの生活の流れを見通して具体的なねらいや内容、環境の構成などを中心に作ります。

1週間の保育記録を読み返し、特によく見られる、またこれまで見られなかった子どもの姿から、「なぜこのような行動をとるのか」「何が育ちつつあるのか」「そのためにどうするのか」などについて検討します。

週案

短期の指導計画

それぞれの計画が毎日の保育とつながっているんだね！

日案

特に、前日の子どもの姿から、一人ひとりの行動への理解を深め、それをもとにその日の子どもの活動の姿を思い描きながら、場の作り方や必要な遊具・用具、その配置、保育者の関わりなどを最も具体的に記入します。

毎日の保育

指導計画を書いてみよう

まずは…

　立案時にポイントになるのは「子どもの主体性」と「指導の計画性」です。まず子ども一人ひとり異なる発達への理解を深め、それに応じて考え「子どもの主体性」を尊重します。また一方で、「全体的な計画」でつくった教育内容を、子どもたちがどのような経験を重ねて育っていけばよいか考える、「指導の計画性」への思いも大切です。その上で、保育者が指導しすぎないように、子どもが主体性を発揮できるようにバランスも一緒に考えながら、具体的なねらいや内容、環境の構成、援助を考えていきましょう。

　子どもの育ちを考えて書いていくため、子どもの姿を肯定的に捉えたり、未来のことですが現在形で書いたりします。さらに、自分ひとりでなく、誰が読んでも理解できるように具体的に書くことも大切でしょう。

子どもの姿　よく見られる姿に注目して！

　これまでには見られない、今の時期に特に現れてきた姿を抜き出して、記載します。また、クラス全体を見渡し、よく見られる姿、あるいは共通に見られる姿などに絞って取り上げます。そういった姿こそが、子どもたちが「育とうとしている」姿です。前月末の子どもの生活する姿の記録を読み返してみましょう。子どもの「生活への取り組み方」、「興味・関心や遊びの傾向」、「人との関わり方」などを具体的な3つの視点として重点的に見ていくと、まとめやすいでしょう。

書き方のポイント

**個人とクラス全体の両面から見て
3つの視点から書いてみよう**

 例文
- 1日の生活に見通しをもち、身の回りの片付けや活動の準備を自分たちで行なっている。
- 友達と話し合い、協力しながら製作に取り組んでいる。
- 友達と誘い合ってルールのある遊びを楽しんでいる。

ねらい・内容

子どもの発達や興味・関心、季節の変化などを考えながら、子どもがどういった思いでどういった経験をしていけばよいか、具体的に考えていきます。

ねらい　どのような育ちを期待する？

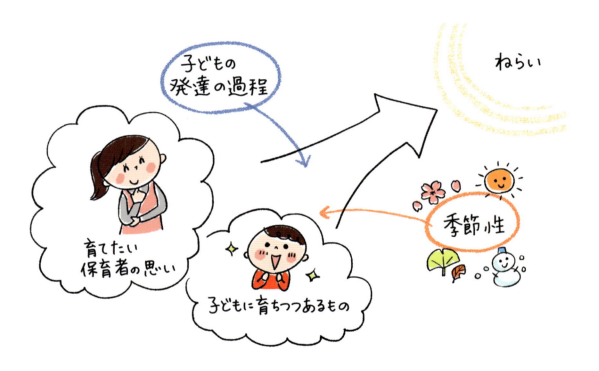

　「子どもの姿」の中から分かる育ちつつあるもの（こと）を踏まえて、そこに保育者が育てたいもの（こと）を加え、ねらいとして記載します。その際、子どもの発達の状況や、季節性を取り入れて立案することで、よりその時々の子どもに合った指導計画になっていくでしょう。子どもがどのような思いをもって成長していってほしいか、という方向性を書くため、「〜を楽しむ。」や「〜を感じながら」といった表現を用いるとすっきりします。

　月案、週案、日案となるにつれ、より具体的な子どもの姿をもとに考えられていくため、ねらいも具体性がより増していきます。

保育者の願いもあるけれど、子ども主体の表現で書こう

例文
- 友達と共通の目的をもって協力しながら、工夫して取り組む楽しさを味わう。

内容　ねらいに向かうために必要な経験は？

　ねらいに書いた方向性に向けて育っていくための具体的な保育の道筋を考えていきます。
　子どもがどのような経験を積み重ねていけばよいか、ということにくわえ、保育者が指導することについて書いていきます。子どもの生活の流れに即して何が必要かを考えましょう。また、ねらいに対して、それを達成するための経験はひとつとは限らないため、複数の内容が出てくることもあります。

書き方のポイント

ねらいひとつに対して、幾つか思い浮かべて書いてみよう

例文
- 友達と共通の目的に向かって力を合わせることの楽しさを味わう。
- 遊びに必要な物を友達と協力して作る。

環境・援助

立てたねらい・内容に対して、実際の保育でどのように関わっていくかを考えます。
保育が始まる前に場を整える「環境構成」と、
実際に保育をしていく中での関わりの「援助・配慮」から考えます。

環境　しぜんと関わっていけるように

　どのような環境があれば子どもが自分から関わって経験を重ね、育っていけるかを考えます。

　その際、子ども自身の気付きや発想を取り入れていくことも求められます。基本的には、「ひと」「もの」「ば」の3つの視点からだと考えやすいでしょう。

ひと　保育者や友達など、子どもの周囲にはたくさんの人がいます。その立ち位置や配置をどうするか、考えます。

もの　生活面では子どもが快適に過ごしたり、子どもの主体性を引き出したりすることを意識します。遊び面では、玩具や素材など、子どもが十分に関わっていけるように、発達に合っているかどうか考慮しながら種類や量について考えます。

ば　子どもが十分に活動できる時間配分をのように意識しておくか、空間の取り方や場の雰囲気がどのようになっているか想定します。

「ひと・もの・ば」と子どもの興味・関心から書いてみよう

例文
- 自分たちで材料を選べるように、様々な種類の素材を用意しておく。（もの）
- 友達と協力できるように、十分に話し合う時間をとる。（ひと・ば）

援助　受容的、応答的な関わりを心掛けよう

保育者の援助には、子どもがねらいの方向に向かうために、保育者がどのように関わっていけばよいかを記載します。

子どもが自分からやってみようと思えるようにするために、見守ったり受け止めたり、思いに応えたりする受容と応答の関わりが基本となります。また子どもの遊びが行き詰まるなどしたときには、子どもと一緒に考えたり、共に試行錯誤したりする保育者（共同作業者）としての関わりも必要でしょう。そうすることで、子どもが自信をもって環境に関わっていくことができるようになります。

具体的にどのような場面で、どのように関わるかを書こう

例文
- 友達と思いが合わない場合には、保育者が受け止めながら、子どもたちで話し合えるようにする。
- 行き詰まったときにはヒントを出し、子どもたちが自分のアイディアで進めていけるように援助する。

5歳児保育のきほん　指導計画のきほん

反省・評価　子どもの育ちと自らの振り返りから考えよう

　反省・評価には、子どもがどのように育ったかの評価と、自らの保育の振り返りの2つがあります。
　子どもの育ちは、一人ひとりが計画を立てる前と保育をした後、どのような良さを発揮してどのように育ったかを見る「個人内評価」が基本です。また、保育の振り返りは、自分の立てた計画（特にねらい）が目の前の子どもの興味・関心に沿っていたか、発達の流れに合っていたかなどを見ながら、次の計画を立てる際、より良くなるように努めます。

書き方のポイント

ねらいに立ち戻って考えてみよう

- **ねらい** ▶ 友達と共通の目的をもって協力しながら、工夫して取り組む楽しさを味わう。
- **例文** ● 運動会を経験してクラス意識が高まったため、作品展に向けて協同して製作に取り組む姿が数多く見られた。十分に話し合う時間をとったこともあり、思いを通わせていたように思うので、引き続き子どもたちの関わりが深まるように援助していきたい。

次の保育に生かそう

　子どもの姿から指導計画を立てて保育を行ない、それを反省し、また子どもの姿と発達の道筋からねらいを立てていく、というサイクルを繰り返し行ないます。保育の計画や記録は、次の週、月、年の計画に反映されて、ますます子どもの姿に沿った保育を行なっていけるようになります。初めは難しくても次第に子どもの目の前の姿に合った保育を行なっていけるようになります。自らの保育を振り返り、より良くしていこうとする姿勢が大切です。

他の配慮も

ねらいなどだけでなく、様々なことに配慮して指導計画を作成することが求められます。

健康・食育・安全

その月の大切なことを具体的に書く

それぞれの園の年間の計画をもとに、その年齢・その月において特に大切なことを書きます。例えば季節の変わり目には衣服の調整を意識することや旬の食材にふれることなどが挙げられるでしょう。というように、健康・食育・安全それぞれに配慮することを具体的に思い浮かべながら書いていきます。

長時間保育

心身の疲れや午前中の保育との関連に留意

預かり保育や早朝・延長保育など、園で長時間にわたって保育を受ける子どものために考えます。基本的には、午前中の保育で疲れた心と体を休め、切り替えていけるように、家庭的な雰囲気でゆったりと過ごすことを中心に書いていきましょう。

保育士等のチームワーク

様々な職種とのチームワークを心掛けて

クラス担任間、預かり保育担当、特別支援担当、早朝保育や延長保育の担当、看護師や栄養士など、いろいろな立場の人が子どもに関わって行なわれる保育が、スムーズにできるよう、チームワークがうまく働くように大切にしたいことを記載します。

家庭・地域との連携

保護者に伝えることと、地域の子育て支援の拠点であることを考えて

保護者に伝える園で行なっていることや地域の子育て支援の拠点として家庭や地域との連携で特に留意することを記載します。家庭への連絡や図書館や公園などの地域環境を生かすこと、地域の老人会など人と関わることなど、幅広く考えましょう。

指導計画おたすけ資料

作成時におさえておきたい、2つの内容について紹介します。

資料❶ 幼児期の終わりまでに育ってほしい姿

次ページの、ねらい・内容に、基づいた保育を行なったときの、卒園児の子どもたちの具体的な姿を10の項目に分けて示しています。特に5歳児クラス後半頃の保育を考える際に、子どもの育ちがどうか、点検してみると良いでしょう。

健康な心と体

（幼稚園／保育所／幼保連携型認定こども園）生活の中で、充実感をもって自分のやりたいことに向かって心と体を十分に働かせ、見通しをもって行動し、自ら健康で安全な生活をつくり出すようになる。

自立心

身近な環境に主体的に関わり様々な活動を楽しむ中で、しなければならないことを自覚し、自分の力で行うために考えたり、工夫したりしながら、諦めずにやり遂げることで達成感を味わい、自信をもって行動するようになる。

協同性

友達と関わる中で、互いの思いや考えなどを共有し、共通の目的の実現に向けて、考えたり、工夫したり、協力したりし、充実感をもってやり遂げるようになる。

道徳性・規範意識の芽生え

友達と様々な体験を重ねる中で、してよいことや悪いことが分かり、自分の行動を振り返ったり、友達の気持ちに共感したりし、相手の立場に立って行動するようになる。また、きまりを守る必要性が分かり、自分の気持ちを調整し、友達と折り合いを付けながら、きまりをつくったり、守ったりするようになる。

社会生活との関わり

家族を大切にしようとする気持ちをもつとともに、地域の身近な人と触れ合う中で、人との様々な関わり方に気付き、相手の気持ちを考えて関わり、自分が役に立つ喜びを感じ、地域に親しみをもつようになる。また、(幼稚園／保育所／幼保連携型認定こども園)内外の様々な環境に関わる中で、遊びや生活に必要な情報を取り入れ、情報に基づき判断したり、情報を伝え合ったり、活用したりするなど、情報を役立てながら活動するようになるとともに、公共の施設を大切に利用するなどして、社会とのつながりなどを意識するようになる。

思考力の芽生え

身近な事象に積極的に関わる中で、物の性質や仕組みなどを感じ取ったり、気付いたりし、考えたり、予想したり、工夫したりするなど、多様な関わりを楽しむようになる。また、友達の様々な考えに触れる中で、自分と異なる考えがあることに気付き、自ら判断したり、考え直したりするなど、新しい考えを生み出す喜びを味わいながら、自分の考えをよりよいものにするようになる。

自然との関わり・生命尊重

自然に触れて感動する体験を通して、自然の変化などを感じ取り、好奇心や探究心をもって考え言葉などで表現しながら、身近な事象への関心が高まるとともに、自然への愛情や畏敬の念をもつようになる。また、身近な動植物に心を動かされる中で、生命の不思議さや尊さに気付き、身近な動植物への接し方を考え、命あるものとしていたわり、大切にする気持ちをもって関わるようになる。

数量や図形、標識や文字などへの関心・感覚

遊びや生活の中で、数量や図形、標識や文字などに親しむ体験を重ねたり、標識や文字の役割に気付いたりし、自らの必要感に基づきこれらを活用し、興味や関心、感覚をもつようになる。

言葉による伝え合い

(先生／保育士等／保育教諭等)や友達と心を通わせる中で、絵本や物語などに親しみながら、豊かな言葉や表現を身に付け、経験したことや考えたことなどを言葉で伝えたり、相手の話を注意して聞いたりし、言葉による伝え合いを楽しむようになる。

豊かな感性と表現

心を動かす出来事などに触れ感性を働かせる中で、様々な素材の特徴や表現の仕方などに気付き、感じたことや考えたことを自分で表現したり、友達同士で表現する過程を楽しんだりし、表現する喜びを味わい、意欲をもつようになる。

資料 ❷

5つの領域 ねらいと内容

指導計画のねらいを立てる際、よりどころとなるものです。3歳以上児の子どもの育ちが5つの領域に分けて示されており、幼稚園・保育所・認定こども園全ての施設で共通です。

健康

健康な心と体を育て、自ら健康で安全な生活をつくり出す力を養う。

ねらい

❶ 明るく伸び伸びと行動し、充実感を味わう。
❷ 自分の体を十分に動かし、進んで運動しようとする。
❸ 健康、安全な生活に必要な習慣や態度を身に付け、見通しをもって行動する。

内容

❶ (先生／保育士等／保育教諭等)や友達と触れ合い、安定感をもって行動する。
❷ いろいろな遊びの中で十分に体を動かす。
❸ 進んで戸外で遊ぶ。
❹ 様々な活動に親しみ、楽しんで取り組む。
❺ (先生／保育士等／保育教諭等)や友達と食べることを楽しみ、食べ物への興味や関心をもつ。
❻ 健康な生活のリズムを身に付ける。
❼ 身の回りを清潔にし、衣服の着脱、食事、排泄などの生活に必要な活動を自分でする。
❽ (幼稚園／保育所／幼保連携型認定こども園)における生活の仕方を知り、自分たちで生活の場を整えながら見通しをもって行動する。
❾ 自分の健康に関心をもち、病気の予防などに必要な活動を進んで行う。
❿ 危険な場所、危険な遊び方、災害時などの行動の仕方が分かり、安全に気を付けて行動する。

人間関係

他の人々と親しみ、支え合って生活するために、自立心を育て、人と関わる力を養う。

ねらい

❶ (幼稚園／保育所／幼保連携型認定こども園)生活を楽しみ、自分の力で行動することの充実感を味わう。
❷ 身近な人と親しみ、関わりを深め、工夫したり、協力したりして一緒に活動する楽しさを味わい、愛情や信頼感をもつ。
❸ 社会生活における望ましい習慣や態度を身に付ける。

内容

❶ (先生／保育士等／保育教諭等)や友達と共に過ごすことの喜びを味わう。
❷ 自分で考え、自分で行動する。
❸ 自分でできることは自分でする。
❹ いろいろな遊びを楽しみながら物事をやり遂げようとする気持ちをもつ。
❺ 友達と積極的に関わりながら喜びや悲しみを共感し合う。
❻ 自分の思ったことを相手に伝え、相手の思っていることに気付く。
❼ 友達のよさに気付き、一緒に活動する楽しさを味わう。
❽ 友達と楽しく活動する中で、共通の目的を見いだし、工夫したり、協力したりなどする。
❾ よいことや悪いことがあることに気付き、考えながら行動する。
❿ 友達との関わりを深め、思いやりをもつ。
⓫ 友達と楽しく生活する中できまりの大切さに気付き、守ろうとする。
⓬ 共同の遊具や用具を大切にし、皆で使う。
⓭ 高齢者をはじめ地域の人々などの自分の生活に関係の深いいろいろな人に親しみをもつ。

環境

周囲の様々な環境に好奇心や探究心をもって関わり、それらを生活に取り入れていこうとする力を養う。

ねらい

❶ 身近な環境に親しみ、自然と触れ合う中で様々な事象に興味や関心をもつ。

❷ 身近な環境に自分から関わり、発見を楽しんだり、考えたりし、それを生活に取り入れようとする。

❸ 身近な事象を見たり、考えたり、扱ったりする中で、物の性質や数量、文字などに対する感覚を豊かにする。

内容

❶ 自然に触れて生活し、その大きさ、美しさ、不思議さなどに気付く。

❷ 生活の中で、様々な物に触れ、その性質や仕組みに興味や関心をもつ。

❸ 季節により自然や人間の生活に変化のあることに気付く。

❹ 自然などの身近な事象に関心をもち、取り入れて遊ぶ。

❺ 身近な動植物に親しみをもって接し、生命の尊さに気付き、いたわったり、大切にしたりする。

❻ 日常生活の中で、我が国や地域社会における様々な文化や伝統に親しむ。

❼ 身近な物を大切にする。

❽ 身近な物や遊具に興味をもって関わり、自分なりに比べたり、関連付けたりしながら考えたり、試したりして工夫して遊ぶ。

❾ 日常生活の中で数量や図形などに関心をもつ。

❿ 日常生活の中で簡単な標識や文字などに関心をもつ。

⓫ 生活に関係の深い情報や施設などに興味や関心をもつ。

⓬ (幼稚園／保育所／幼保連携型認定こども園)内外の行事において国旗に親しむ。

言葉

経験したことや考えたことなどを自分なりの言葉で表現し、相手の話す言葉を聞こうとする意欲や態度を育て、言葉に対する感覚や言葉で表現する力を養う。

ねらい

❶ 自分の気持ちを言葉で表現する楽しさを味わう。

❷ 人の言葉や話などをよく聞き、自分の経験したことや考えたことを話し、伝え合う喜びを味わう。

❸ 日常生活に必要な言葉が分かるようになるとともに、絵本や物語などに親しみ、言葉に対する感覚を豊かにし、(先生／保育士等／保育教諭等)や友達と心を通わせる。

内容

❶ (先生／保育士等／保育教諭等)や友達の言葉や話に興味や関心をもち、親しみをもって聞いたり、話したりする。

❷ したり、見たり、聞いたり、感じたり、考えたりなどしたことを自分なりに言葉で表現する。

❸ したいこと、してほしいことを言葉で表現したり、分からないことを尋ねたりする。

❹ 人の話を注意して聞き、相手に分かるように話す。

❺ 生活の中で必要な言葉が分かり、使う。

❻ 親しみをもって日常の挨拶をする。

❼ 生活の中で言葉の楽しさや美しさに気付く。

❽ いろいろな体験を通じてイメージや言葉を豊かにする。

❾ 絵本や物語などに親しみ、興味をもって聞き、想像をする楽しさを味わう。

❿ 日常生活の中で、文字などで伝える楽しさを味わう。

表現

感じたことや考えたことを自分なりに表現することを通して、豊かな感性や表現する力を養い、創造性を豊かにする。

ねらい

❶ いろいろなものの美しさなどに対する豊かな感性をもつ。

❷ 感じたことや考えたことを自分なりに表現して楽しむ。

❸ 生活の中でイメージを豊かにし、様々な表現を楽しむ。

内容

❶ 生活の中で様々な音、形、色、手触り、動きなどに気付いたり、感じたりするなどして楽しむ。

❷ 生活の中で美しいものや心を動かす出来事に触れ、イメージを豊かにする。

❸ 様々な出来事の中で、感動したことを伝え合う楽しさを味わう。

❹ 感じたこと、考えたことなどを音や動きなどで表現したり、自由にかいたり、つくったりなどする。

❺ いろいろな素材に親しみ、工夫して遊ぶ。

❻ 音楽に親しみ、歌を歌ったり、簡単なリズム楽器を使ったりなどする楽しさを味わう。

❼ かいたり、つくったりすることを楽しみ、遊びに使ったり、飾ったりなどする。

❽ 自分のイメージを動きや言葉などで表現したり、演じて遊んだりするなどの楽しさを味わう。

5歳児保育のきほん　指導計画のきほん

文章表現・文法チェック

指導計画など、文章を書いた後には、必ず読み返してチェックするようにしましょう。気を付けておきたいポイントを紹介します。

である調とですます調をそろえよう

一つの文章の中に、「である調」と「ですます調」を混在させると、統一感がなくなり、分かりづらくなります。しっかりとした固い印象を与える「である調」と優しい印象を与える「ですます調」を場面に応じて使い分けるようにしましょう。

例
- ✕ 自分のしたい遊びがはっきりとしてきましたが、物の取り合いが増えてきている。
- ○ 「である調」 自分のしたい遊びがはっきりとしてきたが、物の取り合いが増えてきている。
   「ですます調」 自分のしたい遊びがはっきりとしてきましたが、物の取り合いが増えてきています。

並列で文章が続くときは…

同じ概念のものを並べて使うときには、「たり」や「や」を使います。そのとき、「〜たり、〜たり」と必ず2回以上使い、「や」も2回目以降は読点で区切るなどしておきましょう。

例
- ✕ 冬の冷たい風にふれたり、霜柱に触れて遊ぶ。
- ○ 冬の冷たい風にふれたり、霜柱に触れたりして遊ぶ。

- ✕ ミカンやカキやクリなど〜
- ○ ミカンやカキ、クリなど〜

「の」を置き換えよう

助詞の「の」が3回以上続くと文章が読みづらくなります。そこで使われている「の」にどのような意味があるか考え、置き換えられるものは置き換えることで、読みやすくしましょう。

例
- ✕ テラスの机の上の容器に、〜
- ○ テラスの机に置いた容器に、〜

主語と述語

文章の中で、「何が(誰が)」を示す主語と、「どうする、どんなだ、何だ」にあたる述語が対応するようにしましょう。

例
- ✕ 保育者がそれぞれの話を聞いて受け止め、仲良く遊ぶ。
- ○ 保育者がそれぞれの話を聞いて受け止め、仲良く遊べるように手助けをする。

5歳児保育のきほん　指導計画のきほん

この本の特長

5歳児の保育はこの1冊から！

特長その1　保育のきほんが分かる！

保育者として、また5歳児の保育に携わる者として知っておきたい「きほん」を分かりやすく解説しています。要領、指針、教育・保育要領はもちろん、子どもの発達もバッチリ！

特長その2　クラス運営に必要なものが1冊に！

環境づくりやあそび、指導計画、おたより…など、クラス運営に役立つ内容を、季節や月に合わせて掲載しています。クラス担任の強い味方になること間違いナシ☆

特長その3　お役立ちデータ収録のCD-ROMつき！

本書掲載の指導計画やおたよりはもちろんのこと、食育計画、避難訓練計画、保健計画…など、多様な資料をCD-ROMに収めています。あなたの保育をよりよいものにする一助にお役立てください。

収録データの詳細は、P.262をチェック！

この本の見方・使い方

環境とあそび

環境づくり・保育資料・部屋飾り・あそびのヒントを掲載！春・夏・秋・冬・早春の大まかな季節の区切りで紹介しています。子どもたちの姿、保育のねらいに合わせて、あなたの保育に取り入れてみてください。

環境づくり

季節ごとに大切にしたい保育の環境づくりを、写真たっぷりで具体的に紹介しています。「環境づくりって実際どうしたらいいのか分からない…」。そんなときに、ぜひ参考にしてください。

生活　あそび　家庭と　など

テーマをアイコンで示しているので、何の環境づくりなのかがひと目で分かります。

写真たっぷり！

保育現場の写真たっぷりでイメージしやすくなっています。

保育資料

その季節にふさわしい、おはなし、うた、手あそび・わらべうた・ふれあいあそび、自然を保育資料として紹介しています。日々の保育で、「何しよう？」と悩んだときにお役立てください。

先輩保育者のお墨付き！

季節・年齢にぴったり！先輩保育者のおすすめを紹介しています。

※情報は2017年12月現在のものです。

子どもとつくる部屋飾り

子どもと一緒につくる製作＆部屋飾りのアイディアを紹介しています。一人ひとりの個性がキラリと光ります。

ポイント
製作のポイントや、環境づくり・援助について解説しています。

あそび

その季節にぴったりの遊びをたっぷり紹介！ 子どもたちの興味に合うものを見つけて、繰り返し遊び込みましょう。

★ ちょこっと遊ぼう／いっぱい遊ぼう

ふだんの保育に取り入れやすい遊びを、時間や人数に合わせて選べるように紹介しています。

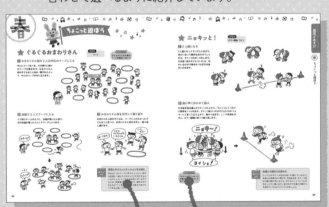

あそびメモ
その遊びでの子どもの育ちについて解説しています。遊びのねらいを、しっかり念頭に置いて実践することが大切です。

あそびのコツ
遊びがうまくいく環境づくりや援助のコツを解説しています。

✿ じっくりゆったり遊ぼう
～ 長時間保育にもおすすめ ～

少人数でじっくりゆったり楽しむ遊びを紹介しています。異年齢児の交流や、長時間保育にもおすすめです。

ポイント
子どもの「おもしろい！」を支える環境づくりや援助のポイントを解説しています。

♥ 行事あそび

年中行事や園行事に関連した遊びを紹介しています。

ポイント
遊びの解説や、行事の進行がうまくいくポイントを紹介しています。

この本の見方・使い方

年の計画と、4〜3月の12か月分の月・週・日の計画を掲載しています。指導計画立案の際の手がかりにしてください。

※保育園・幼稚園・認定こども園のどの園形態でも参考にしていただけるように配慮した計画を掲載しています。

 CD-ROM収録

年の計画

一年間の発達や生活を見通し、I〜V期に分け、それぞれの時期に育てたいことや、そのための保育内容を明らかにします。月の計画立案時のよりどころとなる重要なものなので、折にふれ参考にしましょう。

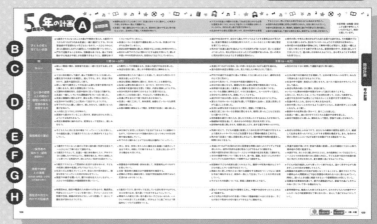

各項目について

A 年間目標
園の保育・教育目標に沿って設定します。入園から終了までを見通し、どのような過程を経て目標に向かうことができるのか、子どもの発達の視点から考えることが大切です。

B 子どもの姿と育てたい側面
一年間の園生活の流れを予測し、その中で見せる子どもの姿です。各園において、毎年保育実践を重ねる中で捉えた姿なので、それぞれの時期に育てたい幼児の姿でもあります。

C ねらい
全体的な計画を念頭に置き、この時期に育てたいことを、子どもの実態を踏まえて具体的に示しています。

D 指導内容の視点
ねらいを身につけていくために、指導する内容です。総合的に考えていくために、5つの発達の諸側面から捉えています。また、一年間という長いスパンなので、指導の「視点」として大まかに押さえています。

E 環境構成の要点
指導内容に沿って、具体的な環境を構成する要点を示しています。

F 保育者の関わり・援助（養護含む）
指導内容に沿って、必要な保育者の関わりや援助について記載しています。

G 家庭や地域との連携（保育園・幼稚園・小学校との連携も含む）
家庭への連絡事項も含め、それぞれの時期に連携すべき内容や連携の仕方を記載しています。

H 園生活の自立に向けての配慮点
子どもの園生活の自立に向けて、それぞれの時期に配慮する事項を示しています。

今月の保育・保育のポイント

年の計画を踏まえ、その月の保育の方向を示しています。月・週・日の計画を考えるときのよりどころとします。また、「幼児期の終わりまでに育ってほしい姿」の10項目の中から、当てはまる項目をポイントとして示しています。

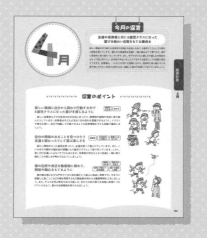

月の計画

その月における子どもの生活の流れを見通して作成するものです。一人ひとりを大切にしながら、集団としての育ちを図りましょう。

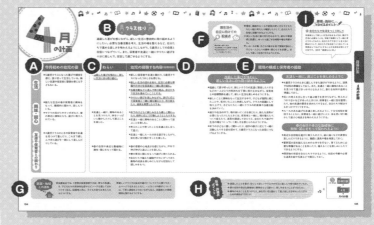

各項目について

Ⓐ 前月末（今月初め）の幼児の姿
前月末（今月初め）の子どもたちの生活する姿から、これまでに見られない、今の時期に顕著に現れてきた姿を捉えて記載しています。特に、子どもの生活への取り組み方、興味・関心の傾向、人との関わり方などの3つの視点で見ています。

Ⓑ クラス作り
保育者が一年間を見通し、時期に応じて適切な働き掛けをするための視点として、今月のクラスがどうなってほしいかを記載しています。

Ⓒ ねらい
子どもの姿から育ちつつあるもの（こと）や保育者が育てたいもの（こと）ねらいとして記載しています。

Ⓓ 幼児の経験する内容
ねらいに向けて、どのような経験を積み重ねていくことが必要なのか、具体的な子どもの生活に沿って考えています。子どもが経験する事項は、保育者の指導する事項でもあります。

Ⓔ 環境と援助・配慮
子どもが発達に必要な経験をしぜんに積み重ねるために適切な環境構成と援助・配慮などを記載しています。それぞれの小見出しには、保育者の意図を視点として示しています。

Ⓕ 園生活の自立に向けての配慮点
多様化する保育のニーズに応えつつ、子どもの園生活の自立に向けての配慮点を記載しています。

Ⓖ 家庭・地域との連携
家庭が自信をもって子育てできるための支援から、地域環境を生かすことまで、具体的に記載しています。

Ⓗ 反省・評価のポイント
「子どもの発達の理解」と「保育者の指導の改善」の両面から、その月の反省・評価の観点を記載しています。

Ⓘ 要領・指針につながるポイント
指導計画の中で、要領・指針につながるポイントを解説しています。
※下線で指導計画の表中に示して、リンクできるようにしています。

53

この本の見方・使い方

週の計画

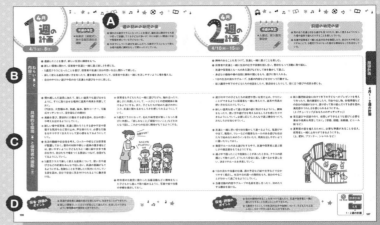

月の計画をもとに、前週の計画を振り返りながら作成します。一週間の保育記録を読み返し、心に残る子どもの姿から、ねらい、内容、環境の構成、保育者の援助を考えます。

※月により5週分を4週に分けている場合があります。

各項目について

Ⓐ 前週（週の初め）の幼児の姿
前週の生活の記録を参考にしながら振り返り、特に心に残る幾つかの出来事から、子どもの思いや経験していることを捉えて記載します。

Ⓑ ねらいと内容
「幼児の姿」を受けて、子どもの中に育てたいことを「ねらい」とし、ねらいをし、ねらいを身につけるために必要なことを「内容」とします。

Ⓒ 具体的な環境と保育者の援助
子どもがねらいを身につけていくために適切な環境と援助を記載しています。◆印の表記は「具体的な環境」で、＊印は「保育者の援助」です。

Ⓓ 反省・評価のポイント
指導と発達の姿の両面から考慮した、その週の反省・評価の観点を記載しています。

日の計画

週の計画からさらに掘り下げて、「昨日から今日へ」「今日から明日へ」の生活の流れを見通して作成するものです。

各項目について

Ⓐ ねらい
前日の子どもの姿から、子どもの中に育てたいことを「ねらい」として記載しています。ねらいは様々な経験を積み重ね、次第に身につくものなので、同じようなねらいが何日間か続くこともあります。

Ⓑ 内容
日のねらいを身につけるために、子どもがどのようにすればよいのか、具体的に記載しています。

Ⓒ 環境を構成するポイント
その日のねらいを身につけていくためには、あらかじめどのような環境が用意されればよいのか、前日の子どもの活動に沿って具体的に考え、記載しています。

Ⓓ 予想される幼児の活動 保育者の援助
あらかじめ用意された環境に関わって生み出される子どもの活動を予想し、そのときに必要な保育者の援助を記載しています。

Ⓔ 反省・評価のポイント
指導と発達の姿の両面から考慮した、その日の反省・評価の観点を記載しています。

おたより

子どものことを家庭と共有・共感できるツールの一つです。イラストや文例など、おたよりの素材を12か月分たっぷり掲載しています。読みやすく、分かりやすいおたより作りにお役立てください。

 **CD-ROM収録**

レイアウト例

おたよりのレイアウト例を掲載しています。おたより作成時の参考にしてください。

保護者に伝わるポイント

保護者に伝わるおたより作りのポイントを示しています。

囲みイラスト付き文例

そのまま使える囲みイラスト付き文例です。CD-ROMにはイラストとテキストの両方が入っているので、「囲みイラスト付き文例」「囲みイラストだけ」「文例だけ」のどの方法でも使っていただけます。

イラスト

その月にぴったりの飾り枠、季節・子ども・行事に関するイラストカットをたくさん掲載しています。CD-ROMには画像データ（PNG）で入っています。ペイントソフトで色を付けることもできます。

書き出し文例

月のあいさつ文や行事のお知らせなどの書き出し文例を掲載しています。

文章の最後にチェック！

おたよりを書くときのポイントや気を付けたい漢字・文法などを記載しています。

55

5歳児の保育 もくじ

はじめに	2
この本の特長	49
この本の見方・使い方	50

✽ 保育のきほん ✽

環境を通した保育	5
資質・能力	
幼児期の終わりまでに育ってほしい姿	6
5つの領域	8
養護	10
計画・評価	11
いろいろポイント	12

✽ 5歳児保育のきほん ✽

0〜5歳児の発達を見通そう	22
発達と生活	24
発達と遊び	29
指導計画のきほん	34
●指導計画を書いてみよう	37

環境とあそび

春

環境づくり	64
保育資料	66
子どもとつくる部屋飾り	
✽ 仲良しペープサート	67
ちょこっと遊ぼう	
★ ぐるぐるおまわりさん	68
★ ニョキッと！	69
いっぱい遊ぼう	
★ 通り抜けタッチオニ	70
★ フープころころどこまでも！	71
★ ジャンケン　ジャンプ　トンネル	72
★ ハンカチ落としトントントン	73

じっくりゆったり遊ぼう ～長時間保育にもおすすめ～

ハンカチを使って
- いろいろキャッチ　　バナナがでてきた　　リボンでおしゃれ
- ジャンケンハンカチ取り ……………………………………………………… 74

ボトルキャップを使って
- 当てっこゲーム　　宝取りゲーム　　オセロゲーム ………………………… 75

行事あそび

親子参観
- ふれあいパンダ・うさぎ・コアラ …………………………………………… 76
- ころころコースター　　新聞アート大作戦！ ………………………………… 77

夏

環境づくり …………………………………………………………………………… 78

保育資料 ……………………………………………………………………………… 80

子どもとつくる部屋飾り
- おしゃれカタツムリと紙皿のアジサイ ……………………………………… 81

ちょこっと遊ぼう
- ワニワニ水掛け大作戦！　　プールでザブ〜ン!! …………………………… 82

いっぱい遊ぼう
- 走ってジャバン！ ……………………………………………………………… 83
- 異年齢児と なかよしあそび …………………………………………………… 84
- あかツメ　しろツメ …………………………………………………………… 85

じっくりゆったり遊ぼう ～長時間保育にもおすすめ～

身近な小動物で
- カエルを作って遊ぼう　　キャーロノメダマ ………………………………… 86

染め紙をして
- 紙を折って染めてみよう　　カラフルティッシュペーパー ………………… 87

行事あそび

運動会（親子競技）
- クルクルパタパタ大作戦　　シャカシャカ・フリフリ・玉入れ〜！ ……… 88
- はこんで！はこんで！　　4人でガッツ！ …………………………………… 89

57

5歳児の保育 もくじ

環境づくり	90
保育資料	92
子どもとつくる部屋飾り	
✿ ブドウマンションへようこそ	93

ちょこっと遊ぼう
★ あげて～さげて～　★ じゃんけんタオル取り　94

いっぱい遊ぼう
★ なわわたし　95
★ はっけよい　しりずもう　96
★ うまのりジャンケン　97

じっくりゆったり遊ぼう　～長時間保育にもおすすめ～

自然物を工夫して
♣ ころころゲーム　♣ 木の葉のカルタ　♣ 秋の自然物でアート　98

室内レースで
♣ ころがしレース　♣ クルクル自動車レース　♣ そろそろレース　99

行事あそび

敬老の日
♥ ペットボトルけん玉　100
♥ びゅんびゅんUFO　♥ ふれあいマッサージ　101

環境づくり	102
保育資料	104
子どもとつくる部屋飾り	
✿ 楽しさ飛び出す！クラッカー	105

ちょこっと遊ぼう
★ 1人でカツ！　★ すわってコーンたおしてゲーム　106

いっぱい遊ぼう
★ さんかく島の大冒険　107
★ 4両れっしゃドッカ～ン‼　108
★ たこやきマンボー！　109

じっくりゆったり遊ぼう　〜長時間保育にもおすすめ〜

> 毛糸を使って

- あやとりをしよう
- 小枝に毛糸を巻こう
- リリアン編みでマフラーを作ろう ……………………………………… 110

> けん玉で

- オリジナルけん玉で挑戦！ ………………………………………………… 111

行事あそび

> お楽しみ会

- お楽しみパーティーへようこそ！ ………………………………………… 112

> お正月

- ひこうきだこ
- さらごま …………………………………………………………………… 113

環境づくり …………………………………………………………………… 114
保育資料 ……………………………………………………………………… 116
子どもとつくる部屋飾り
- 思い出いっぱい！　楽しかった1年間 …………………………………… 117

いっぱい遊ぼう
- ふたりでビューン！　うずまきケンケン ………………………………… 118
- タオルでバリエーションあそび …………………………………………… 119
- トンネルくぐってイェーイ！ ……………………………………………… 120
- オニよん ……………………………………………………………………… 121

じっくりゆったり遊ぼう　〜長時間保育にもおすすめ〜

> ノートを作ろう

- 思い出ノートを作って ……………………………………………………… 122

> 手品に挑戦

- パクパク不思議！　わぬき　キューブパズル …………………………… 123

行事あそび

> お別れ会

- 大好きな歌でイントロクイズ！　これならまかせて！ ………………… 124
- この子はだ〜れだ？　ショー！！　5つのヒントで大正解！！ ………… 125

59

5歳児の保育　もくじ

指導計画

5歳児の年の計画 ……………………… 128

4月
今月の保育 …………………………… 133
月の計画 ……………………………… 134
1週の計画 …………………………… 136
2週の計画 …………………………… 137
3週の計画 …………………………… 138
4週の計画 …………………………… 139
日の計画 ……………………………… 140

5月
今月の保育 …………………………… 141
月の計画 ……………………………… 142
1週の計画 …………………………… 144
2週の計画 …………………………… 145
3週の計画 …………………………… 146
4週の計画 …………………………… 147
日の計画 ……………………………… 148

6月
今月の保育 …………………………… 149
月の計画 ……………………………… 150
1週の計画 …………………………… 152
2週の計画 …………………………… 153
3週の計画 …………………………… 154
4週の計画 …………………………… 155
日の計画 ……………………………… 156

7月
今月の保育 …………………………… 157
月の計画 ……………………………… 158
1週の計画 …………………………… 160
2週の計画 …………………………… 161
3週の計画 …………………………… 162
4週の計画 …………………………… 163
日の計画 ……………………………… 164

8月
今月の保育 …………………………… 165
月の計画 ……………………………… 166
1週の計画 …………………………… 168
2週の計画 …………………………… 169
3週の計画 …………………………… 170
4週の計画 …………………………… 171
日の計画 ……………………………… 172

9月
今月の保育 …………………………… 173
月の計画 ……………………………… 174
1週の計画 …………………………… 176
2週の計画 …………………………… 177
3週の計画 …………………………… 178
4週の計画 …………………………… 179
日の計画 ……………………………… 180

10月

今月の保育	181
月の計画	182
1週の計画	184
2週の計画	185
3週の計画	186
4週の計画	187
日の計画	188

11月

今月の保育	189
月の計画	190
1週の計画	192
2週の計画	193
3週の計画	194
4週の計画	195
日の計画	196

12月

今月の保育	197
月の計画	198
1週の計画	200
2週の計画	201
3週の計画	202
4週の計画	203
日の計画	204

1月

今月の保育	205
月の計画	206
1週の計画	208
2週の計画	209
3週の計画	210
4週の計画	211
日の計画	212

2月

今月の保育	213
月の計画	214
1週の計画	216
2週の計画	217
3週の計画	218
4週の計画	219
日の計画	220

3月

今月の保育	221
月の計画	222
1週の計画	224
2週の計画	225
3週の計画	226
4週の計画	227
日の計画	228

5歳児の保育 もくじ

おたより

- レイアウト例 ………………………… 230
- **4月** ………………………… 232
  - イラスト・囲みイラスト付き文例・書き出し文例
  - 文章の最後にチェック！ 読みやすい文章とは ……… 233
- **5月** ………………………… 234
  - イラスト・囲みイラスト付き文例・書き出し文例
  - 文章の最後にチェック！ 「ず」「づ」の使い分け① … 235
- **6月** ………………………… 236
  - イラスト・囲みイラスト付き文例・書き出し文例
  - 文章の最後にチェック！ 「じき」3通り ……… 237
- **7月** ………………………… 238
  - イラスト・囲みイラスト付き文例・書き出し文例
  - 文章の最後にチェック！ 文体を統一しよう ……… 239
- **8月** ………………………… 240
  - イラスト・囲みイラスト付き文例・書き出し文例
  - 文章の最後にチェック！ 重複表現 ……… 241
- **9月** ………………………… 242
  - イラスト・囲みイラスト付き文例・書き出し文例
  - 文章の最後にチェック！ 正しい漢字を ……… 243
- **10月** ………………………… 244
  - イラスト・囲みイラスト付き文例・書き出し文例
  - 文章の最後にチェック！ ひらがなと漢字を使い分けよう … 245
- **11月** ………………………… 246
  - イラスト・囲みイラスト付き文例・書き出し文例
  - 文章の最後にチェック！ 正しい送りがな ……… 247
- **12月** ………………………… 248
  - イラスト・囲みイラスト付き文例・書き出し文例
  - 文章の最後にチェック！ 「が」「の」の連続 ……… 249
- **1月** ………………………… 250
  - イラスト・囲みイラスト付き文例・書き出し文例
  - 文章の最後にチェック！ 正月のいろいろ ……… 251
- **2月** ………………………… 252
  - イラスト・囲みイラスト付き文例・書き出し文例
  - 文章の最後にチェック！ 敬語の「お」「ご」の使い分け … 253
- **3月** ………………………… 254
  - イラスト・囲みイラスト付き文例・書き出し文例
  - 文章の最後にチェック！ 「ず」「づ」の使い分け② ……… 255

\ もっとサポート /
- 計画・資料データ集 ……………………… 256
- CD-ROM の使い方 ……………………… 261

環境とあそび

保育のねらいに合わせた環境やあそびを紹介しています。
春・夏・秋・冬・早春それぞれの季節にピッタリ！

- ●環境づくり　執筆／永井由利子(松蔭大学教授)
- ●子どもとつくる部屋飾り　監修／村田夕紀(四天王寺大学教授)、内本久美(四天王寺大学非常勤講師)
- ●あそび
  - ・ちょこっと遊ぼう・いっぱい遊ぼう・行事あそび　執筆／小倉和人(KOBEこどものあそび研究所所長)
  - ・じっくりゆったり遊ぼう　執筆／中尾博美(姫路日ノ本短期大学非常勤講師・元 姫路市立保育所 保育士)

※本書掲載の『環境とあそび』の一部は、『月刊 保育とカリキュラム』2009～2017年度の連載『写真でわかる 環境づくり』『子どもと作る壁面講座』『壁面＆製作あそび』『壁面＆部屋飾り』『0～5歳児ふれあいあそび＆運動あそび』『こどものあそび0～5歳児』『じっくりゆったり遊ぼう』、特集『今月のちょきぺた』に加筆・修正を加え、再編集したものです。

春 環境づくり

年長組になったという喜びで自信に満ちた姿も見られますが、環境の変化に戸惑う子どもや人間関係の変化でうまく遊びだせない子どももいます。保育者は子どもの気持ちに寄り添い、友達同士で関われる環境づくりに配慮していきましょう。

生活　栽培する野菜を植え、その生長のプロセスに関心をもてるように

夏野菜の収穫の時期を考えて計画的に

子どもと一緒に土作りから行ない、野菜の苗を植えたり種をまいたり収穫の時期を考えて行ないます。クラスのみんなで植えることで育てることへの関心も高まり、水やりなどの当番活動も意欲的に行なうようになります。

この苗からどんな野菜ができるかな？

時には、何を植えるかを伝えずに「この苗からどんな野菜ができるかな？」と生長に期待をもたせながら知的好奇心を膨らませ、考えたり調べたりできるよう、保育室には野菜図鑑なども用意しておきます。

あそび　「仲間と一緒に」を大切に

5歳児になると、数人の友達と一緒に大きな山を作ったり穴を掘ったりするなど、協同しながらダイナミックな遊びを楽しめるようになります。「今日は〇〇組が砂場を使います」と事前に他のクラスと調整しておき、クラスのみんなで取り組むと、ふだん砂遊びをしていなかった子どもも経験の幅が広がり、いろいろな発見や気付きが生まれます。

あそび 友達と協同する楽しさを体験できるように

　この時期、保育者の支えがないとうまく相談して取り組むことがまだ難しい場合もあります。例えば、誕生会にグループで簡単な出し物をすることを提案するなど、目的に向かって友達と協力したり相談したりすることができるようにします。「友達と力を合わせるとこんなことができた」という体験ができる環境を考えていきましょう。

持ち寄り製作で作った大型紙芝居。知っている絵本のストーリーを手掛かりにセリフも友達と一緒に考えてみました。

保育者もナレーションに参加しながら子どもの想像する楽しみを味わえるように子どもの工夫を生かしていきます。

あそび 戸外で全身を使って遊ぶ楽しさを味わえるように

　はん登棒は高さによって色分けするなど、目標が分かりやすく、チャレンジする楽しさが味わえるようにします。

　友達のチャレンジする姿が「自分もやってみよう」という気持ちにつながり、鉄棒にも主体的に繰り返し取り組んでいきます。
　みんなができなければと強制するのではなく、やりたい子が取り組む姿が刺激となって、みんながやってみようとする雰囲気を大切にしましょう。

あそび イメージを共有して

　3、4人の友達とイメージを出し合ったり分かち合ったりできる「場」、なりきって遊べる「物」など、子どもの発想を生かしながら遊びを楽しめるようにします。時には保育者も質問したり提案したり一緒に考えたりしてみましょう。

おまけもあるんですか！？

子どもの「○○したい」というアイディアを一緒に楽しんでいます。

「友達と力を合わせて作った僕たちの基地」を作りながらイメージを共有しています。

環境とあそび　春　環境づくり

春 保育資料

📖 おはなし

くすのきだんちへ おひっこし
作：武鹿悦子
絵：末崎茂樹
ひかりのくに

はるやさいの はるやすみ
作：林 木林
絵：柿田ゆかり
ひかりのくに

にんじんばたけの パピプペポ
作・絵：かこ さとし
偕成社

おしいれのぼうけん
作：ふるたたるひ、
　　たばたせいいち
童心社

まほうのでんしレンジ
原案：たかおか まりこ
絵・作：さいとう しのぶ
ひかりのくに

たなばたまつり
作・絵：松成真理子
講談社

🎵 うた

- 春がきたんだ　作詞：ともろぎゆきお　作曲：峯 陽
- かぜよふけふけ　作詞：山本護久　作曲：小森昭宏
- だから雨ふり　作詞：新沢としひこ　作曲：中川ひろたか
- にじ　作詞：新沢としひこ　作曲：中川ひろたか

✋ 手あそび・わらべうた・ふれあいあそび

- ソレ！はくしゅ　作詞：井出隆夫　作曲：福田和禾子
- ぽかぽかてくてく　作詞：阪田寛夫　作曲：小森昭宏
- ぼくのおひさまパワー　作詞・作曲：谷口國博
- あつまれ！ファンファンファン　作詞：井出隆夫　作曲：越部信義
- はたけのポルカ　訳詞：峯 陽　外国曲
- かえるの合唱　訳詞：岡本敏明　外国曲

🍃 自然

🐛 虫・小動物
- テントウムシ　● ミミズ
- アゲハチョウの幼虫　● カブトムシの幼虫
- オタマジャクシ

❀ 草花
- ナノハナ　● サクラ　● タンポポ
- チューリップ　● パンジー
- シロツメクサ

🍴 食材
- ヨモギ　● イチゴ
- サクランボ　● エダマメ
- 夏野菜（植え付け）

子どもとつくる部屋飾り

環境とあそび / 春 / 保育資料／子どもとつくる部屋飾り

🍀 仲良しペープサート

準備物
- 画用紙（約8×12cm）
- ストロー（少し短く切っておく）
- フェルトペン
- セロハンテープ

作り方
1. 画用紙に絵を描く。
2. 1を裏に向けて、セロハンテープでストローを貼り付ける。

ポイント
ストローを貼る向きは上下どちらに付けてもOK！

初めての友達や先生と仲良くなるきっかけに。

壁面飾りに

クリアフォルダーやビニールテープで作った家や車に、子どもたちの作った絵を挟んで飾ります。イメージがさらに膨らみます。

+α アレンジ オリジナル絵本の主人公に

簡単手作り絵本にペープサートを組み合わせて、お話を作ってみましょう。

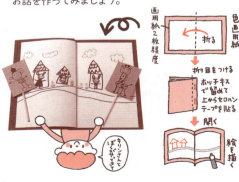

準備物
フープ

あそびのコツ
子どもが2人余る数のフープを用意しておこう！

⭐ ぐるぐるおまわりさん

1 おまわりさん役の2人は中心のフープに入る

中心にフープを1本、その周りに残りのフープを置きます。おまわりさん役の子どもを2人決め、帽子をかぶって、中心のフープの中に立ちます。

2 合図で2人でフープに入る

イス取りゲームのように、合図が鳴ったら走り、次の合図が鳴ったら2人でフープに入ります。

3 おまわりさん役を交代して繰り返す

おまわりさん役の子どもは、フープに入れなかった子どもを2人見つけ、おまわりさん役を交代し、繰り返し遊びます。

あそびメモ　友達とのコミュニケーションを大切に

初めは1つのフープに何人も入ったり、好きな友達と一緒に入りたがったりする子どももいるでしょう。どこに入るか迷っている子どもには、保育者が声を掛けたり、周りの子どもたちが「ここあいてるよ！」と教えてあげたりできると良いですね。

⭐ ニョキッと！

準備物
カラー標識、ライン

1 2人組になる

2人組になってランダムに広がり、向かい合って両手を合わせてしゃがみ、タケノコのポーズをします。引き抜く役の子ども（A・B）は、向かい合わせで両手をつなぎ引き抜きに行きます。

2 掛け声に合わせて遊ぶ

引き抜き役は選んだタケノコの上から、「ヨイショ!」とつないだ両手をくぐらせます。タケノコ役（C・D）の子どもたちは「ニョキー!」と言って立ち上がり、輪から出ます。ここで役割を交代し、カラー標識に戻って繰り返します。

あそびのコツ
「ヨイショ!」「ニョキー!」の掛け合いでおもしろさアップ！

あそびメモ　友達との関わりを深める
2人でどのタケノコを引き抜くか選んでいきます。友達との言葉のやり取りや、引き抜き役・タケノコ役の2組の掛け合いなども、子どもにとってとても大切なことだと思います。遊びの中で友達との関わりを深めていけるようにしていきましょう。

環境とあそび　春　ちょこっと遊ぼう

★ 通り抜けタッチオニ

準備物 フープ、カラー標識、ライン

タッチされないようにゴールへ進む

Aチームは2列に並んで前半・後半に分かれてスタート、Bチームはコース内の好きな場所にフープを置いて中に立ちます。スタートの合図でAの前半チームがBチームにタッチされないようにゴール目指して走ります。タッチされたら、コース横のカラー標識に並びます。終わったらゴールした人数をかぞえましょう。

同様に、Aの後半チーム、Bの前半・後半チームの順で行ないます。ゴールした人数の多いチームが勝ちです。

あそびメモ　協同的な活動のきっかけに
5歳児になるとグループ活動をする機会が増えてきます。生活面だけでなく、遊びの中でもグループやチームとしての意識をもつことが大切と言えるでしょう。「仲間意識をもつ」前段階としてのきっかけをつくっていけると良いですね。

あそびのコツ
タッチしやすいように、狭い範囲で遊んでみよう。

⭐ フープころころどこまでも！

フープを転がしてキャッチ

1人がマットからフープを転がします。カラー標識を越えたら、もう1人が走って取りに行きます。キャッチできたら成功！ 戻って列の後ろに並びます。

※転がす役と取りに行く役を交代して、繰り返し遊びます。

あそびのコツ
コースの数を増やしてもOK！

準備物
フープ、マット、積み木（または巧技台など）、ロイター板（または踏切板など）、カラー標識

●マット、積み木、ロイター板で図のような坂道を作る。

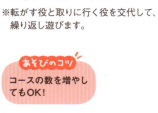

あそびのコツ
失敗しても「次頑張ろうね」と次につながることばがけを！

まてー！

とれた！

あそびメモ　遊びと友達に興味をもって

遊びの中で友達との信頼関係を結ぶきっかけを得ることがポイントです。フープを転がすときに、声を掛けたり、目を合わせたりなど、それぞれの合図を送ると思います。それを見てスタートを切れるように、遊びと友達に興味をもって取り組むことが大切です。

環境とあそび　春　いっぱい遊ぼう

71

 いっぱい遊ぼう

★ ジャンケン ジャンプ トンネル

1 2人でジャンケン

2人組になってジャンケンをします。負けた子どもはうつ伏せになり、勝った子どもがその上をジャンプで跳び越します。続けてうつ伏せになった子どもはトンネルになり、ジャンプした子どもはトンネルをくぐります。

2 「せっせっせーの よいよいよい」

「せっせっせーの よいよいよい」(わらべうたのフレーズ)と歌い、両手をタッチしておしまい。次の友達を探しに行きます。

> **あそびメモ　相手のことを考えながら**
> 勝った子どもは友達に当たらないように、負けた子どもは友達がやりやすいように考えて遊びます。友達との距離感や息遣いを感じながら取り組めるといいでしょう。

> **あそびのコツ**
> 子どもがたくさんの友達とジャンケンできるように声を掛けよう。

★ ハンカチ落としトントントン

準備物
ハンカチ（8〜10人に1枚）

1 円になって歌う

円になって、中心を向いて座ります。オニはハンカチを持ち、みんなで「ハンカチおとし　トントントン」と歌います（「トントントン」は手拍子）。

2 オニがハンカチを落とし、追いかけっこ

オニは反時計回りで進み、誰か1人の後ろにハンカチを置き、その子の肩を「トントントン」とたたいて合図します。合図された子どもはハンカチを持ってオニを追い掛け、オニは空いた場所まで走ります。座れたらオニは交代、タッチされたら、もう一度オニをします。1から再スタート。

あそびのコツ
ハンカチを置いたら、必ず「トントントン」をするお約束。

あそびメモ　子どもたちのペースでできる
伝承遊びのハンカチ落としは、楽しいのが当事者のみになりがちです。しかし、この遊びはみんなで歌うことで、子どもたちのペースででき、「次はぼくかな？」「誰に置こうかな？」など、みんながオニ役、追い掛ける役を経験できます。

『ハンカチ落としトントントン』（作詞・作曲／小倉和人）

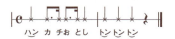

環境とあそび
春　いっぱい遊ぼう

73

じっくりゆったり遊ぼう
～長時間保育にもおすすめ～

ハンカチを使って

四角いハンカチが一転して遊び機能を発揮します。1人でも集団でも、いつでもどこでもハンカチ遊びは楽しめます。

♣ いろいろキャッチ

ハンカチを高く投げてキャッチ！　うまくできるかな？

たかーく上げてキャッチ！

頭で、肩で、足でもキャッチ。体のいろいろな所でキャッチ！

アレンジ
ハンカチを軽く結ぶとボールになります。

♣ バナナがでてきた

ハンカチをバナナに見立てて遊びます。

作り方

❶ 右手で四隅を持ち、左手で中心部を下から押し上げ、右手でつまむ。

❷ そのまま左手でしごいて下の方を握る。

❸ 四隅をむいて、出来上がり。

♣ リボンでおしゃれ

頭に着けて、リボン、首に着けてチョウネクタイなど、自由な発想で遊びましょう。

片手を離すとネクタイになります。

作り方

❶ 中心に向けて折り、裏返す。
❷ 中心に向けて折る。
❸ 向きを変え右手で●、左手で☆をつまんで左右に引っ張る。

♣ ジャンケンハンカチ取り

ジャンケンに勝ったらハンカチをもらえます。連続して負けると、「しっぺをされる」や「まけました、という」などルールを作っておきます。3～4人で行なうときは勝ち抜きにしてもいいでしょう。

ボトルキャップを使って

手のひらに入るボトルキャップは、扱いやすい遊び道具です。マイキャップを作っていろいろなゲームを楽しみましょう。

環境とあそび

春 じっくりゆったり遊ぼう

♣ 当てっこゲーム

キャップをバラバラに並べておき、狙ったキャップに向かって次々に当てていきます。当てたキャップは自分の物になります。

ポイント
親指と他の指1本で丸を作り、はじくという指先の機能も育ちます。

作り方
マイキャップを作ろう！
油性フェルトペンで描く。
マスキングテープを巻く。

※「当てっこゲーム」「宝取りゲーム」で使います。

♣ 宝取りゲーム

順番にサイコロを振り、出た目の数だけマイキャップを進めます。最初にゴールした人が宝を手に入れることができます。

作り方
画用紙に渦巻き状の絵を描き、スタートとゴールを決めてゴールに宝キャップを置く。

宝キャップ

ポイント
サイコロを振るという偶然で遊びが展開していく楽しさを味わいましょう。

※遊び方が分かってくると、途中に「1回休む」「スタートに戻る」など変化をつけても良いでしょう。
※宝は何にするか、子どもたちと考えてもおもしろいでしょう。

♣ オセロゲーム

2色のキャップを組み合わせたコマを数十個用意します。画用紙に5×5のマス目を描き、真ん中にコマを1つ置き、自分のコマで相手のコマを挟むとひっくり返して自分のコマにすることができます。

2色のキャップをテープで留める。

ポイント
相手の動きを考えながらコマを動かす楽しさ、難しさをじっくり味わいましょう。

75

親子参観

♥ ふれあいパンダ・うさぎ・コアラ

『パンダうさぎコアラ』の歌に合わせて、親子で動物のポーズを楽しみます。

❶おいでおいで〜

互いに向かい合って膝を2回トントン、
互いの手を合わせて2回トントン。

❷パンダ（パンダ）

手でパンダの目を表現して
相手をのぞき込む。

❸おいでおいで〜

❶を繰り返す。

❹うさぎ（うさぎ）

手を伸ばして耳のポーズで
ハイタッチ。

❺おいでおいで〜

❶を繰り返す。

❻コアラ（コアラ）

ギュッとハグする。

❼パンダうさぎコアラ

のぞく・ハイタッチ・ハグをする。

『パンダうさぎコアラ』（作詞／高田ひろお　作曲／乾　裕樹）

ポイント

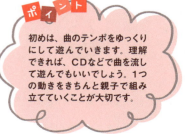

初めは、曲のテンポをゆっくりにして遊んでいきます。理解できれば、CDなどで曲を流して遊んでもいいでしょう。1つの動きをきちんと親子で組み立てていくことが大切です。

環境とあそび / 春 / 行事あそび

♥ ころころコースター

ペーパー芯を切るだけ! ころころ回る姿がクセになります。うちわを持って親子で向かい合い、中央にコースターを置きます。うちわであおいで、相手の体にコースターが付いたら勝ちです。

【準備物】
ペーパー芯（1つのペーパー芯から2つできる）、ハサミ、ペン、うちわ

らせん状に並行に切り、伸ばして模様を描く

ポイント
ペーパー芯をらせん状に切っているので、少しの風でもすいすい転がっていきます。

★アレンジ★
切り込みを入れて、凹ませて折ると、また違う動きを楽しめます。

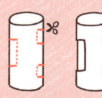

♥ 新聞アート大作戦!

【準備物】
新聞紙（1組につき2〜3枚）

① 保育者の合図で、親子で新聞紙を帯状に裂きます。

② 全員が裂き終わったら、その新聞紙を使って見立て遊びをします。保育者が「今までに行って楽しかった場所」などとお題を出し、ペアで新聞紙を使って表現（例 線路にして電車の旅、たてがみやヒゲにして動物園、お布団にして…など）します。

ポイント
大人ではなかなか思い付かないですが、子どもは自由に見立てていきます。そんな姿を見て、「なるほど、こんな風に考えているのか!」と新しい発見があり、子ども理解にもつながります。

③ 保育者は保護者にインタビュー。思い出などを話してもらってもいいですね。

「動物園に行ったので…」

★アレンジ★
それぞれの親子が見立てたものを「作品」として、写真に収めるとステキな思い出に。

77

環境づくり

友達の姿を見て、自分もやってみようとする姿が見られるようになります。友達と一緒に遊ぶことで刺激を受けて挑戦欲求を高め、新たな遊びを工夫する楽しさに出合うでしょう。保育者は子どもの取り組みの姿を認め、丁寧に褒めて意欲を高めていきましょう。

生活 あそび プールあそびも決まりを守って安全に

プール開きの日に

衛生的で健康・安全に遊ぶために、「プールに入る前にトイレに行きましょう」「プールの中ではオシッコはしません」「鼻水が出たらティッシュで鼻をかみましょう」「プールサイドは走らない」などとラミネートした絵カードを見せながら伝えていきます。絵カードはプールサイドのフェンスなどに貼っておきます。

近隣の小学校のプール体験

小学校への憧れをもっている5歳児が近隣の小学校でプール体験などができるように、園と小学校との連携が大切です。広いプールで気持ち良く遊ぶことで、小学校への期待感も膨らませることができます。

ひろ～い!

あそび 友達の姿を見て自分もやってみようとする姿を大切に

友達の姿に刺激を受けて、潜ってみる、ビート板を使って体を浮かせてみる、バタ足をしてみるなど、泳ぐことへの挑戦が見られるようになります。「より難しいことに挑戦したい」気持ちを支え、励ましていくと同時に、挑戦を助ける用具を出していきます。バーの両端を保育者が持って固定し、それに捕まって潜ってみたり、体を水の中で伸ばしてみたりするなど、水に浮く楽しさを味わえるようにします。

ういた!

いっしょにやってみよう～!

環境とあそび　夏　環境づくり

あそび　繰り返し試行錯誤しながら、いろいろな工夫ができるように

木陰でタライにシャボン玉液をたっぷり入れておきます。輪にした針金に毛糸を巻いて作った大きな枠を使って大型のシャボン玉を楽しみます。子どもたちはそれぞれの工夫を持ち寄って、友達同士で刺激し合っていきます。

こんなにおおきいのができたよ！

ぼくもやってみよう

（プラスチックの）うちわのわくでもできたよ！

ストロー以外にもいろいろ試してみたくなるよう物を用意しておきます。

生活　あそび　知的好奇心を育む環境を

夏野菜の収穫を体験

野菜の栽培を通して生長のプロセスに関心がもてるよう、子どもの動線に沿って、目に留まる所で栽培します。収穫を楽しみにしながら水やりなども進んで行えるよう、水やり用のじょうろを用意しておきます。

もうちょっとであかくなるね

あ、みつけた！

ゴムで動く船作り

船作りができるよう、牛乳パックや割り箸などを製作コーナーに用意します。作っては浮かべてみることができるように小さいプールを用意し、試したり工夫したりする知的好奇心や意欲を育んでいきましょう。

あそび　水路作りの工夫を楽しめるように

ダイナミックに遊ぼう

家庭では難しいダイナミックな水遊びができるよう、様々な道具を準備します。それらを使って水路作りをする中で、試行錯誤をする楽しさを味わい、友達と協力しながら工夫し合い、没頭していきます。

水の性質に気付ける玩具

カラフルなビニールボールやスーパーボールなどを加えることで、水の動きが更に分かりやすくなります。水の性質に気付き、予想しながら遊ぶ姿が見られることでしょう。保育者はじっくりと子どもの遊びを見守りましょう。

79

📖 おはなし

なつやさいのなつやすみ
作：林 木林
絵：柿田ゆかり
ひかりのくに

七ふくじんとなつまつり
作：山末やすえ
絵：伊東美貴
教育画劇

ひまわりさん
原作：くすのき しげのり
文・絵：いもとようこ
佼成出版社

たなばたものがたり
文：舟崎 克彦
絵：二俣英五郎
教育画劇

おばけでんしゃ
文：内田麟太郎
絵：西村繁男
童心社

星空キャンプ
作：村上康成
講談社

♪ うた

- あめふりくまのこ　作詞：鶴見正夫　作曲：湯山 昭
- にじのむこうに　作詞・作曲：坂田 修
- たなばたさま
　　作詞：権藤はなよ　補詞：林 柳波　作曲：下総皖一
- オバケなんてないさ　作詞：まきみのり　作曲：峯 陽
- あおいそらにえをかこう　作詞：一樹和美　作曲：上柴はじめ

✋ 手あそび・わらべうた・ふれあいあそび

- だいだいだいぼうけんのうた
　　作詞：新沢としひこ　作曲：中川ひろたか
- 昆虫太極拳
　　作詞：ミツル．&りょうた．　作曲：りょうた．
- キャンプだホイ　作詞・作曲：マイク真木
- しりとりうた　作詞：横笛太郎　作曲：兼永史郎

🍃 自然

🦋 虫・小動物
- カタツムリ　● トンボ　● ヤゴ
- メダカ　● カブトムシ　● セミ

✿ 草花
- アジサイ　● アサガオ
- ヒマワリ　● オシロイバナ

🍴 食材
- トマト　● キュウリ
- ピーマン

子どもとつくる部屋飾り

環境とあそび

夏 保育資料／子どもとつくる部屋飾り

おしゃれカタツムリと紙皿のアジサイ

作り方
1 色画用紙でカタツムリを作る。
2 切り込みを入れた紙皿の周りに、フラワーペーパーや色画用紙を貼り、アジサイを作る。
3 2の切り込み部分に1を貼る。

準備物
- 色画用紙 ● フラワーペーパー ● クレヨン
- フェルトペン ● ハサミ ● のり ● 木工用接着剤 ● 紙皿

アジサイ
保育者が切り込みを入れておいた紙皿にねじったフラワーペーパーを貼る

殻

模様を描く → 円すい形に / のり / 切り込みを入れ、折り上げる

カタツムリ

＋

体

色画用紙で作る

壁面飾りに

雨が降っている様子を表すと、季節感がより感じられますね。

＋αアレンジ レターラックにしてプレゼントに

リボン / 貼る / 貼る / 厚紙 / 紙皿を半分に切った物 / 木工用接着剤

紙皿はポケットになるように！

81

★ ワニワニ水掛け大作戦！

1 3チームに分かれ、チームごとに相談する

ワニ、ラッコ、カバチームに分かれ、ワニチームは1人 "ワニワニくん（大当たり）"を決めます。他の2チームは先攻・後攻を決め、チームごとに相談して、ワニワニくんを当てないように、ワニチームの名前を交互に1人ずつ言っていきます。

2 大当たりの場合は、ワニ歩きで水を掛ける

外れたときは、名前を言われた子どもがワニ歩きのポーズで待ちます。ワニワニくんに当たったら、ワニチーム全員で当てたチームまでワニ歩きで進み、背中に水を掛けます。

※当てたチームが、次はワニチームになり、繰り返して遊びます。

あそびのコツ
外れたら「セーフ」、当たったら「おおあたり〜」で教えてあげよう。

あそびメモ — チームでの相談が関わりを深める
チームで相談することがポイントです。友達との関わりを深められる遊びを積極的に行なうことで、運動会への育ちも期待できます。

★ プールでザブ〜ン!!

準備物 フープ（3人に1本）

1 3人組で役割ごとにお引っ越し

3人組でフープに入り、帽子・ゴーグル・水着の役割を決めます。保育者が役割の1つを言うと、その子どもは、フープからジャンプして出て、ワニ歩きで別のフープに近づき、潜って入ります。これを繰り返して遊びます。

※ジャンプで出るとき、他の2人は跳びやすいようにフープを下げてもいいでしょう。

2 「プールでザブ〜ン!!」で全員お引越し

「プールでザブ〜ン!!」の合図で、全員ジャンプで出て、プールの中を走ります。次の合図で帽子・ゴーグル・水着の3人組を作ってフープに入りましょう。

あそびのコツ
自分はどの役割かを覚えておこう！

あそびメモ — 思いやりで関係性を深める
フープを下げてあげたり、役割が重ならないように他のチームを教えてあげたりと、友達への思いやりが必要です。繰り返し遊んで十分に関係性を深めてください。

環境とあそび

夏 ちょこっと遊ぼう／いっぱい遊ぼう

⭐ 走ってジャバン！

1 水の流れをつくる
プールの中を大きな円を描くように走り、水の流れをつくります。

あそびのコツ
水の流れを十分につくりましょう。

（すすむのはや〜い！）

2 合図でワニ歩き
保育者の合図でワニ歩きをする。

あそびのコツ
ふだんから「ワニ歩きができるように」を意識！

スイスイ〜

プールでしかできない遊びを楽しんで
潜れなくてもワニ歩きができる子ども、十分に潜ることができる子ども、個々に対応してプールでしか経験できないことを存分に楽しみましょう。

（いつもより速くワニ歩きができることに驚いていました！）

潜れる子どもが増えてきたら、潜ってもOK！

いっぱい遊ぼう

★ 異年齢児と なかよしあそび

『せんろはつづくよどこまでも』の歌で遊ぶ

❶ せんろは

2人組になって相手の肩を4回たたく。

あそびのコツ 初めはゆっくりしたテンポで！

❷ つづくよ

脇を4回閉める。

❸ どこまで

腰を左右に4回振る。

❹ も～

相手と3回タッチする（難しければ手拍子）。

❺ のをこえ やまこえ たにこえて　　保育者が遊びのお題を伝え、2人組で遊ぶ。

ジャンプ

向かい合わせで両手をつなぎジャンプ。

電車

低年齢児を前に電車になって移動。

力比べ

両手を組み合わせて押し合い力比べ。

トンネル

交代でトンネルをくぐる。

❻ はるかなまちまで ぼくたちの
❶～❹を繰り返す。

❼ たのしいたびのゆめ つないでる
❺の遊びをする。

あそびのコツ 低年齢児が多いときは、簡単なお題に！

『せんろはつづくよどこまでも』(作詞/佐木敏　アメリカ民謡)

あそびメモ　異年齢児とのふれあいを楽しむ
「肩」「脇」「腰」「タッチ」の動きを理解すれば、すぐに遊びこなせます。遊びの中で、年上の子どもが率先して年下の友達をリードしようとする動きが見られます。この活動で遊びとふれあいを十分に楽しみましょう。

あかツメ しろツメ

環境とあそび / 夏 / いっぱい遊ぼう

準備物
バケツ（紅白玉が10個入る大きさ）1個、紅白玉（赤10個・白10個）、フープ（赤・白）
●バケツに白玉を10個、赤のフープに赤玉を10個入れておく。

1 2人1組でバケツを持ち、合図でスタート

白のフープに白玉を入れ、赤玉をバケツに入れて持って帰ります。

バケツをひっくり返して入れる姿も見られました

2 次走者にバケツを渡してバトンタッチ

次走者は赤玉を赤のフープに入れ、白玉をバケツに入れます。

あそびのコツ
玉の移し替えは保育者が指示せず、見守るようにしよう。

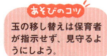

玉の早い入れ方など、友達の姿を見て学んでいるようでした！

あそびメモ / 子どもたちが遊びを深める
基本的には、持っている玉を置いている玉と交換するだけです。交換方法などを相談する「作戦タイム」を設定すると、更に遊びを深めていけるでしょう。また、勝ち負けのうれしさや悔しさも共有できます。

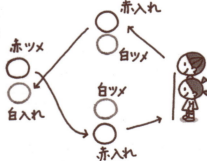

※慣れてきたら、入れ替えポイントを3か所にしてもいいでしょう。

夏 じっくりゆったり遊ぼう
～長時間保育にもおすすめ～

身近な小動物で

好きな小動物を通して、友達とイメージを共有しながらお家ごっこやゲームなど工夫して遊びましょう。

♣ カエルを作って遊ぼう

「オクラのはっぱにカエルがいた！」「かわいい」「つくろう！」と興味をもった子どもから次々に作り始め、「いけもいるよ」「そうだ、くさもつくろう」とイメージを共有しながら遊びを展開していきます。

ポイント
画用紙、紙コップ、フェルトペン、モール、ハサミ、のりなどを材料棚に準備し、思い思いに作れるようにしましょう。

人さし指で押さえて滑らせるとピョンと跳ねます。

♣ キャーロノメダマ

カエル役は輪の中に入り、歌に合わせて跳びます。輪の子どもたちは手をつないで反時計回りに歌いながら歩き、歌の終わりにカエル役の子どもが近くの子どもと交代します。最初は1小節に1回、慣れてきたら2回跳びます。

『キャーロノメダマ』(わらべうた)

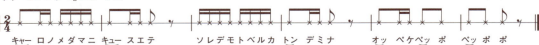

キャー ロノメダマニ　キュー スエテ　ソレデモトベルカ　トン デミナ　オッ ペケペッポ　ペッポ ポ

染め紙をして

いろいろな染液や紙などを使って、色が混じり合って模様ができていくおもしろさを楽しみましょう。

環境とあそび

夏 じっくりゆったり遊ぼう

♣ 紙を折って染めてみよう

いろいろな大きさの障子紙や和紙を三角や四角に折って薄めに溶いた絵の具に着けます。乾いたら封筒やカード、はがき、短冊などに使うと楽しさが倍増します。

ポイント
絵の具を着けるのは、ちょこっとだけ。じわっとにじんでいく様子をじっくりと楽しみます。

作り方

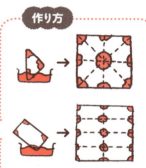

※つるつるした方を中にして折ると良いでしょう。

♣ カラフルティッシュペーパー

2枚重ねのティッシュペーパーを¼に折り、細いフェルトペンで静かに押さえ点模様を付けていきます。

作り方

❶ ティッシュペーパーを¼に折る。 ❷ フェルトペンで押さえ点を描く。 ❸ 開いて出来上がり。

ポイント
ティッシュペーパーの柔らかい感触と白い紙にくっきりと描かれた模様が爽やかです。

ほかにもたくさん！

転がし染め
スチレンボールに和紙を貼り、絵の具を付けて転がす。

菓子箱にも和紙を貼っておく。霧吹きで湿らせておいても良い。和紙はトイレットペーパーでもOK。

たたき染め
2つ折りした和紙の間に草花を挟み、新聞紙を置いて木片や木づちなどで押したり満遍なくたたいたりする。

草花染め
絵の具の代わりに夏の草花を絞って染める。

87

行事あそび

運動会（親子競技）

ポイント
単純なルールなので、初めてでもすぐに遊ぶことができます。レフリーは、赤白それぞれを数える人、ジャッジする人など役割をしっかり分担し、結果がすぐに分かるようにしましょう。

♥ クルクルパタパタ大作戦

準備物
段ボール板（A4サイズくらい）、色画用紙
- 段ボール板の表と裏に白と赤の色画用紙を貼っておく（30枚程度：人数に合わせて調整）。

❶ 2チームに分かれ、中央に段ボール板を赤白が同数になるように散らして置きます。スタートの合図で、白チームは白に、赤チームは赤にひっくり返します（時間は30〜60秒程度）。
❷ 終わりの合図でスタート地点に戻ります。レフリー（保育者数名）が枚数を素早く数え、多いチームが勝ち。何回か対戦します。

♥ シャカシャカ・フリフリ・玉入れ〜！

準備物
ペットボトル…子ども用500ml 2本、大人用2ℓ2本、厚紙
玉入れセット…フープ、カラーポリ袋、ドッジボール2個、園児用イス2個

〈ペットボトル〉
片方に砂を7分目まで入れ、穴を開けた厚紙を挟んで、2本をつなぎ合わせる。

〈玉入れセット〉
フープにカラーポリ袋を付けて底を切る。

ポイント
スタートからペットボトルまでの距離や、玉入れの難易度を調整しよう。

❶ 保護者と子どもの2チームに分かれ、親子が同じ順番で並びます。
❷ スタートして、前方にあるペットボトルを上下入れ替え、砂が落ちている間にボールを投げてフープに入れます。砂が全て落ちる前に、ペットボトルの上下を入れ替えに戻ります（保育者が審判になる）。
❸ ボールを入れたら戻り、次走者にバトンタッチ。

♥ はこんで！はこんで！

チーム対抗で物運びリレーをします。
1. ペアで棒にまたがり、カラー標識をジグザグに進み、マットまで行きます。
2. ペアで相談して好きな物をS字フックに掛け、シートまで運びます。
3. シートの上に運んできた物を置き、スタート地点に棒を戻したら、バトンタッチ。

準備物
S字フック、運ぶ物（S字フックに掛けられるようにする）、カラー標識、1mぐらいの棒（中心にS字フックをつける）、シート、マット

〈運ぶ物の例〉
・ボールネットに入れたサッカーボール　　・袋に入った紅白玉
・ペットボトル（水を入れてひもを付けた物）
・小さいボールをたくさん入れた洗濯ネット　など
園長先生の重いカバン、ランドセルなど、ユニークな物も用意すると楽しいですね。

ポイント
2人で棒を上手くコントロールすることが大切です。子どもが相談しながら、協力して運ぶ姿を見守りましょう。

♥ 4人でガッツ！

4人組で4つのチャレンジ（下記参照）をします。最後に保育者が旗を上げたらチャレンジ成功です。電車になって移動しましょう。

ポイント
友達の力になる、友達に力になってもらうといった相互関係を深めます。協調性の育ちに注目です。

チャレンジ1
マットの上で、A以外がトンネルをつくり、Aがくぐります。

チャレンジ2
B以外が手をつなぎます。Bはフープを取って3人に通し、反対側のカラー標識に入れます。

チャレンジ3
C以外がラインの間で長座になり、Cが両足ジャンプで跳び越えていきます。

チャレンジ4
マットの上でDが上になるように考えて組体操をします。

環境とあそび　夏　行事あそび

環境づくり

運動会をきっかけに一段と活発に体を動かして遊ぶ姿が多くなります。いろいろな目当てに向かって挑戦する経験や、秋ならではの自然体験や、友達と協同して活動する経験ができる環境構成の工夫をしましょう。

あそび 自分たちで進めるリレーを楽しむために

走る楽しさを味わって、繰り返しリレー遊びをするようになります。ラインを引いておき、バトンや、ゼッケンなども取り出しやすいカゴに入れるなどしておくと、自分たちでチーム分けをし、リレーを始めることができます。2、3チームに分かれ、走る順番やアンカーを誰がするかなど様々な相談が始まります。運動遊びを通して、相談したり考えたりする経験もできます。

どうやってチームわける？

あそび 身近な物で染めた絞り染め

マリーゴールド、ビワの葉、藍など、身近な物で染め物を楽しみ、敬老会のプレゼント作りをしています。こうした新しい経験も色水同様、自然の不思議さを感じさせます。手順が分かると出来上がりに期待をもって取り組めます。

ゴムを外すとあら不思議！

おもしろいもようになった！

手順を分かりやすく

あそび チャレンジしたくなる環境づくり

跳ね板が縄跳びのジャンプを引き出す

手作りの跳ね板を使うことで、ジャンプ力がアップし、繰り返したくさん跳んだり二重跳びに挑戦したりするなど、個々の力を発揮するきっかけとなっています。

〇〇ちゃんすごいね

きのうよりとべるようになった！！

手作りの跳ね板
ベニヤ板（2枚）
プラスチック製の台
ビスでしっかり固定

園庭にひと工夫
〜運動してみたくなる環境をつくる〜

園庭に丈夫な木があればロープを張って、思わず綱渡りをしてみたくなる環境をつくってみるのもおもしろいでしょう。「やってみよう」という意欲が生まれ、いろいろな渡り方を工夫することで、体の動かし方を試してみる運動能力が育っていきます。

ぶら下がってロープ渡り

環境とあそび / 秋 環境づくり

あそび　友達と考えを出し合い、目的に向かって取り組めるように

共通の経験をもとに、グループで何かを作り上げる取り組みとして、遊園地遠足から、自分たちの遊園地を園の中に作ろうとする子どもたちです。友達とイメージを共有し、完成したら3・4歳児を招待しようと意気込みながら、共通の目的に向かって作り上げていきます。

わたしも のってみる、おしてね

おきゃくさんが のったらこんな かんじかな？

〈設計図〉

○○つくりたい！
せっけいず かく？
○○にしたい！

設計図を描くことで共通理解しやすく

段ボール板をつなげ、設計図どおりの色を絵の具で塗っていきます。

食育　様々な『食』の体験ができる環境

稲を育てお米の大切さに気付く

一人ひとりバケツで稲を育て、稲刈りを経験し、もみ殻に入っている米粒を取り出します。細かな手作業を経験し、米を大切にする気持ちが育ちます。

保護者と一緒に季節感を味わう

保護者と一緒に、園庭で実ったカキの収穫をするのもよいですね。皮をむいて食べる経験は心に残るものとなります。手作りのテーブルでキャンプ気分を楽しみます。

あったー！！

収穫したカキを手作りのテーブルで

かわ むけた？　あまーい！

秋 保育資料

📖 おはなし

お月さまってどんなあじ？
絵・文：マイケル・グレイニエツ
訳：いずみちひこ
らんか社

ぼく、おつきさまがほしいんだ
文：ジョナサン・エメネット
絵：ヴァネッサ・キャバン
訳：おびか ゆうこ
徳間書店

とんぼのうんどうかい
作・絵：かこ さとし
偕成社

むしたちのうんどうかい
文：得田之久
絵：久住卓也
童心社

どんぐりノート
作：いわさ ゆうこ、大滝玲子
文化出版局

かにむかし
文：木下順二
絵：清水崑
岩波書店

🎵 うた

- 空にらくがきかきたいな　作詞：山上路夫　作曲：いずみたく
- きっとできる　作詞・作曲：柚 梨太郎
- パレード　作詞：新沢としひこ　作曲：中川ひろたか
- ドングリ坂のドングリ　作詞：新沢としひこ　作曲：中川ひろたか
- ぼくらはみらいのたんけんたい　作詞：及川眠子　作曲：松本俊明

✋ 手あそび・わらべうた・ふれあいあそび

- ないたないた　作詞：中川ひろたか　作曲：別府のどか
- 八百屋のお店　作詞：不詳　フランス民謡
- オリンピア体操　作詞：水口 馨　作曲：五十嵐 洋
- ピーカンおばけはラテン系
  作詞：前田たかひろ　作曲：小杉保夫
- イモ掘れホーレ！　作詞：福尾野歩　作曲：才谷梅太郎

🍃 自然

🦋 虫・小動物
- トンボ
- バッタ
- カマキリ（卵）

✿ 草花
- ススキ　●スイセン（球根植え）　●サルビア　●マリーゴールド
- ヒヤシンス（水栽培）　●イチョウ　●フウセンカズラ（種取り）
- ドングリ　●サツマイモ　●マツボックリ

🍴 食材
- ダイコン（種まき～間引き）
- サツマイモ
- カキ

92

子どもとつくる部屋飾り

環境とあそび / 秋 / 保育資料／子どもとつくる部屋飾り

🍀 ブドウマンションへようこそ

準備物
- 細長く帯状に切った色画用紙（紫・青・藍／緑・黄緑など）
- 画用紙
- フェルトペン
- のり
- ハサミ
- ホッチキス

作り方

1. 帯状の色画用紙の端にのりを付けて輪を作る。
2. 人物などを、画用紙に描いたり、色画用紙で作ったりする。
3. 2を輪の中に貼る。
4. 3の輪をホッチキスでつなぐ。

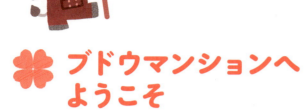

ポイント
友達と合わせると、大きなブドウの房になりますね。

壁面飾りに

新聞紙や和紙ひもでつるを作り、葉を飾っていきます。和紙ひもはペンなどに巻き付けてカールさせるといいですよ。

+α アレンジ つり飾りに

天井からぶら下げて飾ると立体感が出ますね。

ちょこっと遊ぼう

★ あげて〜さげて〜

『十人のインディアン』の替え歌で遊ぶ

❶ うーえにあげて　しーたにさげて
　みーぎにあげて　ひだりにあげて

一人リーダーを決め、両腕を上下左右に上げ下げする。

『十人のインディアン』（アメリカ民謡）のメロディーで
作詞／小倉和人

❷ うーえ　しーた　みーぎ　ひだり
❶と同様に。

❸ さぁ　さいごはこれ

手拍子をする。

❹ だ　リーダーと違う方向を示そう！

あそびのコツ
初めはゆっくりしたリズムで！

あそびメモ　思いを貫いたり、機転を利かせたりして楽しむ
リーダーと同じ方向に指し示していきますが、最後は違う方向になります。「ぼくは最後にこれを出そう！」と決めて思いを貫くのもいいでしょう。機転を利かせて、とっさに変えてももちろんOK！　速さを変化させて遊ぶのもおもしろいでしょう。

★ じゃんけんタオル取り

ジャンケンをしてタオルを取って遊ぶ

2チームに分かれ、タオルを間に置いて向かい合わせに並びます。先頭の2人でジャンケンをして、勝った人は素早くタオルを取り、負けた方は取られないように押さえます。タオルを取られたら、次の人に代わり、見える位置で応援します。チーム全員が負けたらおしまいです。最後の大将が全部勝てば逆転勝利にしてもおもしろいでしょう。

※人数が多い場合は、2チーム以上つくって、総当たりやトーナメントで遊んでも良いでしょう。

準備物
タオル（ハンドタオルまたはフェイスタオル）

あそびのコツ
初めは2人で対戦してみよう。

あそびメモ　諦めずに遊び抜く
ジャンケンの後、どれだけ早く動けるかがポイントになります。ジャンケンで負けても、力を込めてタオルを押さえることが必要です。みんなに勝つチャンスがあるので、諦めずに遊び抜くことを伝えられると良いですね。

★ なわわたし

4人組で、縄を移動させてゴールに向かう

4人組になり、縄2本をレールのように置きます。前の2人はそれぞれ縄の前方を手で押さえる役割、後ろの2人は縄の後方を持って移動させる役割です。後ろの2人は、縄をゴールの方向に向かって前に渡し、前の2人は後ろの2人が前に行ったら、同じように進みます。これを繰り返し、ゴールラインまで行きます。ゴールしたら役割を交代して遊びます。

準備物
短縄

あそびメモ

あそびのコツ
縄が広がったり狭まったりしないように、まっすぐ移動させていこう。

チームで協力する
自分の役割を進め、チームで協力することを深めていきましょう。その姿を見守っていると、声を掛け合うなどして、子どもたちなりに進める様子が見えてくるでしょう。子どもたち自身でやり遂げる力を十分に伸ばしてあげることができればいいですね。

環境とあそび

秋 ちょこっと遊ぼう／いっぱい遊ぼう

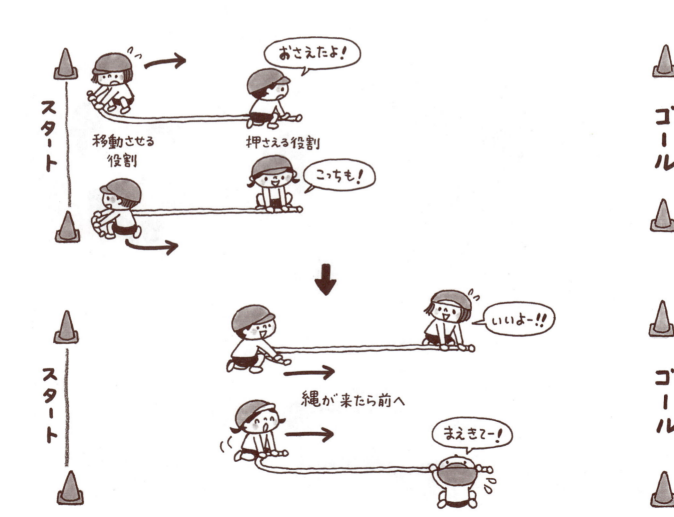

★ はっけよい しりずもう

準備物
フープ（3人で1本）

1 行司と力士に分かれる

3人組でフープに入り、ジャンケンをして初めに負けた子どもが行司に、他2人は力士になります。

2 しりずもうをする

力士は背中を向け合い、行司の「はっけよ〜い のこった」の合図で、おしりを動かして（足はなるべく動かさず）相手をフープから押し出します。

あそびのコツ
まずは、しりずもうの取り方を伝えよう。

3 負けたら移動、勝ったら行司としりずもう

行司がフープに残った子どもに「○○くんのかち〜!」と言います。負けた子どもはフープから出て、別のフープへ移動し、行司をします。行司をしていた子どもは勝った子どもとしりずもうをします。これを繰り返します。

あそびメモ

何度もチャレンジすることで自信になる

おしりだけで相手を押し出すことは非常に難しいですが、タイミングが合えば体の大きい友達に勝つこともできます。負けて悔しい気持ちになっても、またチャレンジできることで、次第に自信につながります。

96

⭐ うまのりジャンケン

準備物
マット4枚、紅白玉（どちらかの色）
● マット4枚を1列に並べる。

1 チームに分かれ、役割を決める

2人組になってマットの両端にチームで分かれます。2人組でジャンケンをして、ウマ役、ウマに乗る役を決めます。

あそびのコツ
ウマに乗る役は背筋を伸ばして、膝でウマ役を挟みます（ニーグリップ）。まずは、みんなでウマ乗りをしてみよう。

2 マットの中央でジャンケン

両チームともウマに乗って進み、マットの中央線（A）で、上の子どもがジャンケンをします。

3 勝ったら進み、相手の陣地まで行く

ジャンケンに勝つと、次の線（B）に進めます。負けたチームは次の馬を出します。相手陣地（C）までたどり着ければ宝物（紅白玉）をもらえます（相手陣地では、ジャンケンをしません）。繰り返し行ない、どちらがたくさん宝物をもらえたかを競います。

あそびメモ — 互いに声を掛けながらコツをつかむ

初め、ウマに乗る役は体重を掛けてしまいますが、バランスをとりながらウマ役の腰に乗ることが分かると上手に乗れるようになります。自分がウマになったときに相手の乗り方の状態が分かるので、互いに声を掛けられるといいですね。

環境とあそび
秋 いっぱい遊ぼう

じっくりゆったり遊ぼう
~ 長時間保育にもおすすめ ~

自然物を工夫して

様々な感覚を働かせながら、友達と一緒に身近な自然物を取り入れた遊びに挑戦しましょう。

♣ ころころゲーム

箱と同じ大きさの厚紙に絵を描いて、何か所かくり抜き、箱の中に重ねます。箱を動かして穴にドングリを入れます。
※慣れてきたら穴の数を増やします。

ポイント
ドングリの転がる特徴を生かしたゲームです。自分なりに考え、試したり改良したりする姿を認めましょう。

作り方

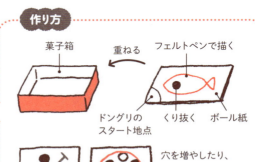

菓子箱　重ねる　フェルトペンで描く
ドングリのスタート地点　くり抜く　ボール紙
穴を増やしたり、いろいろな柄にしたり…。

♣ 木の葉のカルタ

できるだけたくさんの種類の葉っぱを集め、1枚は布袋に入れ、他の葉っぱはシートの上に並べます。リーダーは「よーくみて、ハイ！」の掛け声で、袋の中から葉っぱを取り出します。他の子どもはシートにある中から同じ葉っぱを見つけて取ります。

ポイント
「チクチクするもの」「においのするもの」など、いろいろな同じ物見つけをして遊ぶことができます。

♣ 秋の自然物でアート

砂や粘土で
深めのトレイやスチレン容器に、湿った砂または粘土を入れておきます。小枝やドングリ、マツボックリ、小石、貝殻などを自分のイメージに合うように配置していきます。

貼ったり切ったり
紙テープに貼ってモビール、紙皿に貼って壁掛けに。

紙テープに貼ったモビール　壁掛け

写してこすって
葉っぱの片面にインクを付けてこすります。

紙　新聞紙

子どもの発想で
いろいろな形の紙、紙皿、ペーパー芯、トレイ、ハサミ、接着剤などの素材や用具を使って子どもの発想で遊びましょう。

ポイント
自然の持つ美しさ、おもしろさが魅力です。じょうずへたではなく、一人ひとりがアーティストです。

室内レースで

友達と相談しながらルールや遊び方を考え、遊びをおもしろくしようとする姿を認め頭と体をどんどん働かせて遊びましょう。

環境とあそび ― 秋　じっくりゆったり遊ぼう

♣ ころがしレース

友達と相談しながらスタートやゴールを決めたり、積み木の障害物を置いたりしてコースを作り、遊びを進めていきます。

ポイント
コツをつかんでいくとちょっと自分が成長した感じが…。競争しなくても、もう一回やりたくなります。

作り方
〈ペットボトル〉
コルク（ホースでも可）を詰めて芯にする
ビニールテープでしっかり留める

〈棒〉広告紙
細く固く巻く。

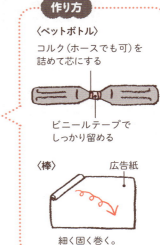

♣ クルクル自動車レース

毛糸を素早く巻き取って、車を動かして遊びます。

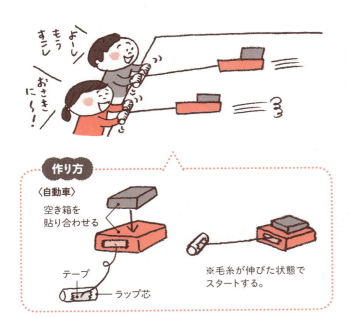

作り方
〈自動車〉
空き箱を貼り合わせる
テープ
ラップ芯
※毛糸が伸びた状態でスタートする。

♣ そろそろレース

新聞紙にボールやペットボトルなどを乗せて落とさないように引っ張ります。

行事あそび

敬老の日

♥ ペットボトルけん玉

おなじみの伝承玩具を、身近な素材で作ってみましょう。
おじいちゃん・おばあちゃんの得意技が見られるかも！？

準備物
2ℓのペットボトル、500mlのペットボトル、ビニールテープ、新聞紙、毛糸

ポイント
様々な難易度で遊べるので、いろいろな遊び方を考えてみましょう。

★アレンジ★
- 大から小へキャッチ！
- 玉を打ってからキャッチ！
- 床に置いてキャッチ！

100

環境とあそび / 秋 行事あそび

♥ びゅんびゅんUFO

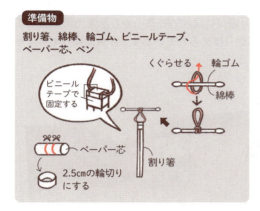

【準備物】
割り箸、綿棒、輪ゴム、ビニールテープ、ペーパー芯、ペン

（注）人に向けて飛ばさないでください。

割り箸の発射台にセットして、びゅんっと飛ばす玩具です。距離を競っても楽しそう！
UFOを発射台にセットし、手を放すと発射します。

ポイント
飛ばすUFOは紙製なので、万が一物などに当たっても安心です。どんな風に飛ばすと遠くまで飛ぶのか、おじいちゃん・おばあちゃんと実験してみましょう。

★アレンジ★
地面に的を描き、点数を付けて競争します。ペア対抗しても楽しいですね。

♥ ふれあいマッサージ

『雀のお宿』の歌に合わせて、おじいちゃん・おばあちゃんの手をマッサージしてみましょう。

ポイント
子どもの手に触れるだけで、おじいさん・おばあさんは力をもらえます。真心を込めてマッサージし、触れ合う喜びを感じることができれば、とてもいい時間を過ごせますね。

❶ すずめ　すずめ　おやどはどこだ

祖父母の手の甲をリズム良く触る。

❷ ちっちっち　ちっちっち　こちらでござる

手の甲をもむ。

❸ おじいさん　おいでなさい　ごちそういたしましょう

手を返し手のひらをリズム良くさする。

❹ おちゃにおかし　おみやげつづら

手のひらをテンポ良くもむ。

❺ さよなら〜はなさくころに　　反対の手も同様に。

『雀のお宿』（訳詞／不詳　外国曲）

101

冬

環境づくり

自然事象との出会いの中で発見したり感動したりする経験を十分にできる季節です。また、正月遊びには知的好奇心から思考力の芽生えにつながることがたくさん散りばめられています。存分に楽しめるような環境の工夫をしましょう。

あそび　初冬の自然にふれ、友達と共に体を動かして遊べるように

もっともっとあつめよう！

温泉に 　ベッドに 　焼きイモごっこ

やけたかな？

イチョウやケヤキなど、晩秋から初冬にかけて、落ち葉がたくさん落ちる季節。友達とほうきを使って落ち葉を集めながら、遊びに生かすアイデアが様々に生まれていきます。

あそび　自然への感動から、試したり考えたりして遊ぶ環境

積雪のタイミングを生かしてそりあそびの経験を

急に大雪が降るなど、自然事象の偶然のタイミングを逃さず、戸外に出てそり滑りの楽しさを味わえるようにしましょう。園庭のどこに雪を集めるとそり滑りができるか、どのように遊ぶと楽しくなるか、子どもと一緒に考えながら遊びを進めていきましょう。

そりあそびだー！ジャンプもできないかな？

防水手袋、長靴、ジャンパーなどを用意

厚い氷を測ってみよう！

めったにできない厚い氷ができたときには、発見や感動の言葉がたくさん生まれます。発見から試行錯誤につながる知的好奇心を大切にし、"測ってみたい"という子どもの考えを実現できるよう、メジャーなども使ってみましょう。

こおりはなんセンチ？

環境とあそび

冬　環境づくり

あそび　友達と考えを出し合って作るすごろく

　正月遊びのかるたや、すごろくなどで十分に遊んだ後、「自分たちで作ってみよう」と、グループ活動を提案してみましょう。遊びながら、文字や数字への関心が高まっていきます。自分たちのオリジナルのすごろく作りを通して、相談してルールを決めていくプロセスを体験し、協同性の芽生えが育っていきます。

ここで1かいやすみね

書き込めるように、細めのフェルトペンをたくさん用意

あそび　小学生と一緒に

　小学生との交流の時間に、一緒にたこを作ります。ビニール袋をハサミで切るのは難しいですが、小学生の手伝いによってうまく切ることができます。たこができると、小学校の校庭で一緒にたこ揚げをして、楽しさを共有してもいいですね。

ここをおさえておくから、きってごらん

食育　収穫した冬野菜でクッキングを楽しめるように

自分たちで種から育てた野菜を収穫して

　安全に配慮した保育者の準備があれば、子どもが自分でクッキングの楽しさを味わうことができます。

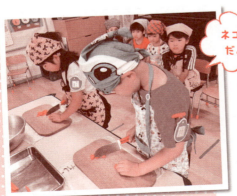

ネコの手だよね

何度か経験した調理方法で

　ダイコン、ニンジンなどの冬野菜を豚汁作りに生かしていきます。ピーラーや包丁などを使う機会を重ねていくと、得意げにクッキングを楽しめます。

※イスに座って待ち、順番に切れるように。
※ケガのないように切りやすくしておく。

ニンジン

タマネギ

ピーラー、まえにもつかったね！

保育資料

📖 おはなし

おせちいっかの おしょうがつ
作・絵：わたなべ あや
佼成出版社

しろちゃんと はりちゃん
作・絵：たしろちさと
ひかりのくに

おにたのぼうし
作：あまん きみこ
絵：いわさき ちひろ
ポプラ社

かさじぞう
作：松谷みよ子
絵：黒井 健
童心社

ポカポカホテル
作：松岡 節
絵：いもとようこ
ひかりのくに

くすのきだんちは ゆきのなか
作：武鹿悦子
絵：末崎茂樹
ひかりのくに

♪ うた

- あわてん坊のサンタクロース　作詞：吉岡 治　作曲：小林亜星
- ゆげのあさ　作詞：まど・みちお　作曲：宇賀神光利
- たこの歌　文部省唱歌
- やぎさんゆうびん　作詞：まど・みちお　作曲：團 伊玖磨

手あそび・わらべうた・ふれあいあそび

- もちつき　作詞：小林純一　作曲：中田喜直
- いちわのからす　わらべうた
- はないちもんめ　わらべうた
- おしくらまんじゅう　わらべうた
- 氷鬼

🍃 自然

❀ 草花
- 木の芽（サクラ、カエデ、モクレン　など）
- マツボックリ　●ポインセチア
- レンギョウ　●サザンカ　●ネコヤナギ

🍴 食材
- 春の七草（セリ、ナズナ、ゴギョウ、ハコベラ、ホトケノザ、スズナ、スズシロ）
- ジャガイモ　●ダイコン　●コマツナ　●ミズナ
- ミカン　●ネギ　●ハクサイ　●ホウレンソウ

子どもとつくる部屋飾り

環境とあそび

冬 保育資料／子どもとつくる部屋飾り

楽しさ飛び出す！クラッカー

準備物
- 色画用紙（正方形） ● 丸シール ● リボン
- ストロー ● セロハンテープ
- 水性フェルトペン ● のり ● ハサミ

作り方

1. 色画用紙を丸めて、クラッカーを作る。

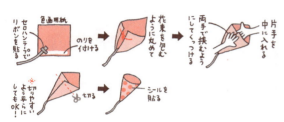

2. 色画用紙で作ったり描いたりした物にストローを付け、1の内側に貼る。
3. 細い色画用紙を階段状に折ったり、カールさせたりして1に貼る。

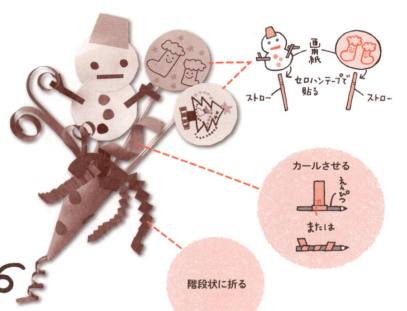

壁面飾りに

クラッカーを少し傾けて貼り、小さく切ったキラキラ折り紙をクラッカーから弧を描くように並べて貼りましょう。

+αアレンジ 置き飾りにも

箱の上面にカッターナイフで十字に切り込みを入れ、中へ折り込みます。

⭐ 1人でカツ！

ジャンケンの1人勝ちで宝物ゲット

3チームに分かれ、先頭の3人がジャンケンをします。勝者が1人のときだけ宝物をもらえます。勝者が2人やあいこの場合はもう一度ジャンケンをし、勝負が終われば列の後ろに回り順番を待ちます。宝物がなくなれば終了です。宝物の数でチームごとに勝敗を決めましょう。

準備物
宝物（紅白玉やお手玉　など）

あそびのコツ
人数が多ければ、もう3チームつくって、ジャンケンをたくさんできるようにしよう。

あそびメモ　チームの勝利に貢献する
ただ勝つだけでなく、1人だけ勝って宝をもらえることが最大限のうれしさにつながります。しかし、チームで遊んでいることを忘れないようにしなければなりません。チームが勝利したとき、自分の力がどれだけ貢献したかが分かると良いでしょう。

⭐ すわってコーンたおしてゲーム

カラー標識を倒して紅白玉を取る

3チームに分かれ、各チーム1人ずつスタートラインに座ります。合図で、前方にあるカラー標識に向かってお尻歩きで移動します。カラー標識を倒し、紅白玉を手に入れます（カラー標識を倒していない子どもが、紅白玉を取ってもOK）。取った紅白玉は自分のチームのカゴに。全員終わったら、数をかぞえて多いチームが勝ちです。

準備物
カラー標識、紅白玉、カゴ
●カラー標識に紅白玉2つを入れておく。
●カラー標識を中心とした弧の線上からスタートする（各チームの距離を同じにする）。

あそびメモ　友達とのせめぎ合いを楽しむ
先頭でカラー標識を倒した子どもが紅白玉を取れるとは限りません。カラー標識付近でのせめぎ合いを楽しめる遊びです。順序や進み方など、作戦を各チームで話し合ってから勝負に臨んでもおもしろいでしょうね。

あそびのコツ
遠すぎると差がつきやすくなるので、距離を調節しよう。

さんかく島の大冒険

準備物
マット、宝物（紅白玉など）

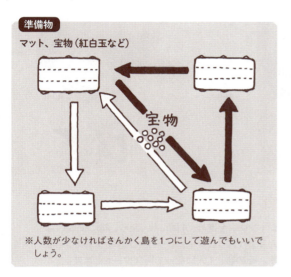

※人数が少なければさんかく島を1つにして遊んでもいいでしょう。

1 3チームに分かれる

3チームに分かれ、初めはAチームがオニに、B・Cチームは宝物を取りに行きます。
Aチームは、2つの三角形の内側で待機します。B・Cチームは、対角線上のマットからスタートします。

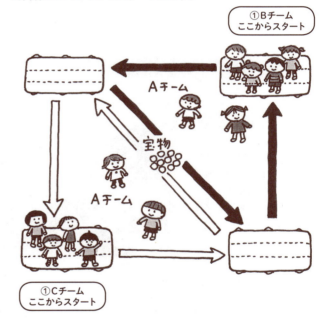

①Bチームここからスタート
①Cチームここからスタート

2 反時計回りに移動して、宝物を取る

B・Cチームは、反時計回りに三角形上を移動し、タッチされないように宝物を取って進みます。Aチームは、移動してくるB・Cチームの友達にタッチします。マットの上にいる友達はタッチできません。タッチされたら、スタートのマットのそばに座って応援します。

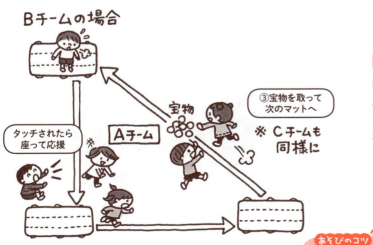

②反時計回りに次のマットへ。タッチされないように移動する
③宝物を取って次のマットへ
※Cチームも同様に
タッチされたら座って応援

あそびのコツ
初めは1つの三角形で遊んでみよう。

3 繰り返して遊ぶ

B・Cチームは、宝物を持ってスタートのマットに戻ってきたら大成功。再び取りに行けます。時間制限（1分30秒〜2分程度）を設定し、合図で終了。全員がタッチされても終了です。繰り返し、3チームともオニを経験したら宝物の数をかぞえましょう。

あそびメモ：チームの仲間と協力する

オニのチームは2つの場所へ分かれ、「こっちも頑張るから、そちらも頼んだよ！」と協力する姿が見られます。宝物を取る側もタッチされないようにマットをうまく利用しながら進み、仲間と協力して宝物を手に入れられると良いでしょう。

⭐ 4両れっしゃドッカ〜ン!!

1 1両列車同士でジャンケン

始めは1人で電車になってスタートし、友達を見つけてジャンケンします。勝てば先頭、負ければ後ろにつきます。

2 相手を見つけてジャンケン

再びスタートし、ジャンケンします。負けた先頭の子どもだけ相手の後ろにつき(3両列車)、負けた後列の子どもが1人になり、再びジャンケンをしに行きます。

3 4両列車、ドッカ〜ン!

ジャンケンを進め、4両になったら、輪になって「よんりょうれっしゃ〜、ドッカ〜ン!」とジャンプします。その後、1人になって再スタートします。

あそびのコツ
保育者は見守りながら、時には声掛けをして進めよう。

あそびメモ　教え伝え合う仲間づくり
ルールが分からない友達に教えたり、伝えたりできる関係性をしっかり育てることが大切です。何度も繰り返して、子どもたちそれぞれの違う表情、学びを感じ取ってください。

⭐ たこやきマンボー！

準備物
マット2枚

〈たこチーム〉　　〈焼きチーム〉

1 2チームに分かれそれぞれ「焼きチーム」と「たこチーム」を決める

3人1組で「焼きチーム」、残りの子どもは「たこチーム」になります（人数が多ければ、焼きチームを増やしてもいいでしょう）。たこチームはうつ伏せになります。

2 「たこやき！」「マンボー！」

合図で、焼きチームはたこチームの所に行って、1人に「たこやき！」と言います。声を掛けられた子どもはひっくり返されたら「マンボー！」と言って自分の頭を抱えるようにします。焼きチームはその子どもの足を持って、自分のチームのマットまで引っ張ります。マットのたこチームは寝転んだ状態でたこやきになりきって待ちます。

あそびのコツ
焼きチームは手分けするか、チーム全員で一人ひとりをたこやきにするかを考えるように声を掛けよう。

3 先に全員をたこやきにしたチームが勝ち

全員をたこやきにすることができれば、焼きチームはつまようじポーズをして「できた！」と言います。先にできた方が勝ち。焼きチームを変えて行ないます。

あそびメモ　友達と協力して仲間意識を高める
「焼きチーム」は引っ張るときの力の入れ方・持ち方を、「たこチーム」は引っ張られるときの力の入れ方を覚え、双方に力を発揮します。更に、仲間意識を高め、たこやきを焼いて完成させるゲーム性も楽しむことができます。

環境とあそび　冬　いっぱい遊ぼう

じっくりゆったり遊ぼう
～長時間保育にもおすすめ～

毛糸を使って

保育者が見本を見せながら毛糸の扱いを教え、あやとりをして身近な物を作っていく喜びを味わいましょう。

♣ あやとりをしよう

1人取り、2人取りなど子どもといろいろな技に挑戦していきましょう。

ポイント
毛糸を結んで自分にちょうどよい長さのひもを作ります。あやとりの本を置くと、子どもたちでどんどん挑戦していきます。

♣ 小枝に毛糸を巻こう

毛糸の配色や引っ張り具合などに気を配りながら、小枝に巻き付けていきます。

♣ リリアン編みでマフラーを作ろう

指に順番に毛糸を巻き付けて遊びます。リリアン編みは牛乳パックやペットボトル、箱などを使ってもできます。

マフラー
120cmくらいのリリアンを3本編み、三つ編みにするとあったかマフラーができる。

プチマフラー
首に沿う長さに編めたらプチマフラーに。

ポイント
繰り返しを重ねるうちに、次はどんな色を使おうか、とイメージが膨らんでいきます。

作り方

❶ 利き手でないほうの手の親指に、2～3回毛糸を巻き付け、順に通す(人さし指の前→中指の後ろ→薬指の前→小指の後ろ)。

❷ 小指の所で前に回し、人さし指の所まで順に通す(薬指の後ろ→中指の前→人さし指の後ろ)。

❸ 人さし指の所で前に回し、小指の所まで毛糸を流す。

❹ 人さし指に掛かっていた毛糸を、❸で横に流した毛糸の下側から引き出し、指の後ろへ返す。

❺ ❹と同様に、中指、薬指、小指も後ろへ返します。

❻ 毛糸を小指の後ろから人さし指に回して小指の前へ流す。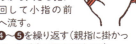
※❹～❺を繰り返す(親指に掛かっていた毛糸は取れてもOK)。

❼ 編み上がれば20cmほど残して毛糸を切り、指に掛かっていた輪に通す。

❽ 毛糸の両端を引っ張って、先を編み目の中に入れたら出来上がり。

途中で終わらなくっちゃ！のときは…
前もって厚紙に手形を取っておくと途中で終わっても大丈夫です。

けん玉で

簡単な技から複雑な技へ、子どもができるようになった技とともにけん玉の形も変化させて遊びましょう。

環境とあそび

冬 じっくりゆったり遊ぼう

♣ オリジナルけん玉で挑戦！

ひもの長さや玉の重さ、大きさによって難易度が違ってくるので、子どもに合ったけん玉を見つけて遊びます。

ポイント
工夫し試しながら作ったけん玉で、うまく玉をキャッチしたときの達成感と喜びに共感しましょう。

作り方

※玉は新聞紙を丸めテープで留める。ひもは毛糸、たこ糸、綿ひもなど。

アレンジ

お皿を2つにしたり、持ち手を付けたりしてみましょう！

けん玉表があると盛り上がります！
10回やって何回入りましたか？

ほかにもたくさん！

牛乳パック / セロハンテープの芯 / 紙をドーナツ型に切って / 折り紙カップで

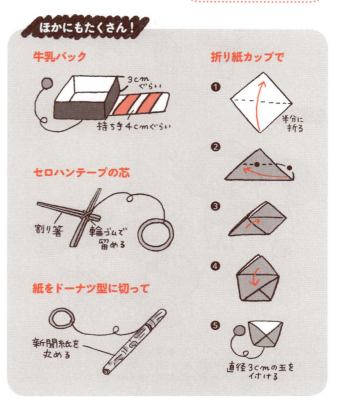

111

お楽しみ会

♥ お楽しみパーティーへようこそ！

準備物 BGM

パーティーを開催し、他のクラスを招待してみよう。自分たちで出し物を考え、入り口や窓、テーブルなどに装飾したり、招待状を配ったりして準備をしていきます。

ポイント
1クラス20分など時間を設定し、招待した子どもたちと一緒に楽しむことが大切です。保育者は子どもたちの主体性をくみながら、段取り良く進められるようにしていきましょう。

クッキング

カップケーキ、クッキーなどを作って並べる。飲み物を準備する。

ビンゴゲーム

9マスに区切ったカードに、1～10の数字を書く（真ん中はフリーに）。1～10の数字を書いたボールを箱に入れておく。ボールを1つずつ取り出して読み上げていき、カード内の当たった数字がマス目のどこか1列に並んだら、ビンゴでプレゼントゲト。

歌の披露

歌のプレゼントをしましょう。もちろん合奏でも。

お正月

♥ ひこうきだこ

準備物
コピー用紙（A3サイズ）、ストロー、セロハンテープ、たこ糸

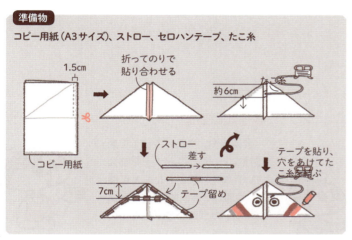

走ると必ず上昇し、風を与え続ければ安定して揚げられるコツ要らずのたこです。広い場所で思い切り走り回って揚げてみましょう。

ポイント
子どもたちの様子を見ながら、コピー用紙を半分に切っておくなどの準備をしておくと、スムーズに作ることができます。

♥ さらごま

竹串の上にさらごまを乗せてひねるように回します。友達とどちらが長く回せるか競争しても楽しめます。

準備物
紙皿、竹串、ペン、セロハンテープ

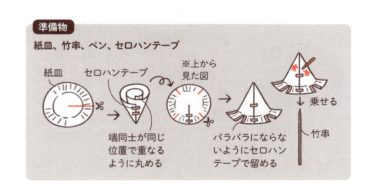

ポイント
紙皿を切り開いて二重になるように巻いて作るので、丈夫なこまです。

環境とあそび
冬　行事あそび

環境づくり

残り少なくなった園生活を十分に楽しみながら、伸び伸びと遊ぶ時間も大切にしたいものです。小学校への接続を自然な生活の中で意識できるよう、友達と協同する活動が展開できる環境をつくっていきましょう。

生活／次年度準備　園内の整理整頓を

室内の製作コーナー

来年度の5歳児が使う製作コーナーも整理整頓していきます。子どもと共にテープ類や水性フェルトペンなど、使える物と使い終っている物を分けて、新しく補充するなど、次に使う人のことを考えて行ないます。

楽器類の整理

音楽会や、発表会で使った楽器類など、楽器コーナーを整えていきます。子どもたちと点検し、整理していきましょう。カスタネットのゴムなどが緩んでいる場合は新しくしていきます。

戸外の遊具・用具

卒園も近くなったこの時期に、自分たちの使った遊具をきれいにしていこうと協力し合って、砂場道具を全て洗い整理整頓をしていきます。戸外用遊び道具も、物置の中を使いやすいように収納し直していきます。

分類して物置に…

戸外遊び用の物置の整理

子どもが自由に出し入れしやすいように、整理します。

あそび 様々な自然とふれあう機会を

木とお話してみよう

お別れ遠足で行った公園などで、大きな木を見つけたら、友達と一緒に手をつないで何人で囲めるか試してみます。木の大きさや木肌の感触なども体ごと感じることができます。

ぎゅ〜っ

木の幹に耳や聴診器を当てると、樹液の流れる音が聞こえてくると言われています。

いいにおい！

実のなる木は、収穫の楽しさを味わいながら嗅覚を働かせ、新鮮な果物の匂いを感じることができます。夏ミカンなら、皮を刻んで、ママレード作りを楽しむこともできます。

すっぱいにおいもする！

あそび この時期ならではのごっこあそびを楽しめるように

園生活最後のこの時期、十分にごっこ遊びを楽しめる時間をとるようにしていきましょう。小学校での交流給食の日、ランドセルを背負わせてもらったり学校の授業体験をしたりした経験が、就学への期待につながります。子どもたちと話し合いながら、机、イス、黒板など学校らしいコーナーをつくり、学校ごっこが始まりました。友達と役割を決めて、自分たちで遊び方を決めていけるようにしましょう。

つぎはきゅうしょくのじかんです

わたしはせんせいね

学校ごっこ

ブロックを机にして並べています。

あそび・生活 小学校での自信につなげるために

小学校に向けてまずは体力を十分につけておくことは、子ども自身が自信をもって生活する基本となります。園生活の中で、いろいろな運動遊びを楽しんでいるとしぜんに体力がついていきます。毎朝、園の近くをマラソンできる環境の園では、子どもたちと一緒に保育者も体を動かす楽しさを共感する機会としていきましょう。毎朝走っていると、風の暖かさなど季節の変化にも気が付くようになります。

かぜってきもちいいね

初春の風を感じながら、マラソンする朝

環境とあそび

早春　環境づくり

115

 おはなし

 泣いた赤おに
作：浜田廣介
絵：梶山俊夫
偕成社

 たまごからうまれた女の子
作：谷 真介
絵：赤坂 三好
佼成出版社

 オニの生活図鑑
作・絵：ヒサクニヒコ
国土社

 たんぽぽのおくりもの
作：片山令子
絵：大島妙子
ひかりのくに

 のはらのひなまつり
ー桃の節句ー
作：神沢利子
絵：岩村和朗
金の星社

 おおきくなるっていうことは
作：中川ひろたか
絵：村上康成
童心社

うた

- うさぎ野原に雪がふる　作詞：新沢としひこ　作曲：中川ひろたか
- きらきら　作詞：新沢としひこ　作曲：増田裕子
- 友だちはいいもんだ　作詞：岩谷時子　作曲：三木たかし
- 一年生マーチ　作詞・作曲：新沢としひこ
- ありがとうの花　作詞・作曲：坂田おさむ

手あそび・わらべうた・ふれあいあそび

- 線路はつづくよどこまでも
  訳詞：佐木 敏　アメリカ民謡
- あんたがどこさ　わらべうた
- はないちもんめ　わらべうた

自然

🦋 虫・小動物
- カエルのたまご　● メジロ
- ウグイス　● テントウムシ
- チョウチョウ

❀ 草花
- ウメ　● サクラ　● モモ
- ナノハナ　● ツクシ
- オオイヌノフグリ

🍴 食材
- ジャガイモ（植え付け）
- キャベツ　● イワシ
- シュンギク

子どもとつくる部屋飾り

環境とあそび / 早春 保育資料／子どもとつくる部屋飾り

🍀 思い出いっぱい！ 楽しかった1年間

準備物 ●色画用紙 ●ハサミ ●のり

作り方
1. 楽しかった思い出を振り返り、どんな出来事について作るかをグループで決める。
2. 一人ひとりが何を作るかを話し合い、色画用紙で作る。
3. 2を台紙に貼ってまとめ、必要な物は作り足していく。

ポイント
思い出の写真や資料を用意しておくと、話し合いが進めやすいでしょう。

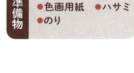

3〜4人のグループで協力して作ってみよう。

壁面飾りに

吹き出しの形に切った梱包用シートに貼り、思い出を振り返る場面に。季節ごとにまとめるといいですね。

+α アレンジ カレンダーに

作品をカラーコピーしてカレンダーを作り、お世話になった人へのプレゼントに！ 園に飾って新入園児を迎えてもいいですね。

いっぱい遊ぼう

★ ふたりでビューン！

準備物
マット（裏返して使う）、スタート・ゴールのライン（ビニールテープもしくはカラー標識）

1 2人でマットを引っ張る

2人組になり、1組はマットの上にうつぶせに、もう1組はそのマットをゴールまで引っ張っていきます。マットを引っ張った2人組は、ゴールラインを越えた所で座ります。

あそびのコツ
マットを裏返すことで摩擦抵抗が少なくなり、移動させやすくなります。

2 2人でマットを押す

マットに載っていた2人組が、今度は雑巾がけのようにスタートラインまで押していきます。スタートラインまで戻ったら、今度は別の2人を乗せて引っ張っていきます。これを繰り返して遊びます。

※最初にマットを引っ張った2人組だけ、乗っていないのでスタートの列の最後に並びます。

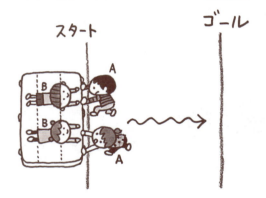
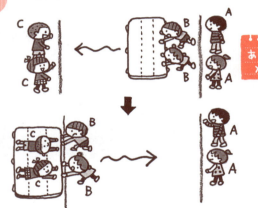

あそびメモ｜2人で力を合わせる
1人でマットを運ぶのは、かなりの力が必要です。しかし、2人で力を合わせることで不思議なくらいにパワーが生まれます。遊ぶ中で、集中してルールや手順をよく理解してきます。繰り返し遊び込んでいきましょう。

★ うずまきケンケン

ケンケンで進み、ジャンケンをして押し相撲をする

中チーム・外チームに分かれ、スタートの合図で、1人ずつケンケンで進みます。出会った所で、ケンケンのまま手のひら合わせて押し相撲をします。両足が着いたり、転んだりすると負けです。勝った人はその場所からケンケンで進みます。負けたら次の子どもがスタートします。

準備物
ライン、カラー標識（4つ）
●幅を広めにして、渦巻きを描き、それぞれのスタートに2本ずつカラー標識を置く。

あそびのコツ
初めは押し相撲なしで遊んでみよう。

あそびメモ｜力強く頑張る姿を見守る
ケンケンで進み、そこから手のひらでトントン押して相撲をとらなければなりません。体の大きくなった5歳児ならではの遊びですね。ギリギリまで力強く頑張る子どもの姿を応援しましょう。

⭐ タオルでバリエーションあそび

準備物
フェイスタオル(1人1枚)

1 1人で遊ぶ

タオルの両端を持ち、足で踏んでジャンプをする(10回)。

縄跳びをする(5回)。

2 2人で遊ぶ

『なべなべそこぬけ』で遊ぶ。

タオル1本でつな引きをする。

『なべなべそこぬけ』(わらべうた)

あそびのコツ
一つひとつの遊びを十分に楽しんでから、バリエーションを楽しもう。

3 3人で遊ぶ

2人がタオルを川のように渡し、もう1人が2回ジャンプして越える。

↓

タオルを上下に持ち、その中をくぐる。これを交代して3人全員行なう。

タオルを持って輪をつくる。合図で引っ張り合い、バランスゲームをし、足が動いたり、タオルを放したりしたら負け。

あそびメモ

1人でも複数人でも楽しく

1人での遊びは、できた満足感を得られます。しかし、複数になると少し難しくなります。友達の思いを感じる、リーダーシップをとる、みんなで共通理解を図るなど関わりを深め、協力する必要があります。ルールを守りながら遊ぶからこそ、複数人での遊びが楽しいものになります。子どもたちの様子を見ながら、バリエーションを増やしてみましょう。

環境とあそび

早春 いっぱい遊ぼう

 いっぱい遊ぼう

★ トンネルくぐってイェーイ！

1 ジャンケンでなべ役、中に入る役を決める

3人1組でジャンケンをし、勝った2人は両手をつないで輪になり、負けた子どもは中に入ります。

2 トンネルをくぐって中に戻る

『なべなべそこぬけ』の歌に合わせて、「♪なべなべそこぬけ　そこがぬけたら」で、輪を傾けて大きなトンネルをつくります。中の子どもがくぐったら、「かえりましょう」でまた中に子どもが入るようにします。

3 返ったら「イェーイ！」

同じように返ったら3人で「イェーイ！」と言いながらタッチします。中に入った子どもはなべ役に、なべ役はジャンケンをして勝てばそのまま、負ければ違うグループに移動します。

※中にいる子どもは、なべの中にある具のようなものなので、こぼさずにまた入れることができるかということを、子どもに伝えると分かりやすくなるでしょう。

『なべなべそこぬけ』(わらべうた)

あそびメモ　友達のことを考えて力を合わせる

コツをつかめば、なべ役はトンネルをつくるときに高さや大きさを伝え、互いに力を合わせながら遊びを進めていきます。遊びと子どもたちの関係性の進行が同時に行なわれているのです。

⭐ オニよん

1 合図で逃げ、オニが追い掛ける

オニを4人決めます。オニは陣地、他の子どもは円の線上にいます。「ヨーイドン!」の合図で他の子どもは走って逃げ、オニは追い掛けます。

※円の線を引かない場合は、オニ以外の子どもはマットの周りにいます。

準備物
マット(オニの陣地)
● 周りに円の線を引くと遊びやすい。

2 オニは4人の子どもをタッチ

オニはタッチしたら陣地(マット)に連れて行きます。タッチされた子どもが4人そろったら、「オニよん!」と言い、他の子どもとオニは円に座ります。

あそびのコツ
「オニよん!」が終了の合図なので、きちんと言おう。

3 オニが移動手段を発表

次はタッチされた4人がオニになり、4人で相談して移動手段を発表します。例えば、ウサギジャンプ、カエルジャンプ、ケンパ、片足跳び、電車 など。

あそびのコツ
移動手段は必ず守ることが重要です。

4 伝えた移動手段でオニごっこ

オニが伝えた移動手段で逃げ、オニもその動きで追い掛けます。繰り返し遊んでみましょう。

指定された移動手段で逃げるのが楽しくて盛り上がりました。

あそびメモ 力を思いっ切り発揮

仲間の姿を見ながら「あと何人」と認識して遊びを進めていく必要があります。また、4人でどのようにすれば早く捕まえられるか相談し、自分たちの強みを十分に生かして取り組めます。自分の力を発揮して思う存分楽しみましょう。

環境とあそび / 早春 いっぱい遊ぼう

じっくりゆったり遊ぼう
～長時間保育にもおすすめ～

ノートを作ろう

「ノート」という言葉にはワクワクした響きを感じます。ページをめくったり、物語を作ったりする楽しさを味わいましょう。

♣ 思い出ノートを作って

楽しかった遊び、心に残った出来事を描いたノートを作ろう。A3用紙でノートを作って描き込んだり、今まで描きためたものをまとめてノートにしたりしても良いでしょう。

ポイント
子どもたちが自由に使えるように、用紙とフェルトペンを用意しておきましょう。また、保育者は子どもとの対話を大切にし、成長した姿を受け止め、丁寧に話を書き留めましょう。

作り方

〈ノート①〉

❶ 無地のA3用紙に8等分の折り目を付ける。

❷ 縦半分に折り、半分の所までハサミで切る。

❸ 図の形にしてノートにする。

❹ 同じものを2～3冊作り、ホッチキスで留め、マスキングテープで背表紙を付ける。

〈ノート②〉
B6用紙に描いた絵を大きめの台紙に貼り、描く度にクリップなどで重ね留めして掲示しておきます。最後は❹のようにまとめます。

手品に挑戦

友達を驚かせたい、楽しませたい、技を見せたいと考えながら作ったり演じたりする過程を楽しみます。

♣ パクパク不思議！

パクパクを作って手品をして遊びます。

ポイント
披露する子どもに、保育者が「どうして？ 不思議！」と大げさに驚き、盛り立てていきましょう。

作り方

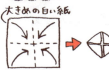
❶ 折り目を付け、4つの角を中心に向けて折る。
❷ 裏返してもう一度中心に向けて折る。

❸ 上下、左右のゾーンにはっきりした色で模様を描く。
❹ 裏返して4つの角に両手の親指、人さし指を入れる。

♣ わぬき

毛糸から輪が抜ける手品をして遊びます。

作り方

厚紙で直径3cmくらいの穴のドーナツを作ります。
※不要になったCDを使ってもOKです。

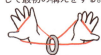
❶ ドーナツの穴に毛糸を通して最初の構えをする。
❷ 右手の中指で左手のひらの糸を取り、逆も同様に。

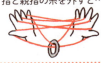
❸ 左の小指と中指、右の小指と親指の糸を外すと…
❹ ドーナツが抜けちゃいました！

♣ キューブパズル

まずはサイコロの形にしてみましょう。それができたら6面が同じ絵になるように組み合わせていきましょう。

ポイント
どうやったらサイコロになるの？ ここからじっくり挑戦です。考える過程を楽しみましょう。

作り方

❶ 1ℓの牛乳パックを開き、口部分と底は切り取る。
❷ 定規で横に三等分の線を引く(6.5cm)。
❸ 2種類の絵を図のような配置で描く。
❹ 横線をハサミで切る。
❺ イとハを別々に輪にしてテープで留める。
❻ イとハにロを通してテープで留めて出来上がり。

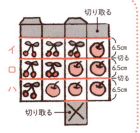

環境とあそび

早春 じっくりゆったり遊ぼう

お別れ会

❤ 大好きな歌でイントロクイズ！

準備物
なじみの歌、ピアノ（またはCDデッキなど）

これまでに歌った思い出の歌でイントロクイズをします。正解したら、その歌をみんなで歌ってもいいでしょう。子どもも保育者も、1年を歌で振り返ってみましょう。

ポイント
「このうたをうたっているとき、○○くんがいつもニコニコしていたね」など、思い出を言い合うのもいいでしょう。

❤ これならまかせて！

自分たちの得意なことを発表します。
1. 何を発表するのか自分たちで決め、各グループに分かれます（例えば、けん玉＆こま回し、鍵盤ハーモニカの演奏、縄跳び、鉄棒　など）。
2. クラス内で各グループの発表会ごっこを楽しんだり、他のクラスに発表を見てもらったりしましょう。

ポイント
これまで取り組んできたことに再びチャレンジすることは、そのときの気持ちを思い出したり、そこからどれだけ自分が成長できたかを見つめ直す機会になったりします。

環境とあそび / 早春 行事あそび

❤ この子はだ〜れだ？ ショー！！

❶ 0歳児の頃の写真を保護者からお借りします。
❷ プロジェクターに映し出し、クイズ形式などで「この子はだ〜れだ？」を合図に答えてもらいましょう。
❸ 本人に出て来てもらい、保護者からの一言メッセージを伝えます。

保護者を始め、いろいろな方の力添えがあってこそ、ここまで大きくなったんだよ、元気に過ごせているんだよというメッセージを伝え、感謝の気持ちをもてるようにしましょう。

❤ 5つのヒントで大正解！！

保育者が、先生や園にある物などについてヒントが5つあるクイズを出します。分かったら司会の保育者に、周りに聞こえないよう伝えに行きます。正解発表後に、その先生や物に関する思い出を発表し合ってもいいですね。

子どもたちがクイズやヒントを考えてもいいですね。グループで考え、1人ずつヒントを言うなどして遊んでみましょう。

ヒント1！
好きな食べ物は…

●●先生についての5つのヒント
①好きな食べ物は○○です。
②好きな遊びは○○です。
③好きなキャラクターは○○です。
④髪の毛を最近短くしました。
⑤名前の初めに【あ】が付きます。

指導計画

年の計画と、4月から3月まで
12か月分の月・週・日の計画を掲載！
これで、立案・作成はバッチリ！

※保育園・幼稚園・認定こども園のどの園形態でも参考にしていただけるように配慮した計画を掲載しています。

● 年の計画、月・週・日の計画
執筆/『保育とカリキュラム』東京 5歳児研究グループ
〈チーフ〉赤石元子(明治学院大学特命教授)、篠原孝子(元・聖徳大学教授)、永井由利子(松蔭大学教授)、松本紀子(品川区第一日野すこやか園、西五反田第二保育園園長)

公立保育園グループ、公立保育園・こどもの王国保育園グループ、羽田空港アンジュ保育園グループ、公立幼稚園第1グループ、公立幼稚園第2グループ、公立幼稚園第3グループ、公立幼稚園第4グループ、公立幼保一体施設グループ、東京学芸大学附属幼稚園グループ、武蔵野東学園幼稚園グループ、大和郷幼稚園グループ

● 今月の保育
執筆/赤石元子(明治学院大学特命教授)、篠原孝子(元・聖徳大学教授)、永井由利子(松蔭大学教授)、松本紀子(品川区第一日野すこやか園、西五反田第二保育園園長)

● 月の計画 要領・指針につながるポイント
執筆/篠原孝子(元・聖徳大学教授)

※50音順、所属は2017年12月現在

※本書掲載の指導計画は、『月刊 保育とカリキュラム』2017年度の掲載分に加筆・修正を加えたものです。

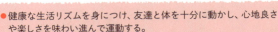

5歳児の年の計画

年間目標
- 健康な生活リズムを身につけ、友達と体を十分に動かし、心地良さや楽しさを味わい進んで運動する。
- 友達と一緒に園生活を十分に楽しみ、意欲的に遊びや生活に取り組むとともに、主体的に行動して充実感を味わう。

子どもの姿と育てたい側面	●5歳児クラスになったことの喜びや期待が見られ、4歳児クラスからのつながりのある友達と一緒に遊ぼうとする。中には緊張感や不安感をもつ子どももいるので、一人ひとりの心に添った援助をしながら5歳児としての自覚を育てていきたい。 ●戸外で活動することを好み、活動量も多くなる。進んで体を動かす心地良さや楽しさを経験できるようにし、健康な体づくりにつなげていきたい。	●友達といろいろな遊びや運動を楽しんでいる。友達とのつながりを深めていきたい。 ●身近な自然や動植物に親しみ、世話をすることの楽しさを味わわせたい。 ●自分から年下の子どもに関わろうとする姿を大切にして、優しさや思いやりの気持ちをもち、自信をもてるようにしていきたい。
期	\multicolumn{2}{c}{Ⅰ期（4～5月）}	
ねらい	●新しい環境に慣れ、保育者や友達と一緒に生活する楽しさを味わう。	●5歳児としての意識をもち、友達との遊びや生活を楽しむ。 ●身近な自然に接し、美しさや季節の変化に興味をもつ。
指導内容の視点 心と体の健康 人との関わり 環境との関わり 言葉の育ち 表現する力	●十分に体を動かして遊び、進んで食事をすることを楽しむ。 ●園生活での決まりを確認し、進んで守る。また、安全に気を付けて、遊具や道具を正しく使う。 ●新しい場や5歳児としての生活に必要な言葉や表現の仕方に関心をもち、新たな習慣を身につける。 ●災害時の危険を知り、合図や指示に従って安全に行動する。 ●友達と一緒に、いろいろな運動遊びを力いっぱい楽しむ。 ●友達と積極的に関わる中で、異なる思いや考えに気付く。 ●生活の中で必要なことに気付いて自分でしようとする。 ●年下の子どもに優しく関わり、親しみをもち、5歳児になった喜びを味わう。 ●人の役に立つうれしさを味わう。 ●家族から愛されていることに気付き、家族も自分も大切にしようとする気持ちをもつ。 ●身近な動植物に触れながら、愛情をもって世話をし、親しみをもつ。	●自然物を取り入れて遊ぶことを通して、自分から気付いたり発見を楽しんだりする。 ●身近な環境に積極的に関わり、気付いたことを表現する。 ●生活に必要な物を数えたり、比べたり、合わせたりする。 ●保育者や友達の話を注意して聞き、内容を理解しようとする。 ●自分の気持ちを相手に分かるように言葉で伝える。 ●感じたことを自由に描く、作るなどして表現を楽しむ。 ●友達と声を合わせて歌う気持ち良さを味わう。 ●友達と一緒に工夫して、身体表現、絵画などいろいろな表現活動を楽しむ。 ●お話の展開に興味をもって聞き、保育者や友達と一緒に楽しむ。
環境構成の要点	●子どもたちと共に生活の場をつくっていくことを大切にし、その過程を通して5歳児クラスになった実感がもてるようにしていく。	●伸び伸びと安定した気持ちで生活ができるように経験のつながり、1日のめりはりや活動の流れに沿ってゆとりのある時間や場を構成していく。 ●年下の子と関わることができる場を計画的につくっていく。
☆保育者の関わり・援助 （養護含む）	★5歳児クラスになった喜びと不安に揺れ動く気持ちを捉えて、一人ひとりに丁寧に応じて援助する。 ★5歳児クラスとして、友達と一緒に体を動かしたり、戸外で十分に活動したりできるように、環境を整える。何かに挑戦したいと思っている気持ちや、役に立ちたい気持ちを認めていく。	★安心、安全、安定に支えられた園生活を基盤に5歳児として自分で考え、判断して行動できるよう、友達と話し合いができる機会を大切にする。
家庭や地域との連携 （保育園・幼稚園・小学校との連携も含む）	●5歳児クラスになって意欲的に生活する姿を知らせ、子どもの成長に期待や見通しがもてるようにしていく。 ●生活リズムを整えていくことや、自立に向け認め励まし、健全な体をつくっていく大切さを知らせていく。 ●家庭での様子を聞いたり、園での姿を伝えたりしながら、一人ひとりの保護者との信頼関係を築いていく。	●保護者会や保育参観・参加を通して、保護者同士のつながりを育んでいく。 ●災害・緊急時の連絡方法や避難場所を確認する。 ●近隣の小学校と連絡を取り、校庭や学校施設を利用するなど、交流のきっかけをつくる。
園生活の自立に向けての配慮点	●年度初めは、担任や職員の入れ替わりがあるので、職員同士、円滑なコミュニケーションを取り合い、子ども一人ひとりの特徴や性格、家庭の状況などをしっかり把握して、安心して園生活が送れるようにする。	●5歳児クラスで、張り切って生活している姿を見守りながらも、甘えを受け止め、落ち着いて生活できるようにしていく。 ●環境や人の変化に伴い落ち着かない子どももいるため、一人ひとりの生活リズムを把握し、好きなように過ごせるよう家庭的なくつろげる空間をつくる。

- クラスの友達との関わりを通して社会生活における必要な態度を身につけ、みんなで協力したり役割を分担したりしながら、目的を成し遂げる喜びを味わう。
- 生活の中で必要な言葉を身につけ、自分の気持ちを表現するとともに、思いが伝わる喜びや伝え合う心地良さを味わう。
- 自然や身近な事象に好奇心や探究心をもち、生活に取り入れていく。
- 様々な表現を楽しみ、意欲的、創造的に遊びや行事などに取り組む。
- 様々な体験を通して豊かな感性を育み、表現することの楽しさを味わう。

※保育園・幼稚園・認定こども園で参考にしていただけるよう、検討・立案しています。

- 遊びや生活の中で、自分から進んでやってみようとする意気込みが見られる。友達や環境からの刺激を取り入れて、いろいろなことに取り組む意欲を育てていきたい。
- 気の合う友達と遊びを進めようとする気持ちが強くなるが、互いに主張がぶつかったり、考えが伝わらなかったりする状態が見られる。互いの考えに気付き受け入れようとする態度を育みたい。
- 相手の思いや考えに気付きながらも自己主張する姿がある。その葛藤のプロセスを大事にしながら、自分をコントロールしようとする気持ちを育みたい。
- 身の回りの自然事象や事物に対して興味や関心が高まり、友達と一緒によく見たり考えたりする様子が見られる。直接体験の中で、友達と試したり工夫したりして、遊ぶ楽しさを味わえるようにし、自ら考えようとする気持ちを育てたい。

Ⅱ期（6～8月）

- 友達とのつながりを深め、互いの思いを伝え合いながら遊びを進める。
- 夏の自然や身近な環境にふれ、見たり試したり考えたりして遊ぶ。
- 自分の力を十分に発揮して運動や遊びに取り組む。

- 戸外での遊びや水遊びに進んで参加し十分に楽しむとともに、適切な休息のとり方に気付く。
- 自分から気付いて、汗の始末や衣服の調節をする。
- 自分の体に関心をもち、健康な生活に必要な習慣や態度を身につける。
- 保育者や友達と楽しく食事をし、健康な生活のリズムを身につける。
- いろいろな運動に興味を広げ、十分に体を動かし、ルールを守って遊ぶ。
- 自分なりに目的をもち、挑戦していこうとする。
- 遊びの中で自分の思いを伝え、相手の気持ちや考えを分かろうとする。
- 夏ならではのいろいろな遊びを通して不思議さに出会い、友達と探究しながら遊ぶことを楽しむ。
- 生活に必要な決まりを自分たちで考え、理解して行動する。
- 身近に起こるいろいろな事象に関心をもち、疑問に思ったことなどを試したり調べたりする。
- 自然事象を遊びに取り入れ、試したり工夫したりするおもしろさを味わう。
- 動植物の世話を通して、命あるものの存在に気付き大切にする。
- 栽培物の生長に関心をもち、収穫を楽しんだり、食する喜びを味わったりする。
- 公共の場での行動の仕方を理解して、公共の場でのルールを守り、みんなで気持ち良く生活できるようにする。
- 生活の中で図形・長短などに関心をもち、比べたり組み合わせたりして工夫して遊ぶ。
- 身近な用具の使い方に慣れ、安全に使う。
- いろいろな素材の特徴や性質が分かって遊びに使おうとする。
- 見たこと、考えたことを、いろいろな材料を使って、工夫して表現する。
- 遊びや生活の中で必要なことや伝えたいことを図や文字で表現する。
- 友達の考えにふれ、自分なりに考えを生み出す。
- 自分の言いたいことを分かるように話すとともに、友達の話すことにも関心をもち、よく聞く。
- 歌詞やその世界を思い浮かべて、歌うことを楽しむ。
- 友達と一緒に、曲に合わせてリズミカルな動きや合奏を楽しむ。
- 絵本や物語などに親しみ、興味をもって聞き、想像する楽しさを味わう。

- 気候に応じて、子どもの健康に配慮した1日の生活や戸外遊びが行なえるよう遮光ネットやパラソルなどを設置するなど環境の構成を工夫する。
- 気の合う友達と一緒に活動を楽しめるよう、場の構成や時間の配慮をし、時間にゆとりをもつ。
- 身近な自然物とふれあう中で、自分たちの興味や疑問を追究したり、継続して生長を見守ったりすることができる環境を構成する。また、生命の大切さに気付くことにつながる様々な体験ができる機会をつくる。

- ★友達とのつながりを深めるために保育者も仲間に加わったりアイディアを提供したりし、相手の気持ちを感じ取ることができるように援助する。
- ★用具や道具を安全に使えるよう一人ひとりの発達や生活を見通して援助する。
- ★自分の健康や体について関心をもち、食べ物、運動、生活リズムの大切さなどに子ども自身が気付いて理解するよう援助する。
- ★気温や湿度が高いので、室温や通風に配慮し、水分の補給に十分に心掛け、熱中症の予防に配慮する。
- ★水遊びでは、水に十分に親しませるとともに、水の危険性についても伝えていく。
- ★一人ひとりの休息の取り方に柔軟に対応し、子ども自身で自分の体調の変化に気付く大切さを知らせ、夏を健康に過ごせるようにする。

- 保護者が子どもの成長を感じられるように、園便りや写真の掲示などで子どもの楽しんでいる様子を伝えていく。
- 家庭と共に夏しか味わえない様々な経験をする機会をつくってもらい家事を手伝う場を作るなど、家族の一員として生活していくことの大切さを話していく。
- 子どもたちの体調については、家庭と連絡を密にとり合う。
- 子どもが試行錯誤しながら育っていく様子を伝え、温かく見守りながら励ますことの大切さを理解してもらう。
- 降園後の友達同士の交流が活発になってくることから、園外でのトラブルや親同士の人間関係などで悩む保護者の気持ちを十分に受け止めていく。同時に、困ったときは園に相談できるという信頼関係を大切にしていく。
- 保護者の保育参加を通じて、親子の運動遊びなど、家庭での過ごし方やふれあい方について学べる機会をもつ。

- 夏ならではの生活や遊びの環境を工夫し、午睡や休息をゆったりとれるよう配慮する。
- 子ども同士の気持ちの行き違いで味わう葛藤体験に十分に付き合い、子どもが自分で気持ちの切り替えができるように援助する。
- 夏季期間中は、職員の入れ替えがあるので、日々の子どもたちの様子やアレルギーなどの配慮事項を丁寧に伝え合い、安心して過ごせるようにしていく。

指導計画　年の計画

姿と側面	●力いっぱい体を動かすことを好み、自分なりの目的をもって頑張ろうとする気持ちが高まっている。また、みんなで一つの目的をもって何かをやり遂げようとする姿が見られる。いろいろな運動遊びを通して、進んで物事に取り組む意欲を育みたい。 ●良いこと、悪いことについて自分で考え、判断できるようにしていきたい。 ●生活経験が広がると同時に友達同士の会話が盛んになり、言葉の表現が豊かになる。自分が話すだけでなく、人の話を聞いて理解	する態度を育てたい。 ●季節感を味わいながら、自然とじっくり関わる体験を通して、感じる心や考える力を豊かにしたい。 ●地域の人々や高齢者とゆったりと関わり、心を通わせる経験を大切にしたい。
期	Ⅲ期（9～10月）	
ねらい	●戸外で体を十分に動かし、友達と一緒にルールを守って遊びや生活を進める楽しさを味わう。 ●身近な秋の自然や事象を見たり触れたりして、考えたり感動したりする。	●感じたこと、考えたことを友達と工夫しながら様々な方法で表現する。
指導内容	●園生活の流れが分かり、大まかな見通しをもって行動する。 ●安全な使い方を理解して、遊具や用具を使う。 ●いろいろな運動に興味をもち、進んで行なう。 ●自分なりの目的に向かって力を出し、競い合ったり応援したりして、全身を動かして遊ぶ満足感を味わう。 ●友達と積極的に体を動かす活動に取り組み、ルールを守って一緒に遊ぶ充実感を味わう。 ●友達と一緒に遊びや生活を進める楽しさを知る。 ●グループの友達と役割を分担したり、力を合わせたりして、遊びや生活を進める。 ●友達との関わりの中で、相手の気持ちに気付き受け止め、言葉を通して心を通わせるようになる。 ●地域の人々や高齢者の関わりを通して親しみをもって心を通わせる。 ●国旗に接し、親しみをもつ。 ●身近な動植物に関わり、遊んだり観察したり調べたりして興味をもって親しむ。	●興味のあるものやことを、調べたり考えたりする。 ●様々な自然物を遊びに取り入れながら、季節の変化に関心をもつ。 ●日常生活の中で数量・図形・位置・時間に関心をもち、生活の中で使って遊ぶ。 ●体験したり、感じたりしたことを伝わるように言葉で表現する。 ●遊びに必要な物を、適切な材料を考えて使い、工夫して作ったり飾ったりすることを楽しむ。 ●リズミカルに表現したり、友達と表現を工夫して動いたりすることを楽しむ。 ●友達といろいろな歌をうたったり楽器を使ったりして、曲の感じやリズムの変化を楽しむ。 ●災害時の身の守り方が分かり、保育者や友達と一緒に機敏に避難する。
環境	●興味や活動意欲の高まりを受け止めて、十分に活動できる広い場を確保する。園内外の場や地域の施設などの活用を考える。 ●固定遊具などについては、保育者が安全点検し、扱い方を正しく指導して、安全に配慮する。	●秋の自然に十分に親しむとともに、収穫したり味わったりする機会をもつ。
援助	★遊びの中で、体の様々な動きが体験できる活動が生まれるような環境を構成する。 ★活動意欲の高まりとともに生じる競争心や達成感を認め、自信がもてるようにする。	★日々の様々な出来事について一人ひとりの気持ちに添いながら、場面や機会を捉えて周囲の仲間に伝えたり、クラスで考えたりする。 ★クラスの一人ひとりが大切な仲間であり、かけがえのない存在であることを機会を捉えて気付いていけるようにする。
連携	●小学校の運動会に参加しながら、小学生との交流を図る。 ●運動会への取り組みのプロセスを保護者に伝え、子どもの成長する姿を実感し、共に喜び合う。	●地域の人々や高齢者との交流にあたっては、事前・事後のこまやかな連携に努める。
園生活の自立	●夏の生活からリズムを立て直し、健康で安全な園生活を送れるようにする。 ●運動会に向けて活動量が増えることから、長時間保育では一人ひとりが自分の思うままにゆったり遊べる環境や、休息をとれる場を用意する。	●子ども一人ひとりの成長の様子を見逃さず、安定して心地良く過ごせるようにしていく。

130

- 友達の考えにふれ、試したり工夫したりして新しい考えを生み出す喜びや楽しさを味わうようにし、自ら考えようとする気持ちを育てたい。
- 遊びの内容が豊かになり、また、友達の思いや考えを受け入れようとする姿が見られる。共通の目的をもってグループの友達と考えたり工夫したりすることを楽しむ。みんなで取り組み、協力してやり遂げる喜びを味わうことを大切にしたい。
- 知的好奇心や探究心が高まり、様々なことに積極的に関わろうとする姿が多くなる。思ったこと、感じたことを表現する意欲やイメージを実現する楽しさ、自然に関わって感動する気持ち、知識を獲得する喜びを十分に味わうことを大切にしたい。
- 一人ひとりが大切な存在であることを知り、互いに良さを認め合えるようにしたい。

Ⅳ期（11～12月）

- 身の回りの自然、社会事象に関心をもち、見通しをもって行動する。
- 遊びや生活の中で、友達と共通の目的をもち、工夫しながら活動に取り組むことを楽しむ。
- 友達の気持ちを理解し共感したり、振り返ったりして考えながら行動する。

- 健康な体づくりに関心をもち、生活のリズムを整えたり、嫌いな食べ物にも挑戦したりして、健康な生活の習慣を身につける。
- 友達の気持ちを理解し共感したり、振り返ったりして考えながら行動する。
- 遊びの進め方などを友達と話し合い、協力したりルールを守ったりして遊びに取り組む。
- 身近な自然の美しさや季節の移り変わりに関心をもつ。
- 自然物など様々な環境を使って遊びを楽しみ、素材の感触や物の性質などに気付いたり調べたりして探究する。
- 友達と思いや考えを伝え合い、試行錯誤して物との関わりを楽しむ。
- 自分の生活に関係の深い情報や、地域の人々に関心をもって関わり、心を通わせる。
- 身近な機器や用具の適切な使い方を知り、遊びに生かす。
- 生活の中の言葉や文字・標識・記号に関心をもち、自分たちの表現したいことを伝える手段として、取り入れて遊ぶ。
- 生活や遊びの中で数量や図形に関心をもち、数えたり競ったり見通しをもったりする。
- 友達と一緒に考えたことを遊びの中で実現したり言葉で表現したりする楽しさを味わう。
- 友達と思いを伝え合い、相手の話を理解しようとする。
- 様々な素材や用具を活用してイメージを実現しようとする。
- 自分たちで遊びの場を整え、身近に使う物を大切にし丁寧に扱う。
- いろいろな美しい音、曲に耳を傾け、想像を豊かにしたり、自分たちで音を試したり遊びに生かしたりして楽しむ。
- 絵本や物語、経験したことから、想像を豊かに膨らませ、動きや言葉などで表現したり遊びに取り入れたりする。

- 一人ひとりの多様な取り組み方を受け止め、知的好奇心や探究心が満足できるように、様々な素材を用意する。
- 初冬の自然にふれ、自然物を生かしていろいろに表現を楽しめる機会をつくる。
- グループ活動を続けて行なえるように、場を保障する。

- ★ 友達の良さや自分の良さに気付き、互いに認め合えるように援助していく。
- ★ 作品展や生活発表会では、一人ひとりから出てきたイメージを受け止め、実現できるように援助し、自分たちで取り組んだという充実感が味わえるようにする。
- ★ 自分たちで遊びに必要な場づくりをし、目的に向かって考えたり工夫したりしながら充実感がもてるようにする。
- ★ 自分たちで考えて進めていく活動を通して自己を発揮したり、気持ちをコントロールしたりできるように援助する。

- 園や家庭の情報を交換し、一人ひとりの成長を通して保護者同士の関係を深められるようにする。
- 年末年始の体験を通して挨拶の仕方やマナーなどを育んでいけるよう、保護者に伝える。
- 小学校行事の参観や小学生との交流を通して子どもの姿を保護者に伝え、就学への見通しがもてるようにする。

- 地域の資源を活用していろいろな人々の仕事に関心をもてるような機会をもつ。
- 子どもたちが相談したり、協力したりできるよう、十分な時間を確保し、見通しをもって生活ができるようにする。
- 感染症予防のための手洗い・うがいの大切さに気付かせ、自分から健康に過ごそうとする意識をもてるようにしていく。

姿と側面	●生活や活動に見通しがもてるようになる。小学校への入学に期待をもち、自分の力を発揮しながら自信をもって主体的に行動できるようになってほしい。 ●互いのよさを認め合いながら活動を進める中で目的を共有したり、工夫したり、協力したりするようになってほしい。	●身近な自然事象や社会事象に対する関心が高まり、自分から積極的に関わるようになる。感じたこと、考えたことを様々な方法で表現しながら探究心を育んでほしい。 ●相手の気持ちを考えて、自分の思いに折り合いをつけながら行動できるようにしていきたい。
期	\u3000\u3000\u3000\u3000\u3000\u3000\u3000\u3000\u3000\u3000\u3000\u3000\u3000\u3000\u3000\u3000V期（1～3月）	
ねらい	●それぞれが自分らしさを大切にしながら自信をもって行動し、協力して遊びや生活を進めていく充実感を味わう。 ●身近な生活に必要な事物や自然事象に関心をもち、興味をもっ	て関わったり、考えたりして、生活を広げていく。 ●友達といろいろな活動に楽しんで取り組みながら、自分の思いや感じたことを豊かに表現し合い、互いの成長を喜び認め合う。
指導内容	●園生活を通して自分で考えながら場面に応じた行動ができる。 ●戸外で十分に体を動かし、友達と一緒にいろいろな運動遊びに取り組む。 ●風邪やインフルエンザを予防する意識をもって、手洗い・うがいを進んで行なう。 ●遊びや生活の中で、安全に気を配り、友達と伝え合いながら安全に行動する。 ●自分たちで役割を分担したりルールを決めたりしながら、主体的に生活や遊びを進める。 ●トラブルや困ったことを自分たちで解決していこうとする。 ●食事の大切さを知り、マナーを守って楽しく食べる。 ●クラスやグループの中で自分の力を発揮し、目的をもって遊びや生活を進める。 ●園の生活に見通しをもち、時間を意識して行動する。 ●正月、節分、ひな祭りなど、地域の伝統的な行事にふれ、地域の人々や文化に親しみをもつ。 ●クラスのみんなで目的や願いを共有し、必要な情報を得て、問題解決のために工夫したり協力したりして、やり遂げようとする。 ●地域の公園や図書館での過ごし方が分かり、公共のマナーやルールを守る。 ●友達と一緒に身近な環境に関わり、予想したり確かめたり振り返ったりする。 ●自分の成長を感じ、就学への喜びや期待を膨らませ、意欲的に生活する。 ●冬の身近な事象に関心をもち、それを取り入れて遊んだり、物の性質や仕組み、変化に気付いたり思い巡らしたりする。	●冬から春への自然の変化に関心をもち、不思議さなどに思いを巡らして友達と一緒に発見を楽しむ。 ●身近な動植物の命に気付き、大切にする気持ちをもって関わる。 ●自分たちの生活の場をみんなで協力しながら、使いやすく整えたり飾ったりする。 ●自事現象や様々な出来事の中でイメージを膨らませ、感動したことを言葉や歌、絵など、様々な方法で表現し、伝え合う。 ●考えたことや感じたことを相手に分かるように話したり、相手の話を聞いて受け入れたりする。 ●簡単な標識や文字、数、図形などに関心をもち、考えたり、日常生活に取り入れて使ったりする。 ●遊びや生活で必要な文字に興味をもち、読んだり書いたりする。 ●生活の中で美しいものや心を動かす出来事にふれた経験をもとに、友達と一緒に考えながら様々な表現を楽しむ。 ●材料や用具を目的に合わせて選び、友達と一緒に伸び伸びと表現する。 ●音楽に親しみ、感じたこと、考えたことなどを、音やリズム、動きで表現する楽しさを味わう。 ●絵本や童話に親しみ、物語の世界を想像して友達と表現する。 ●生活を共にしてきた友達や年下の子どもや身近な人々と心を通わせ、大きくなった喜びを味わい、感謝の気持ちをもつ。
環境	●友達やクラス全体で、創作や表現を楽しめるような活動を取り上げ、協同する楽しさや充実感を味わえるような機会を設ける。 ●自然とふれあうチャンスを大切にし、発見したり試行錯誤したりする楽しさを十分に味わえるように環境を工夫する。	●5歳児として自分たちが誇りに思ってやってきた役割を、4歳児に分かるように伝える。 ●小学校生活への移行を意識して、場や時間に即した行動ができるように1日の生活の流れを自分なりにつくっていく。
援助	★卒園までの時間を大切にし、園生活を振り返り、仲間といる楽しさや友達と過ごす心地良さを子どもたちと共に味わう。 ★一人ひとりが園生活を通じて培われた力や、自信・誇りをもって	就学を迎えられるようにする。 ★非常時の訓練を通してその大切さを知らせ、子どもと約束事などを確認しながら、落ち着いて行動できるようにする。
連携	●小学校への体験入学の参加が、5歳児にふさわしい活動として、入学への期待につながるよう、小学校と連携し、担任間の打ち合わせを行なう。 ●初めて就学を迎える保護者の不安が少なくなるよう、小学校と連携し、交流の様子などを保護者に知らせる機会をもつ。	●子ども自身に伝達する力が育まれ、生活に必要な物を自分で用意することができるように園と家庭が協力する。 ●園生活を通して経験した様々な人との関わりは、保護者や子どもにとって大切な宝であることを感じ合いながら、共に卒園を祝う。
園生活の自立	●クラスの中で一人ひとりの良さを認め合い、子ども同士のつながりが更に深まるような援助をする。 ●就学に向けて安心して小学校生活に移行できるよう子どもの実	態に即して、早寝・早起きの習慣などに配慮し、1日の園生活のリズムを整えていくようにする。 ●生活習慣が身についているか確認し、自立に向けて援助していく。

（5歳児研究グループ）

4月

今月の保育

友達や保育者と共に5歳児クラスになった喜びを味わい自覚をもてる機会を

新しい環境の中で新たな保育者や友達との出会いもあり、5歳児クラスとしての喜びと緊張を感じています。憧れの大型遊具を友達と一緒に組み立てて使うなど、遊びに意欲的に取り組もうとしています。また、年下の子どもに優しさや親しみの気持ちをもって話し掛けたり、身支度の手伝いをしたりする中で5歳児としての自覚も芽生えてきます。保育者は、一人ひとりの思いを理解しながら、意欲的に取り組んでいる姿や役に立ちたい気持ちを受け止め、進級した喜びや自信につなげていきましょう。

指導計画　4月

▲▼▲▼▲▼▲▼▲▼▲▼ 保育のポイント ▲▼▲▼▲▼▲▼▲▼▲▼

新しい環境に自分から関わり行動する中で5歳児クラスになった喜びを感じるように

［健康な心と体］［自立心］

　新しい保育室などでの生活の仕方を話し合ったり、飼育物や植物の世話に取り組んだりしています。保育者は子どもが主な1日の流れを意識できるように、イラストや表示を使い、自分で判断して行動できるような保育環境を子ども目線で構成しましょう。

自分の興味のあることを見つけたり友達と関わったりして遊ぶ楽しさを

［協同性］［社会生活との関わり］［言葉による伝え合い］

　新たに興味をもった遊具を使ったり、友達を誘って遊んだりしています。また、こいのぼりの製作や誕生会の準備にも5歳児クラスとして張り切っています。しかし、思いの行き違いによるトラブルもあります。保育者が仲立ちとなり友達と一緒に取り組むことの楽しさが味わえるようにしましょう。

春の自然や身近な動植物に関わり、興味や関心をもてるように

［健康な心と体］［思考力の芽生え］［自然との関わり・生命尊重］［豊かな感性と表現］

　春の風を感じながら戸外で十分に体を動かして遊ぶ心地良い季節です。今までに経験した鬼ごっこなどの場を用意するなど解放感を味わえる園庭環境を工夫しましょう。また、チョウを呼ぶ草木や花々の美しさ、またその色や香りを体感し表現につなげていけるよう、豊かな自然環境を取り入れましょう。

133

4月の計画

クラス作り

進級した喜びを感じながら、新しい生活に意欲的に取り組めるようにしたい。必要な当番活動を考え、生活の場を整えるなど、自分たちで進める楽しさを味わえるようにしながら、5歳児としての自覚と自信につなげていく。また、保育者や友達と一緒にやりたい遊びを十分に楽しんで、安定して過ごせるようにする。

	今月初めの幼児の姿	ねらい	幼児の経験する内容(指導内容)
生活／興味・関心／友達や保育者との関わり	●5歳児クラスになった喜びや期待を感じ、張り切って生活している。新しい友達や保育者に緊張を感じる子どももいる。 ●新たな生活の場や保育者に興味をもって、積極的に関わり、楽しんでいる。 ●サクラの花びらやタンポポなど、春の草花に興味をもち、遊びに取り入れている。 ●4歳児クラスのときの保育者や友達を見つけて喜んだり、これまで親しんできた遊びを一緒にして楽しんだりしている。	●進級した喜びを味わい、新しい生活に自ら取り組む。 ●友達と一緒に、興味のあることを見つけたり、体をいっぱいに動かしたりして遊ぶことを楽しむ。 ●春の自然や身近な動植物に興味・関心をもって関わる。	●新しい保育者や友達と関わり、5歳児クラスになったうれしさを感じる。 ●新しい生活の流れを知り、生活に必要な準備や片付けを保育者と一緒に取り組む。 ●当番活動などに進んで取り組み、自分たちで生活を進めていこうとする。 ●やりたい遊びを楽しみながら、遊びに応じて保育者と一緒に場を整えたり、作り変えたり、道具を用意したりする。 ●年下の子どもに親しみをもち優しく関わったり、相手に応じて行動しようとしたりする。 ●友達と一緒に興味のあることに関わって遊ぶことを楽しむ。 ●考えたことや思ったことを友達と出し合って遊ぶ。 ●友達と一緒にルールのある遊びをしながら、体を思い切り動かすことを楽しむ。 ●春の季節の心地良さを感じながら、戸外で伸び伸びと遊ぶことを楽しむ。 ●春の草花に関心をもって遊びに取り入れる。 ●自分たちで植えた植物やかわいがってきた動物の成長を楽しみにしながら世話をして親しみをもつ。

家庭・地域との連携
■保護者会では、1年間の保育目標や方針、育ちの見通しを、子どもたちの具体的な姿やエピソードを通して分かりやすく伝え、保護者と共に、子どもの育ちを支えられるようにする。
■新しいクラスでの生活や遊びについてクラス便りやホームページで伝えるとともに、一人ひとりの様子については、丁寧に連絡をとり合いながら伝え、保護者との信頼関係を築けるようにする。

園生活の自立に向けての配慮点

●は健康・食育・安全、
★は長時間にわたる保育への配慮、
♥は保育者間のチームワークについて記載しています。

- ● 園舎、園庭のルールや遊具の使い方を子どもたちと一緒に考えたり確認したりして、自分たちで安全に活動できるようにする。
- ★ 新しい生活に張り切りぎみなので、疲れや緊張感に配慮し、ゆったり過ごせる時間や場を用意する。
- ♥ いろいろな場、子どもの様子を見て情報交換をし、子ども一人ひとりの興味・関心などを把握し、安心して楽しく生活できるようにする。

要領・指針につながるポイント

✳ 自分たちで生活をつくり出して

年長組として新しい生活が始まる4月は、遊びや生活に必要なことを、学級で話題にして一緒に考えてやってみたり、自分たちでできたことを十分に認めたりして、自分たちで生活をつくり出している実感をもてるようにすることが主体性を育む上で大切です。（参考：「健康な心と体」）

環境の構成と保育者の援助

進級した喜びを味わい、新しい生活に自ら取り組めるように

- ● 進級して張り切ったり、新しいクラスの友達に緊張したりするなどの一人ひとりの気持ちを丁寧に受け止めながら、保育者との信頼関係を通して、新しい生活を楽しめるようにする。
- ● 新しいことに興味をもって生活する中で、子どもが疑問に感じたことや、気付いたことに共感しながら、クラスの話題として取り上げて、子どもたちと一緒にクラスの約束事や当番活動を決めていく。
- ● 遊びや生活の中で、場の使いにくさを感じたり、新たな道具が必要になったりしたときには、保育者と一緒に、場を整えたり、つくり変えたり、道具を調達してきたりと、自分たちで遊びや生活の場をつくっていく楽しさを感じられるようにする。
- ● 年下の子どもに優しく関わったり、相手の様子に応じて一緒に活動したりする姿を認めて、5歳児クラスになった自信につなげるようにする。

友達と一緒に、遊ぶことを楽しめるように

- ● 4歳児クラスのときに親しんできた遊びができるように、道具や材料の準備をしておく。また、友達と一緒に興味のあることを見つけて遊ぶきっかけとなるように、新たな材料や遊具も準備しておく。
- ● 互いの考えを出し合って遊ぶ様子を見守りながら、考えのぶつかり合いなどがあったときには、保育者と一緒に話を整理したり、他の友達の意見を求めたりするなど、自分たちで解決するきっかけづくりをする。
- ● ルールのある遊びを友達と楽しめるように、十分な時間を確保するとともに、保育者も一緒に遊びに入り、体を思い切り動かして遊ぶ心地良さを味わえるようにする。

春の自然や身近な動植物に興味・関心をもって関われるように

- ● 身近な自然物を遊びに取り入れたり、絵に描くなどの表現を楽しんだりできるように、園庭に道具や場を用意しておく。
- ● 夏野菜の苗を植えるための土作りを行ない、育てるために必要な準備があることを知ったり、植えることを楽しみにしたりできるようにする。
- ● 飼育物の世話を自分たちでできるように、世話の手順や必要な道具を絵や写真などで掲示しておく。

反省・評価のポイント

- ★ 進級したことを喜び、安心して新しいクラスでの生活に楽しんで取り組めていたか。
- ★ 春の自然や身近な動植物に興味をもって関わり、親しみをもつことができたか。
- ★ 興味のあることを見つけたり、体を思い切り動かして遊ぶ楽しさを味わったりするための援助ができたか。

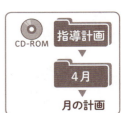

4月 1週の計画
4/1(土)～8(土)

今週の予定
- 始業式（進級式）、春の全国交通安全運動

週の初めの幼児の姿
- 憧れの5歳児クラスになったことを喜び、園生活に期待をもち張り切って登園してくる子どもが多いが、中には新しい環境に不安や緊張を感じている子どももいる。
- 今までにしていた遊びを楽しんだり、5歳児クラスになって使える場や遊具に興味をもって関わったりしている。

ねらい(○)と内容(・)

- ● 進級したことを喜び、新しい生活に期待をもつ。
- ● 新しい環境に関わり、保育者や友達と一緒に遊ぶ楽しさを感じる。
- ・ 5歳児クラスになったことを喜び、保育者や友達に自分の思いを出し関わって親しむ。
- ・ 新しく使える遊具の使い方を知ったり、置き場を決めたりして、保育者や友達と一緒に生活しやすいように場を整える。
- ・ 自分のやりたい遊びや気の合う友達との遊びを十分に楽しむ。

具体的な環境(◆)と保育者の援助(＊)

- ◆ 慣れ親しんだ遊具に加えて、新しい遊具でも遊び出せるように、すぐに取り出せる場所に遊具や用具を用意しておく。
（巧技台、大型積み木、色紙、絵本、製作コーナー、可動式キッチンセット、空き箱などの廃材）
- ＊ 進級を喜び、意欲的に行動をする姿を認め、自分の思いや考えを出せるようにしていく。
- ＊ 新しい場や保育者、友達に関わろうとする姿や不安や緊張する気持ちなど受け止め、声を掛けたり、必要な行動を分かりやすく伝えたりして安心感をもてるようにしていく。
- ◆ 生活の動線や安全性を考え、ロッカーや机などは保育者が配置しておく。製作の材料や新しい遊具の置き場などは、使いやすいように子どもたちと一緒に絵や文字で表示を作り、自分たちで場をつくる意欲につなげ、自信がもてるようにしていく。
- ＊ 5歳児クラスで新しく使える遊具について、使い方や遊び方などの約束をみんなで話し合い、共通の意識がもてるようにする。危険なことを予測したり気付いたりしている姿を認め、自分で安全に気を付けられるように働き掛ける。
- ＊ 保育者も子どもたちと一緒に遊びながら、触れ合ったり、楽しさに共感したりして、一人ひとりとの信頼関係を築けるようにする。また、子どもたちが始めた遊びの中に入り、友達と関わるおもしろさを感じられるようにしていく。
- ＊ 5歳児クラスになって、名札や保育室が新しくなった喜びに共感し、「楽しみなこと」「頑張りたいこと」などをみんなで話し、これからの生活に期待がもてるようにする。

- ◆ 昨年度の5歳児に教わった当番活動などに興味をもった子どもから進んで取り組めるように、写真や絵で当番の手順を掲示しておく。

反省・評価のポイント
- ★ 友達や保育者と進級の喜びを感じながら、生活することができたか。
- ★ 新しい環境で、一人ひとりが安心して遊んだり、生活したりできるように環境構成や援助を工夫できたか。

4月 2週の計画

4/10(月)〜15(土)

今週の予定
● 入園式、新入園児歓迎会

前週の幼児の姿
● 気の合う友達と好きな遊びを見つけたり、新しく使えるようになった場や遊具で遊んだりすることを楽しんでいる。
● 友達や保育者と一緒に生活の仕方を確認したり、自分たちで考えたりすることで、5歳児クラスになった喜びと期待をもって生活をしている。

● 興味のあることを見つけて、友達と一緒に遊ぶことを楽しむ。
● 保育者や友達と一緒に生活の仕方や役割を話し合い、意欲をもって活動に取り組む。
・友達や保育者とルールのある遊びなどをして体を動かして遊ぶ。
・身近な小動物や春の自然に興味や関心をもち、遊びに取り入れる。
・1日の生活の流れやグループ、当番の内容などを分かって行動する。
・新入園児や年下の子どもたちの世話をしたり、歓迎会をしたりして、役に立つ喜びや成長を感じる。

＊ 遊びの中での子どもたちの発想や思いを受け止め、やりたいことができるように保育者も一緒に考えたり、遊具や用具の使い方を伝えたりしていく。

＊ 新しい遊具を使って遊ぶ友達の姿に気付けるようにし、興味をもったり、使い方や遊び方を考えるおもしろさを感じたりできるようにしていく。必要に応じて、みんなで遊ぶ機会をつくり、おもしろさを知らせていく。

◆ 友達と一緒に思い切り体を動かして遊べるように、鬼遊びや中当て、靴取り、リレーなどの簡単なルールのある遊びを自分たちで始めるためのラインを引いたり、用具を出しやすいように置いたりしておく。

＊ 集団でルールのある遊びをする中で、友達や保育者と遊ぶ楽しさや満足感をもてるようにする。

＊ 遊ぶ中で困ったことや危険なことがあったときは、クラスの話題として取り上げ、どうしたら安全に楽しく遊べるかを話し合い、決まりやルールを共有していく。

◆ 1日の流れや当番の仕事、週の予定など絵や文字などで分かりやすく掲示し、生活や次の週への期待をもち、自分のやることが分かって過ごせるようにしていく。

＊ 当番活動の内容やグループの名前を話し合ったり、決めたりする機会を設ける。

＊ 新入園児歓迎会に向けて年下の子どもへのプレゼントを考えて作ったり、歌の練習をしたり、司会や出し物、会場準備などの自分の役割が分かり、張り切って取り組んだりする姿を認め、満足感やうれしさを感じられるようにする。
（♪：『チューリップ』『おもちゃのチャチャチャ』）

◆ 草花遊びや泥団子作り、虫探しができるような遊びに必要な素材や用具を用意しておく。（容器、図鑑、虫眼鏡、ビニール袋 など）

＊ 夏野菜の苗を植えるために、必要な準備があることを伝え、保育者と一緒に土作りができるようにする。
（土、肥料、プランター、シャベル など）

反省・評価のポイント
★ 自分の興味のあることを見つけて遊んだり、友達や保育者と一緒に遊んだりすることを楽しむことができたか。
★ 5歳児クラスとしての生活の仕方や役割について、子どもたちと話し合い、分かりやすく伝えることができたか。

指導計画 4月 1・2週の計画

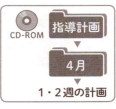
CD-ROM → 指導計画 → 4月 → 1・2週の計画

4月 3週の計画
4/17(月)〜22(土)

今週の予定
- 保護者会、身体計測、避難訓練

前週の幼児の姿
- 話し合いながら当番活動の内容を決めるなどして、意欲的に活動している。
- クラスで野菜を栽培するための土作り・畑作りを保育者や友達と一緒に行なっている。
- やりたい遊びを見つけ、同じ遊びに興味をもった友達と一緒に遊び始めている。

ねらい(●)と内容(・)

- ● 自分のやりたい遊びをしたり、友達や保育者との関わりを楽しんだりしながらクラスのつながりを感じる。
- ● 様々な素材や道具を使い、友達と一緒に活動をすることを楽しむ。
- ● 身近な自然や動植物に興味や関心をもち、美しさや不思議さ、おもしろさを感じる。
- ・ 遊びや生活に関わり5歳児クラスになったことを実感したり友達や保育者とのつながりを感じたりする。
- ・ 春の草花や自然事象に親しみをもち、考えたり試したり取り入れたりして遊ぶ。
- ・ 避難訓練の意味を考え、素早く落ち着いて行なう。

具体的な環境(◆)と保育者の援助(＊)

- ◆ 子どもたちの意見を取り入れながら環境づくりをするように心掛け、自分たちで生活の場をつくり、整えていくことのおもしろさや充実感を味わえるようにする。
- ◆ 慣れ親しんできた鬼遊びなどを子ども同士で進めて楽しめるように、必要な道具やライン引きなどを用意しておく。
- ＊ 保育者も一緒に体を動かして遊び、子どもと一緒に心地良さや楽しさを味わう。ルールの認識の違いなどがトラブルにつながりそうなときには、すぐに仲立ちをするのではなく、解決する様子を見守ることも大切にしながら援助する。
- ◆ 色水遊びに必要な道具を用意し、身近な草花を使って試したり考えたりしながら遊べるようにする。
（すり鉢、すりこぎ、トレイ、こし網、じょうご、色水を入れるカップやペットボトル など）
- ＊ 色水や泥団子、草花を使ったアクセサリーなどを繰り返し作ったり、年下の友達に作り方やコツを伝えたりすることで喜ぶ姿を認め、役に立つうれしさに共感する。
- ＊ こいのぼり作りでは、グループで一つの大きなこいのぼりを作るなど、数人の友達と一緒に活動する楽しさを味わえるように製作活動の内容を工夫する。
- ◆ こいのぼり作りに必要な物について子どもたちと相談し、道具や材料、置き場などを一緒に考えていく。
（布、ラシャ紙、模造紙、障子紙、絵の具、水入れ、筆、霧吹き など）
（昔話：『こいのぼり』、📖：『げんきにおよげこいのぼり』）
- ＊ クラスの友達と一緒に楽しむ歌やゲームなどを取り入れ、みんなで遊ぶ楽しさやクラスのつながりを感じられるようにする。
（♪：『しあわせならてをたたこう』『こいのぼり』
ゲーム：『じゃんけん列車』『なんでもバスケット』 など）
- ＊ 避難訓練の意味を子どもたちと考えたり、避難経路の確認をしたりすることで、自分の命を守って、素早く落ち着いて行動できるようにする。

反省・評価のポイント
- ★ クラスの友達とのつながりを感じ、喜びを味わっていたか。
- ★ 春の草花などに関わりながら、繰り返し試したり工夫したりして遊べるように環境構成や援助を工夫できたか。

4月 4週の計画

4/24(月)〜29(土)

今週の予定
● 誕生会、昭和の日

前週の幼児の姿
● 鬼ごっこなどをしてたくさん体を動かして遊んでいる。同じ遊びをしたい友達を見つけ、誘い合って遊び始める子どももいる。
● 様々な素材や道具を使い、試行錯誤しながらグループの友達と一緒にこいのぼりを作ることを楽しんでいる。

- 自分の考えや思いを出しながら生活をしたり遊んだりすることを楽しむ。
- 自分たちの生活をつくっていくことのうれしさや楽しさを味わう。
・自分の考えていること、感じたことを友達に伝えたり、友達の考えを聞こうとしたりする。
・生活の中の自分たちで進められそうなことに、意欲をもって取り組んでみようとする。
・クラスで育てる野菜の苗を植え、世話をしようとしたり生長の様子に関心をもったりする。

＊ 前週から製作をしているこいのぼりの仕上げをし、完成の喜びを友達と一緒に味わえるようにする。また、園庭に飾ることで進級の喜びや5歳児クラスになった実感を味わえるようにする。

＊ 自分が感じたこと、気付いたことなどを友達に言いながら集団遊びを楽しむ姿を認め、気持ちを表現することのうれしさや楽しさに共感していく。
（だるまさんのいちにち、色鬼、渦巻きじゃんけん、十字鬼などの少人数でも楽しめる遊び）

＊ やりたい遊びが違うことや、遊びのルールが共有できないなどの場面では、思いや考えを出すことの良さを伝えたり認めたりする。その上で、自分の気持ちを調整することの必要性も少しずつもてるよう、気持ちややり取りの橋渡しをしていく。

◆ 夏野菜の苗を植え、何を育てているのかが分かるようにプレートを立てる。プレートは自分たちで作れるようにし、大切に育てようとする気持ちを育んでいく。（夏野菜：トマト、ナス、キュウリ、ピーマン など）
（プレートの素材：牛乳パック、紙皿、ビニール袋、油性フェルトペン など）

＊ クラスの誕生会をどのように進めたいか、子どもたちが思いや考えを出し合えるようきっかけづくりをする。4歳児クラスで子どもたちが経験したことを把握しておき、今後の体験や経験につながるようにする。

＊ 司会や出し物、プレゼントなどの係の分担は、自分が担当したいことに関われるようにし、それぞれが意欲的に活動に取り組めるようにする。

＊ "5歳児クラスになったから、こんなことも自分たちでできた"という子どもたちの実感や感動を大切に見守り、そのうれしさをたっぷりと味わえるように支えていく。

◆ 誕生会についてみんなで考える中で、子どもたちが必要な物を作りながら準備を進められるように材料などを整える。
（色紙、包装紙、カラーホイルなど、保育室の装飾やプレゼント作りに必要な物）

＊ 誕生月の友達が喜ぶ姿を見て"うれしい"と感じる気持ちを認め、共感する。（📖：『きょうはなんのひ？』）

反省・評価のポイント
★ 自分の考えや思いを出しながら遊ぶことの楽しさを味わっていたか。
★ 自分たちで活動を進め、充実感を味わえるような援助ができたか。

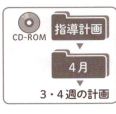

4月 日の計画
4/11（火）

ねらい	● 友達と一緒に伸び伸びと体を動かして遊ぶ楽しさや心地良さを感じる。 ● 当番活動について話し合い、役割ややることが分かり、意欲的に取り組む。
内容	● 戸外で鬼ごっこやリレーなどをして友達と一緒に体を動かして遊ぶ。 ● 自分の考えを伝えたり、友達の話を聞いたりして、当番活動について話し合う。 ● 当番表に自分の顔や必要な道具を描いて、当番活動を楽しみにする。

指導計画　4月 日の計画

	環境を構成するポイント	予想される幼児の活動	保育者の援助
登園〜14時頃	● 4歳児クラスのときに楽しんでいた遊びができるような場や道具の準備をする。（リサイクル素材、マット、仕切り、ままごと道具 など） ● 興味をもったことをすぐに遊びに取り入れられるように、道具を用意しておく。（虫カゴ、虫眼鏡、ミニ図鑑、すりこぎ、すり鉢、ビニール袋 など） ● 思い切り走ったり、体を動かしたりして遊べるように、他クラスの保育者と場所や時間の調整をしておく。 ● 画用紙やクレヨン、フェルトペンなどを用意し、当番表に自分の顔や必要な道具をすぐに描き出せるようにしておく。 ● 当番表を見て、グループが分かったり、いろいろな当番活動を楽しみにしたりできるように掲示する。	● 登園する。 ● 朝の挨拶をする。 ● 所持品の始末や身支度をする。 ● 昨年度、5歳児から引き継いだ飼育当番などを行なう。 ● 好きな遊びをする。 　（戸外：鬼ごっこ、リレー、虫探し、草花遊び など 　室内：ままごとなどのごっこ遊び、製作 など） ● 片付けて集まる。 ● 当番活動について話し合う。 ● 必要な活動について考えを出し合う。 ● 当番活動を決める。 ● グループごとにメンバーの顔や必要な道具を描き、当番表を作る。 ● 昼食の準備をして、食事をする。 ● 入園式などでうたう歌をうたう。 　（♪：『おもちゃのチャチャチャ』『チューリップ』） ● 降園する。	● 意欲的に飼育当番に取り組もうとする姿を認め、自信につなげていく。 ● 好きな遊びをする姿を見守りながら、保育者も鬼ごっこやリレーに加わって遊びを活発にしたり、ルールの確認をしたりする。 ● 遊びの中で、新たに必要な物が出てきたときには、素材や道具などを一緒に考え、自分たちで作ったり、用意したりできるようにする。 ● 子どもから出てきた考えを絵や文字で描き出し、みんなが分かるようにする。 ● できあがった当番表を動かしながら、いろいろな当番活動が順に回ってくることが分かるようにし、楽しみにできるようにする。 ● 『おもちゃのチャチャチャ』『チューリップ』を歌い、入園式などで新入園児と歌うことを楽しみにできるようにする。
14時頃〜降園	● 休息の時間に、午睡をしない子も体を休めるように、クッションやラグマット、絵本などの横になって過ごせるような準備をする。 ● 一人ひとりがゆったりと好きな遊びを楽しめるように、場を分けたり、十分な時間を設けたりする。	● 昼食後、午睡や休息を取る。 ● 室内で静かに過ごす。 ● おやつを食べる。 ● 自分の持ち物をまとめる。 ● 好きな遊びをする。 　（製作、積み木、絵本 など） ● 片付けて、降園準備をする。 ● 降園する。	● 進級したばかりで、5歳児クラスでの生活に慣れていない子どももいるので、一人ひとりの体調に気を配り、それぞれにあった休息がとれるようにする。 ● 4歳児クラスのときに楽しんでいた遊びや、5歳児クラスになって興味をもった遊びなどが取り入れられるように、保育者同士で様子を伝え合うようにする。

反省・評価のポイント
★ 友達と一緒に伸び伸びと体を動かして遊ぶ楽しさを感じられたか。
★ 当番活動について、考えを出し合って話し合えるように援助できたか。

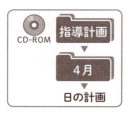

140

5月

今月の保育

友達との遊びが楽しくなるような遊びのきっかけづくりを

数人で基地ごっこをしたり素足になって砂場で大きな山を作ったりするなど、気の合う友達とイメージを出し合って遊ぶ姿が見られます。保育者も一緒に考えたり、時には見守ったりしながらもイメージ実現のための素材提供をするなど、遊びが楽しくなっていくようなきっかけづくりをしていきましょう。夏野菜の苗を植えるための土作りなど、見通しをもって準備を進め、今までの経験を生かして世話をしたり、生長に期待ももったりするきっかけとなるように環境づくりをしていきましょう。

保育のポイント

友達と一緒に遊ぶ中で思いや考えを言葉で伝える楽しさを

思考力の芽生え　言葉による伝え合い　協同性　道徳性・規範意識の芽生え

友達と一緒に遊びたい気持ちはあるものの、気持ちの行き違いがあって遊びが継続しにくくなることもあります。保育者はそれぞれの思いに心を寄せて、相手の思いに気付けるよう状況をつぶやいたり、伝え方を一緒に考えたりしながらいろいろな友達と遊ぶと楽しいと実感できるようにしましょう。

爽やかな季節の中で友達と十分に体を動かす心地良さを

健康な心と体　道徳性・規範意識の芽生え　社会生活との関わり

最近では、爽やかな季節に親子スポーツ大会を行なう園も増えてきています。伸び伸びと体を十分に動かす楽しさを味わえるよう、リズムダンスやリレー、縄やボールなどの運動遊びに必要な用具を子どもと共に準備し、ルールの確認もしながら様々な動きを楽しみましょう。

身近な自然との関わりを知的好奇心へ

自然との関わり・生命尊重　思考力の芽生え

子どもが身近な自然と関わる格好の場所として、ビオトープなどを作って水辺の植物を植えてみたり、いろいろなチョウを呼ぶ草木のある環境づくりをしたりしましょう。図鑑や観察ケースなどを用意し、保育者も一緒に子どもの発見や驚き、不思議さや感動を共有する中で知的好奇心を育んでいきましょう。

5月の計画

クラス作り

友達と一緒に基地ごっこをしたり、砂場で大きな山を作ったりしてダイナミックに遊べるようにしたい。その中で、自分の思いを伝えたり、相手の思いに気付いたりしながら友達とのつながりを感じられるようにしていく。身近な自然にふれる中で、新しいことに気付いたり発見したりする喜びを味わえるようにしていきたい。

前月末の幼児の姿	ねらい	幼児の経験する内容（指導内容）
生活 ● 5歳児としての生活に慣れ、当番活動に張り切って取り組んだり、年下の友達の世話をしたりして役立つことを喜んでいる。 ● 固定遊具やルールのある遊びで体を動かす心地良さを味わっている。 **興味・関心** ● 5歳児クラスになって使えるようになった遊具で遊ぶことを楽しんでいる。 ● 身近な草花を使って遊んだり、ダンゴムシ・幼虫を見つけて飼育を楽しんだりしている。 **友達や保育者との関わり** ● 気の合う友達を誘い合って遊ぶことを楽しむ姿が見られる。 ● 自分の思いや考えを優先してしまい、友達に受け入れられないことや言葉では伝わりにくいことがある。	● 友達と一緒に戸外遊びを楽しみ、全身を使って遊ぶ心地良さを味わう。 ● 友達と一緒に遊ぶ中で自分の思いや考えを言葉で伝え、相手の話を聞こうとする。 ● 身近な自然と関わり、生育の様子に気付いたり発見したりすることを楽しむ。	● 固定遊具の5歳児クラスならではの遊び方に挑戦する。 ● 体を動かす遊びでは自分なりの目標をもって繰り返し取り組む。 ● ルールを守って友達と関わりながら体を十分に動かして遊ぶ。 ● 砂や土、水、泥の性質に気付き友達と試したり工夫したりして遊ぶ。 ● 友達や小学生の姿に刺激を受けて体を多様に動かして楽しむ。 ● 音楽に合わせてリズミカルにみんなで動きをそろえて踊ることを楽しむ。 ● 徒歩遠足（公園）を通して交通ルールを知り、安全な遊び方に気付き、守ろうとする。 ● 友達と体験したことを絵に描いて自分なりに表現する。 ● 自分の思いや考えを言葉で相手に分かるように伝える。 ● 友達の思いを聞き、友達のしていることに気付いて受け止める。 ● 草花や野菜の生長を楽しみにしながら世話をし、変化に気付いて関心をもつ。 ● 発見したことを保育者や友達に知らせて感動を共有する。

家庭・地域との連携
■ 汗をかいたり、汚れたりしたときに自分で気が付いて着替える習慣が身につくように、子どもが必要な物を保護者に伝えられるように知らせていく。また、保護者には衣類を多めに準備をしてもらう。
■ 遠足のお便りで、持ち物や弁当の準備を知らせていく。
■ 小学校との交流活動については子どもたちが校庭の広さに慣れていけるように訪問時間や校庭の使い方について、小学校と連絡をとり合い進めていく。

園生活の自立に向けての配慮点

- ●野菜を自分たちで育てる経験を通して生長を楽しんだり食べたりする。
- ●戸外遊びのときはこまめに水分を補給する。
- ●園外では交通安全に注意して安全な集団活動ができるようにする。
- ★連休明けは疲れを考慮してのんびり過ごせるスペースを用意する。
- ♥園庭を使う際には他クラスの担任と場所や時間帯を調整して計画的に使用できるようにする。

●は健康・食育・安全、★は長時間にわたる保育への配慮、♥は保育者間のチームワークについて記載しています。

要領・指針につながるポイント

★体を思い切り動かす気持ち良さを味わう

友達を誘って、新たに挑戦したい気持ちがわくような環境の構成を工夫することで、体の諸部位を思いきり動かす気持ち良さを味わえるようにします。個々に、少人数で、集団でなど、いろいろな場面に取り組むことで、進んで体を動かそうとする意欲が育つようになります。（参考：領域「健康」）

環境の構成と保育者の援助

友達と全身を使って体を動かす心地良さを感じられるように

- ●体を動かす遊びでは個々に挑戦している姿を認めていくことで意欲を高めていく。
- ●友達の動きに応じて体を動かす楽しさを味わえるように、リレーや鬼ごっこなど、ルールのある遊びを取り入れる。また、伸び伸びと体を動かして楽しめるような時間や場所を確保する。
- ●砂場や土を使った遊びでは友達とダイナミックに遊べるようにいろいろな遊具・用具を準備する。
- ●基地ごっこなど、友達と力を合わせて遊びの場をつくって楽しめるように大型遊具や材料を用意していく。
- ●小学生と交流活動をする際には、小学生や友達と体を動かして楽しめるように簡単なリズム遊びやかけっこなどを、小学校の担当者と計画し、双方のねらいを明確にもって行なうようにする。

友達と遊ぶ中で自分の思いや考えを伝えながら遊びを進められるように

- ●保育者も一緒に遊びに参加したり見守ったりしながら、友達同士で思ったり考えたりしたことが伝わるように促していく。
- ●遊びに必要な物を一緒に考えたり、材料を自分で選んで、子どもたちが自分で考えた物を作ったり組み立てたりする喜びを味わえるようにする。
- ●友達との思いの違いからトラブルになったときには相手の思いを聞き、自分の思いを伝えて解決に向けて互いに考えられるようなきっかけをつくる。

身近な自然と関わる中で生長の様子など様々な発見ができるように

- ●草花や野菜の水やりなどの世話をする中で、直接触れて生長や形、匂いに気付き、言葉などで表現して他の子どもに広げていく。
- ●チョウや虫が集まる植栽を用意したり、地域の公園に出掛けたりして、子どもたちが発見したことに共感し、興味や関心を深めていく。

指導計画　5月の計画

反省・評価のポイント

- ★思い切り体を動かして遊ぶ心地良さを味わうことができたか。
- ★自分の思いや考えを友達に伝え、相手の話を聞こうとしていたか。
- ★身近な動植物に親しみをもって触れ、発見や感動につながる環境づくりができていたか。

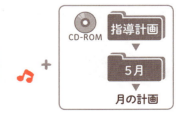

1 5月 1週の計画
5/1(月)〜6(土)

今週の予定
- 憲法記念日、こどもの日の集い

前週の幼児の姿
- グループの友達と作ったこいのぼりが園庭に飾られ、互いに見合って満足感を感じている。
- 気の合う友達と鬼ごっこなどルールのある集団遊びを楽しんでいる。

ねらい(●)と内容(・)

- ● クラスの友達と戸外で体を動かしたりルールのある集団遊びをしたりして楽しむ。
- ● 身近な自然に興味をもち、発見したり気付いたりして楽しむ。
- ・ 戸外で思い切り体を動かして遊ぶ気持ち良さを感じる。
- ・ 栽培物、飼育物の世話に必要な仕事に気付き、進んで取り組む。
- ・ こどもの日の集いに向けて自分たちの役割が分かって活動する。

具体的な環境(◆)と保育者の援助(＊)

- ＊ 戸外で存分に体を動かして遊ぶ楽しさを味わえるよう保育者も一緒に遊びに加わり、楽しさを伝えていく。
- ◆ 伸び伸びと体を動かす遊びができるよう、クラス間で連携を取り、遊びの場、時間を確保する。
- ＊ ボールリレーなどルールのある集団遊びを、クラスで楽しむ機会をつくり、友達の動きに応じて遊ぶ楽しさを感じられるようにしていく。
- ＊ 戸外での安全な遊び方や決まりを、必要に応じて子どもたちと確認していく。

- ◆ 近隣で季節の虫、植物を観察したり採集したりできる場所を調べて、園の周りの散歩マップに書き加えていき、子どもの興味が広がるようにする。
- ◆ 飼育栽培に必要な用具の場所を決めておく。
（エサ、霧吹き、じょうろ など）
- ＊ 栽培物や虫などを観察ケースなどで飼育し、生長の様子に気付いたり、発見したりしたことに共感していく。
（インゲン、エンドウ、キュウリ、アゲハチョウやカブトムシの幼虫）
- ＊ 世話をしている様子を見守り、手順や必要な仕事に気付くように促して、進んで取り組む意欲を認める。

- ＊ こどもの日の由来を知らせたり、歌や絵本を通して、身近に感じられるようにし、興味をもてるような働き掛けをしていく。（♪：『こいのぼり』『背比べ』）
- ◆ こどもの日の集いでは、5歳児クラスならではの役割を担えるような場をつくっていく。
（司会、挨拶、歌 など）
- ＊ それぞれの役割に関して、準備や進め方などを、話し合う機会をつくり、自信をもって取り組めるようにしていく。
- ◆ 翌週の徒歩遠足の下見をし、行き帰りの経路や、遊び、食事、トイレの場所や安全などを確認し、当日子どもたちが自然の中で伸び伸びと過ごせるような準備をしていく。
- ＊ 遠足先の園内マップなどを利用して、当日のグループで予定を話し合うなどして、遠足に期待をもてるようにする。

反省・評価のポイント

- ★ 身近な自然物、動植物に興味をもって気付きや発見を楽しんでいたか。
- ★ 戸外で友達と伸び伸び体を動かしたり、ルールのある遊びを楽しんだりできるように援助できたか。

5月 2週の計画
5/8(月)〜13(土)

今週の予定
- 徒歩遠足

前週の幼児の姿
- こどもの日の集いで、それぞれの役割ができた満足感を味わっている。
- 戸外で体を動かす遊びを、繰り返し楽しんでいる。
- クラスで世話をしている飼育物、栽培物の生長を楽しみにしている。

- 友達と仲間を誘い合って一緒にルールを守って運動遊びを楽しむ。
- 身近な自然に興味をもって観察したり、発見したり気付いたりしたことを伝える。
- 友達とルールを守りながら遊びを楽しむ。
- 自然の中で十分に体を動かして遊ぶ心地良さを味わう。
- 気付いたこと、思ったこと、発見したことを言葉や表現で伝える。

◆ 自分たちだけで、遊び始められるよう、用具を取り出しやすい場所に置いたり、ラインを引いておいたりする。
（しっぽ取り、中当て、助け鬼 など）

＊ 友達と遊んでいく中で、思いや考えが伝え合えていないときには、保育者が仲立ちとなり、それぞれの思いに心を寄せて、気持ちや考えの伝え方を一緒に考えていく。

＊ 自分の思いを伝えるだけでなく、保育者が機会をつくり、相手の思いや考えを聞こうとする気持ちがもてるようにしていく。

＊ すれ違いや、悔しさなどの体験を通して、ルールを守って一緒に遊ぶことが楽しいことだと気付けるようにしていく。

＊ 友達との遊びの中で、それぞれ感じる思い（楽しい、悔しい など）に共感したり、励ましたりしながら見守っていく。

＊ 徒歩遠足の前には、標識、信号、横断歩道などの意味や、歩く際の交通ルールを子どもたちと確認し、一緒に考えていく。

◆ 徒歩遠足から帰ってきた後、発見した事物を絵に描いたり、製作したりできるよう、素材や道具をそろえておく。
（模造紙など大きい紙、絵の具、クレヨン、空き容器、モール、クレープ紙）

◆ 身近な自然物、飼育物に関しての発見や疑問を子どもたち同士で共有して、さらに興味や関心をもてるよう、発見カードなどを作り、伝え合う場や、機会を設けていく。

はなびらでおふねをうかべたね〜

おはながいっぱいさいていたね〜

反省・評価のポイント

★ 友達とルールを守って遊ぶ楽しさを味わえていたか。
★ 身近な自然に興味をもち、自分なりの発見や気付きを、周りに伝える環境の構成や援助ができたか。

指導計画 ▶ 5月 ▶ 1・2週の計画

3週の計画 5月

5/15(月)〜20(土)

今週の予定
● 避難訓練、健康診断

前週の幼児の姿
● 徒歩遠足を通して植物・虫に興味をもち、生活の中に取り入れている。
● 友達や保育者としっぽ取り・助け鬼など、ルールのある遊びを楽しんでいる。

ねらい（●）と内容（・）

● 友達に自分の思いや考えを伝えたり、相手の話を聞いたりしながら遊ぶ楽しさを感じる。
● 友達と一緒に戸外で伸び伸びと体を動かして遊ぶことを楽しむ。
・ 気付いたことや考えたことを友達に伝えながら遊ぶ。
・ 水や砂や土の特性に気付き、友達と考えたり試したりする。
・ いろいろな素材や材料を使って必要な物を自分で選んで作る。
・ 体の健康に関心をもち、規則正しい生活を送ろうとする。

具体的な環境（◆）と保育者の援助（＊）

◆ 水や砂や土を使ったダイナミックな遊びでは、試行錯誤しながら作る楽しさを味わえるよう、様々な素材や道具を用意し、種類ごとに入れ物に入れて並べ、自分たちで選んで使えるようにする。
（スコップ、雨どい、パイプ、バケツ、ホース、じょうろ）

＊ 子どもたちが何を実現したいのか、気持ちや考えをよく聞き、必要な材料を一緒に考えていくようにする。

＊ 友達と思いや考えを出し合ったり、力を合わせたりしながら作っていく過程で行き詰まったときは、前に進めるようなちょっとしたヒントを出し、自分たちの力でやったという達成感を味わえるようにしていく。

＊ 作った物で継続して遊べるような場所を一緒に考えたり、提案したりする。

＊ 保育者も一緒に楽しみ、子どもたちの気付きに共感していく。

◆ クラス全体でルールのある遊びをする時間をつくり、鬼遊びやリレー、ドッジボールなどで友達と思い切り体を動かして遊ぶ楽しさを味わえるようにする。

◆ 健康診断を通して、健康に関心をもち、生活リズムを整えることや好き嫌いなく食べることなど、看護師や栄養士に話してもらう機会をつくったり、体に関する本を用意したりしておく。

◆ 歌ったり踊ったりすることを楽しめるよう、CDや楽器などをすぐに取り出せる場所に用意しておく。
（♪：『地球をどんどん』など）

反省・評価のポイント

★ 遊びの中で友達に思いを伝え、考えたり工夫したりする楽しさを味わうことができたか。
★ 子どもたちの発想を実現できるような材料や環境を構成することができたか。

5月 4週の計画

5/22(月)～31(水)

今週の予定
● 誕生会、小学校交流会

前週の幼児の姿
● 砂山を使った遊びや基地ごっこをして友達と遊ぶ楽しさを感じている。
● 友達や保育者と一緒に思いや考えを出し合い、試したり工夫したりしながら遊んでいる。

● 友達に気付いたことや考えたことを伝えながら、一緒に遊ぶことを楽しむ。
● 小学生との交流会に期待をもって参加する。
・友達と考えを出し合い試したり、イメージを広げたりしながら遊ぶ。
・友達と誘い合い、体を動かしたりダイナミックに遊んだりする。
・小学生とのふれあいを楽しみ、広い校庭で伸び伸びと取り組む。

◆ 友達と一緒に誘い合って、土や砂や水を使った遊びや基地ごっこなど好きな遊びを楽しむ中で、気付いたことや新たなアイディアを伝え合い、イメージが具体的に広がっていくよう、じっくり取り組めるように時間と場所を保障する。

＊ 思いやイメージが友達に伝わりにくいときは、保育者が言葉を補い、イメージを共有できるよう一緒に考え援助していく。

◆ 小学生との交流会への参加を楽しみに待てるように、日程をカレンダーに書き当日までの予定を知らせていく。

＊ 交流会当日に思い切り体を動かして参加できるよう、一緒に行なうリズム遊びや体操などを知らせておく。

＊ 小学生と手をつないだり、チームになってかけっこをしたりしてふれあい、親しみの気持ちがもてるようにする。

＊ 個別に配慮を要する子どもへの関わりを、小学校教員と共通理解しておく。

◆ 友達と一緒に誕生会の会場を準備したり、司会や出し物などの役割を決めたりする時間を設け、自分たちで進めていく意欲を高める。

＊ 出し物は、クラスで以前から楽しんでいるリズム遊びや歌などを生かしていくことで、無理なく自信をもって取り組めるようにする。

◆ 飼育物（カブトムシやアゲハの幼虫）を観察できるよう、観察コーナーをつくり、生長を記録するカレンダーを作ったり、図鑑や虫に関わる本なども一緒に準備したりして、特徴や生長を観察できるようにする。

＊ 個々の気付きや感動が周りの友達にも伝わり、興味が広がるよう、昼食の前や降園時に、クラス全体で話し合えるようにする。

反省・評価のポイント
★ 自分の考えを互いに伝え合いながら、考えたり工夫したりして遊んでいたか。
★ クラスのみんなで参加する活動へ期待をもって取り組めるよう援助できたか。

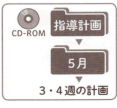

指導計画 5月 3・4週の計画

5月 日の計画
5/12（金）

ねらい	●徒歩遠足に行き、自然の中で遊ぶ楽しさを感じる。 ●気付いたり考えたりしたことを友達と伝え合いながら、グループで取り組む楽しさを味わう。
内容	●草花や虫などの自然物をグループの友達と一緒に見つけたり、触れたりする。 ●単独行動をしないなどの約束事を守り、グループ活動をする。

指導計画／5月 日の計画

環境を構成するポイント	予想される幼児の活動	保育者の援助
●事前に出発時間に合わせた登園時間をクラス便りや掲示などで保護者に周知しておく。 ●事前の下見で、現地までの経路（横断歩道、信号の有無など、安全上把握しておくべき箇所）を、保育者同士で共有しておく。 ●ゲームに使用するもの（スズランテープや、封筒、課題カード など）、ポイント地点の安全確保、保育者の配置を確認しておく。 ●他クラスの保育者と事前に打ち合わせておき、園に戻る時間に間に合うよう休息できる場の準備をしてもらう。	●登園し、持ち物の始末をする。 ●当番の仕事をする。 ●みんなで集まる。 ●持って行く荷物をチェックする。 ●グループの仲間が全員そろっているか確かめる。 ●排せつを済ませ、出発する。 ●ふだんと違った景色や、商店街や街の風景を楽しみながら歩く。 ●広場に集まる。 ●グループごとに分かれてゲームを楽しむ。 　（自然探しクイズ） 　自然探し：同じ形や色の枝（葉）はどこ？ ●手を洗い、食事の準備をして、食べる。 ●排せつを済ませ、出発する。 ●園に到着する。 ●午睡をする。 ●おやつを食べる。 ●園内や園庭で好きな遊びを楽しむ。 　（描画、ままごと、粘土、鬼ごっこ など） ●降園の準備をする。 ●降園する。	●飼育物の世話を通して、子どもたちの気付きを大切にし、興味・関心を継続できるようにしていく。 ●遠足前のグループ活動で、仲間同士の意識が高まっているので、集まり競争などを行ない、グループでの行動を意識付けていく。 ●商店街の様子や、道路標識など、散歩中の景色を子どもたちと一緒に楽しみ、街や人々の営みに興味をもてるようにするとともに、安全に十分配慮する。 ●自然の中での遊び方が分からなかったり、抵抗があったりする子どもには、保育者が一緒に遊ぶなどして楽しめるようにしていく。 ●ゲーム中は公園の出入り口をはじめ、要所に保育者が付き、子どもたちがゲームを安全に楽しめるよう見守る。 ●遠足の疲れが出ていることもあるので、一人ひとりの様子に応じて休息を取れるようにしたり、静かな環境をつくったりして、午後の過ごし方を見守っていく。

反省・評価のポイント
★ 自然の中で、見つけたり触れたりする遊びを存分に楽しむことができたか。
★ グループで一緒に活動する楽しさを感じられるよう援助できたか。

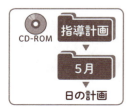

148

6月

今月の保育

互いに思いを伝えながら友達とのつながりを深めていくように

梅雨入りとともに、室内で遊ぶ時間が増える時季です。一日の静と動、緊張と解放を考えた生活や遊びの流れを工夫しましょう。新たな教材や遊びの提示によってじっくり遊び込んだり、考えたり試行錯誤したりしながら友達と遊びを進めていくようになります。常に子どもの興味・関心を捉えながら、友達と一緒に工夫すると楽しいことができるという経験を重ねられるようにしましょう。また、誕生会の出し物として簡単な表現活動をクラスで取り組む課題として提案し、友達と協力して取り組むプロセスを通してつながりが深まっていくように援助していきましょう。

指導計画

6月

保育のポイント

自分の思いを言葉で伝えて、相手の思いに気付くことができる経験を

言葉による伝え合い ／ 道徳性・規範意識の芽生え

友達との遊びの中で意見がぶつかったり、思いをうまく伝えられなかったりするためにトラブルが起こることがあります。自分の思いを友達に言葉で伝えるとともに、友達の話に耳を傾けられるよう促すなどして、いろいろな考えがあることに気付かせ、解決策を考えられるようにしていきましょう。

ヤッホー

友達と試したり工夫したりする楽しさが味わえるように

思考力の芽生え ／ 豊かな感性と表現

空き箱などの廃材、ゴム、磁石、ビー玉、斜面などを組み合わせながらそれぞれの特性を生かした製作物を考えたり、その仕組みを考えたり工夫したりできる遊びを用意しましょう。友達と一緒に試行錯誤しながら取り組む中で、保育者も考えを出していくことで、楽しさを味わえるようにしていきます。

梅雨期の自然に関心をもち、生活を豊かに

健康な心と体 ／ 自然との関わり・生命尊重

雨の滴のきらきらと輝く美しさ、時折見える虹など梅雨期の自然の美しさを発見したり、夏野菜などの栽培物の生長に気付いたりするなどの経験を大切にしていきましょう。また、雨の日には遊戯室でダンスや身体表現、運動遊びやゲームをするなど体を十分に動かす遊びも取り入れましょう。

149

6月の計画

クラス作り

子ども同士が互いに思いを伝え合い、友達と一緒に遊びを進める楽しさを感じられるようにしていく。試したり工夫したりして遊ぶ姿を大切にし、じっくりと取り組めるようにしていきたい。また、梅雨期ならではの自然事象や栽培物の様子に関心をもてるようにし、遊びや活動に取り入れていく。

	前月末の幼児の姿	ねらい	幼児の経験する内容(指導内容)
生活	●小学校交流会に参加し、校庭で伸び伸びと体を動かす楽しさを感じている。 ●誕生会の会場準備や司会など、5歳児としての役割が分かって意欲的に取り組んでいる。	●友達と思いや考えを伝え合いながら、一緒に遊ぶ楽しさを味わう。	●自分の思いや考えを相手に分かるように話したり、相手の話をよく聞いたりしながら、友達と一緒に遊ぶ。 ●相手の思いや考えに気付いて受け止め、遊び方などを工夫する楽しさを感じる。 ●遊びに必要な場や物を友達と一緒につくり、使って遊ぶ。 ●ルールのある遊びを楽しみ、クラスの友達とのつながりを感じる。
興味・関心	●飼育物に関心をもち、観察したり、図鑑を見たりして、気付いたことを友達と伝え合っている。 ●砂山作りや基地ごっこなど、友達と誘い合って遊ぶことを楽しんでいる。	●様々な材料や用具に興味をもって関わり、試したり工夫したりして遊ぶことを楽しむ。	●材料や用具の特性や使い方に興味をもち、試したり工夫したりして遊ぶ。 ●友達から刺激を受けたり、互いに考えを出し合ったりして遊ぶ。
友達や保育者との関わり	●友達との遊びで、思いを十分に言葉で表せなかったり、意見が食い違ったりすることがある。	●梅雨期の自然に関心をもって生活し、遊びや活動に取り入れて楽しむ。	●天気や空の様子など、梅雨期の自然事象に関心をもち、気付いたり発見したりすることを楽しむ。 ●身近な自然物や飼育物、栽培物の様子や生長に関心をもち、観察したり、製作や表現などの活動に取り入れて楽しんだりする。 ●プール遊びの準備をしたり、約束事や身支度の手順などを思い出したりしながら、期待をもつ。 ●約束事を守って、水遊びを楽しむ。

家庭・地域との連携
■友達との葛藤体験や遊びの中での試行錯誤など、子どもたちが日々学んでいることを保育参観やクラス便り、降園時の話などで伝え、共に見守ってもらえるようにする。
■衣服の調節や手洗い・うがいの徹底、虫歯や食中毒の予防などについて、園便りや掲示、口頭で伝え、健康に過ごせるように協力を求めていく。

150

園生活の自立に向けての配慮点

●は健康・食育・安全、
★は長時間にわたる保育への配慮、
♥は保育者間のチームワークについて記載しています。

- ● 雨天時の室内での安全な過ごし方を子どもたちと共に確認していく。
- ● 気温の変化が大きい時季なので、衣服の調節や汗の始末などに自分で気付いて取り組めるようにしていく。
- ★ 蒸し暑い日、プールで遊んだ日など、疲れを考慮して落ち着ける環境を工夫する。
- ♥ 雨天でも体を動かして遊ぶ場を確保できるように、場の使い方や時間を相談する。

要領・指針につながるポイント

★ 自分なりに試す、考える、工夫する

5歳児ならではの教材を考えて用意し、好奇心や探究心をもって自分なりに試したり、考えたり、工夫したりする姿を認めていきます。自分と異なる友達の考えにふれ、自分の思いや考えを伝えるなどのやり取りを繰り返すことで、考える楽しさを実感するようになります。(参考：領域「環境」・「言葉」、「思考力の芽生え」)

環境の構成と保育者の援助

友達と思いを伝え合いながら、一緒に遊ぶ楽しさを味わえるように

- ● 子ども同士が思いを伝え合う姿を見守りながら、それぞれが自分の思いを出せているか、伝えたいことが伝えられているか、相手の話をしっかり聞いているかなどを把握し、様子に応じて援助する。
- ● 互いの思いや考えを取り入れて遊びを進めると、遊びがより楽しくなることに子どもたち自身が気付けるような言葉を掛けていく。
- ● 友達との共通体験（遠足や散歩 など）やクラスで親しんだ絵本、歌などを刺激として取り入れ、遊びに必要な物や場、遊び方などを友達同士で共有しやすいようにしていく。
- ● 誕生会の出し物を考えて行なうなど、クラスみんなの目当てとなる活動を取り入れていく。ペープサートやダンス、楽器遊びなど、遊びで楽しんでいることを生かし、友達と共に取り組む機会をつくっていく。
- ● ルールのある遊びを引き続き取り入れ、友達と一緒に体を動かして遊ぶ楽しさや友達とのつながりを感じられるようにしていく。

様々な材料や用具に興味をもって関わり、試したり工夫したりして遊ぶことを楽しめるように

- ● 輪ゴムや磁石など、材料のもつ特性を生かして遊べる材料を用意する。また、扱い慣れた材料の新しい使い方や新たな用具を提示し、子どもたちが興味をもったり、自分なりに試行錯誤する楽しさを感じたりできるようにしていく。
- ● 遊びに必要な物や場を本物のように作りたいという思いを大切にしていく。一緒に遊んでいる友達同士でアイディアを出せるように促したり、保育者も一緒に材料や作り方を考えたりして、子どもの思いが実現できるようにしていく。

梅雨期の自然に関心をもったり、遊びや活動に取り入れたりしていけるように

- ● 身近な自然について、気付いたことを友達と伝え合っている姿を認めたり、クラス全体に知らせる機会をつくったりしていく。また、見聞きしたことや感じたことを描画や身体表現など、様々な形で表現する機会をつくり、自然への関心がより深まるようにしていく。

指導計画 6月の計画

反省・評価のポイント

- ★ 友達と思いや考えを伝え合いながら、一緒に遊ぶことを楽しんでいたか。
- ★ 様々な材料や用具を使って、試したり工夫したりして遊んでいたか。
- ★ 身近な自然を取り入れて遊んだり活動したりできるような環境の構成が工夫できたか。

6月 1週の計画
6/1(木)～10(土)

今週の予定
- 歯と口の健康週間、時の記念日、入梅

前週の幼児の姿
- 友達と誘い合い、気付いたことや考えたことを伝えながら、砂場での遊びや基地ごっこを楽しんでいる。
- 小学校交流会に参加し、広い校庭で伸び伸びと体を動かすことを楽しんでいる。
- 飼育物や身近な自然に興味をもち、よく見たり、調べたりしている。

ねらい(●)と内容(・)
- ● 友達と様々に体を動かしたり、ルールに沿って一緒に遊んだりすることを楽しむ。
- ● 身近な自然物に興味をもち、気付いたり表現したり発見したりすることを楽しむ。
- ・ ルールのある運動遊びを友達と一緒に進める。
- ・ 固定遊具や縄跳びなどに、友達の刺激を受けながら取り組む。
- ・ 栽培物や植物の生長や変化など、気付いたことを友達と伝え合う。
- ・ 感じたことや気付いたことを自分なりに描画で表現する。

具体的な環境(◆)と保育者の援助(＊)

- ◆ 小学校交流会への参加後も校庭に遊びに行く機会をもてるように連携を図り、広い場所で思い切り走ったり、伸び伸びと体を動かしたりできるようにしていく。
- ◆ 小学生が交流会で使った用具(大玉、低学年のリズムの小道具 など)を借りたり、自園で用意したりして、競技や演技を簡単に再現し、期待や憧れの気持ちをもてるようにする。
- ＊ ルールのある遊びでは、相手の動きをよく見て動いたり、友達とのつながりを感じたりできるように、あまり場が広がらない鬼遊びを取り入れていく。集まって遊ぶことで、友達と一緒に遊んだ満足感を感じられるようにしていく。(靴鬼、ひょうたん鬼 など)
- ＊ クラスや年齢で鬼遊びのルールを共通にしておくことで、互いに教え合ったり、確認したりしやすいようにする。
- ＊ 友達の刺激を受けて、鉄棒や雲てい、はん登棒などの固定遊具や縄跳び、一輪車などに取り組む姿や練習の仕方、コツなどを友達同士で伝え合う姿を認め、励ましていく。
- ＊ 頑張っていることをクラスのみんなに知らせる機会をつくり、友達を応援したり、自分の力を出して取り組む楽しさを感じたりできるようにしていく。

- ＊ 身近な自然物をよく見て、様々な変化に気付く姿を十分に認めていく。保育者も一緒に見たり、友達と伝え合えるようにしたりして、興味・関心がより深まるようにしていく。
- ＊ 園庭やテラスなどに描画の場を設け、自然物を見ながら、色や形を自分なりに表現する楽しさを味わえるようにしていく。
(アジサイの形や色、トマトの色付き、ラディッシュの形、ナスの花と実の色の違い など)
(パス、黒のペン、絵の具、赤・黄・青など絵の具を数色入れたり混色したりできるパレット、スポイトやスプーン など)

トマト、まだみどりのところがある
アジサイのむらさきもいろいろあるね

反省・評価のポイント
- ★ 友達と一緒に様々に体を動かすことやルールのある運動遊びを楽しんでいたか。
- ★ 身近な自然物の生長に気付いたり、表現したりすることを楽しめるような環境が構成できたか。

6月 2週の計画

6/12(月)〜17(土)

今週の予定
● 保育参観、父の日

前週の幼児の姿
● 友達とルールのある遊びや固定遊具へのチャレンジを楽しみ、自分たちでルールを確認したり、教え合ったりして遊んでいる。
● 栽培物や自然物の生長や変化をよく見たり、描画で表したりすることを楽しんでいる。

● 互いの思いや考えを受け止め、遊びに取り入れて楽しむ。
● 活動の目当てが分かり、友達と一緒に取り組むことを楽しむ。
・自分の思いを分かりやすく伝えたり、相手の話をよく聞いたりしながら遊ぶ。
・相手の考えやアイディアに気付き、自分の遊びに取り入れたり、遊び方を工夫したりする。
・誕生会の出し物について、内容を話したり、友達と一緒に必要な準備をしたりする。

◆ 友達との遊びのきっかけとなるような絵本や歌などにクラスみんなで親しむ機会をもつ。
（📖：『わんぱくだん』シリーズ、『たんたのたんけん』『たんたのたんてい』『くすのきだんち』シリーズ など、♪：『バナナのおやこ』『五匹の蛙』など）

◆ 探検の道や山、海など、遊びに応じて場が作れるように、巧技台や大型積み木、つい立て、シートなどを自分たちで扱えるようにしておく。様子に応じて、保育者も手伝い、「山の頂上から何か見えそう」「海には生き物がいるのかな」など、場のイメージが膨らんだり、遊び方を思い付いたりするような言葉を掛けていく。

＊ 一緒に遊んでいるメンバーを意識できるように、「この家には何人で住んでいるの？」「あら？　誰か出掛けるみたいね」などと、タイミングを見て声を掛けていく。メンバー同士、互いの言動に気付けるようにしていく。

＊ 入った遊びからすぐに抜けたり、遊びを転々としたりする姿が見られるときは、子ども同士で抜ける理由を聞いたり、遊びに加わる際に遊び方を確認してから入ったりするように促す。遊びを抜ける理由には、「思いを聞いてもらえない」「遊び方が分からない」など、友達関係や遊びの課題が見えることが多いので、丁寧に関わっていく。

＊ 互いの考えやアイディアを受け止め、遊び方や物、場に生かしている姿を認めていく。「二人の考えが合わさっているのね」「みんなが賛成してくれてよかったね」などと必要に応じて保育者が具体的に言葉に表し、思いを伝え合い、受け止め合って遊ぶ楽しさを実感できるようにする。

＊ 誕生会の出し物は、遊びで楽しんでいたり、子どもから提案があったものを遊びに取り入れたりして、無理なく取り組んでいけるようにする。子どもの思いを引き出しながら、製作の作業を分担したり、当日の動き方を考えたりして、みんなで協力して取り組む楽しさを感じられるようにする。（ペープサート、スリーヒントクイズ、合奏 など）

反省・評価のポイント
★ 活動の目当てが分かり、意欲をもって、友達と活動に取り組んでいたか。
★ 互いに思いを伝え合い、受け止められるように援助ができたか。

指導計画
6月1・2週の計画

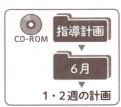
CD-ROM 指導計画 ▼ 6月 ▼ 1・2週の計画

3 6月 3週の計画
6/19(月)〜24(土)

今週の予定
● 避難訓練、誕生会、身体計測

前週の幼児の姿
● 互いの考えやアイディアを伝え合ったり、受け止めたりして、遊びを進めることを楽しんでいる。
● 誕生会の出し物に意欲や期待をもちながら、準備を進めている。

ねらい(●)と内容(・)

● 様々な材料や用具の特性や使い方に興味をもち、試したり工夫したりする楽しさを感じる。
● 梅雨期の自然に関心をもったり、遊びや活動に取り入れて楽しんだりする。
・ 様々な材料や用具を選んで使い、繰り返し試したり、工夫したりして遊ぶ。
・ 材料の特性や使い方について、気付いたことを友達と伝え合って遊ぶ。
・ 雨や風、空、滴、植物の生長など、梅雨期の自然をよく見たり、調べたり、自分なりに表現したりする。

具体的な環境(◆)と保育者の援助(＊)

◆ これまで使っていた材料に加え、特性を生かして遊べる物や身近な材料の新たな使い方などを遊びの様子に応じて提示し、子どもたちが自由に使えるように置いておく。
（特性を生かして…輪ゴム、磁石、割りピン、ビー玉、木工材料、ピンポン玉 など）
（新たな使い方で…色画用紙：円すいにする、折って立てる、組む　曲がるストロー：つなげる など）

＊ 遊びの様子に応じて、新たな用具の扱い方を知らせ、安全に気を付けて扱えるようにする。（金づち、カッターナイフ、目打ち など）

＊ 自分の作りたい物に応じて材料を選んだり、工夫したりしている姿を認め、必要に応じて、一緒に材料を探したり、仕掛けや作り方を考えたりしていく。

◆ 仕掛けや作り方のヒントになるような本などを、子どもが自分で見られるように置いておく。

＊ 雨や風、滴の様子などに子どもと一緒に目を留め、感じたことや気付いたことに共感したり、不思議に思ったことを調べたりしていく。また、雨や滴を集めて遊べるような材料を用意し、自然事象を取り入れて遊ぶ楽しさを感じられるようにしていく。
（カップ、パック、絵の具、プラスチックの板 など）

＊ 室内でのゲームや身体表現など、クラスのつながりを感じながら、自分の思いや動きを出して楽しめるようにしていく。
（ゲーム：なんでもバスケット、イス取りゲーム、木の中のリス、王様ジャンケン、無人島ゲーム、だるまさんが転んだ など）
（身体表現の題材：雨、風、植物、虫、生き物、遠足 など）

＊ 誕生会が終わった後、出し物について、それぞれの感想をクラスみんなで聞き合う時間を設け、友達と一緒に取り組んだことや誕生会に参加した人が楽しんで見てくれたことを共に喜び、満足感を味わえるようにしていく。

反省・評価のポイント

★ 様々な材料や用具に興味をもち、試したり工夫したりして遊ぶことを楽しんでいたか。
★ 梅雨期の自然を取り入れた遊びや活動の援助や環境の構成を工夫できたか。

6月 4週の計画
6/26(月)～30(金)

今週の予定
● プール開き

前週の幼児の姿
- 様々な材料や用具を使って、試したり工夫したりしながら遊ぶ楽しさを感じている。
- 室内でのゲームや雨の多い時季ならではの遊びを楽しんでいる。
- 誕生会の出し物をやり遂げ、満足感を味わっている。

- ● プール開きに向けて、自分たちで準備をしたり、必要なことを思い出したりして期待をもつ。
- ● 友達に刺激を受けて、試したり工夫したりしながら遊ぶことを楽しむ。
- ・ プール開きがあることを知り、5歳児としての役割に気付いて掃除や遊具の用意などを行なう。
- ・ 身支度の手順や約束事を思い出し、守って、プール遊びを楽しむ。
- ・ 七夕の由来を知り、工夫しながら飾りを作ったり、願い事を考えたりして雰囲気を楽しむ。

- ◆ プール遊びが始まることを知らせ、楽しみにするとともに、昨年の5歳児の姿を思い出しながら、必要な準備に気付けるようにしていく。
- ◆ 子どもがプールやプールサイドを掃除しやすいような用具を準備したり、手順を考えたりしておく。
  （短めのデッキブラシやほうき、バケツ、スポンジ、雑巾 など）
- ＊ 身支度の手順や約束事を思い出したり、確認したりしながら、安全に気を付けてプール遊びを楽しめるようにする。
- ◆ 気温や水温が低く、プールに入れない日も多いので、水を使って試したり工夫したりできる遊びも取り入れて、楽しめるようにしていく。
  （シャボン玉作り、水路作り、舟作り、絵の具やフィンガーペイント など）
- ◆ 七夕の由来について知り、興味をもったり楽しみにしたりできるように、紙芝居や絵本、歌などを取り入れる。
  （📖：『たなばた』『10ぴきのかえるのたなばたまつり』）
- ◆ 子どもたちの発想を生かしたり、新たな材料や技法を取り入れたりしながら飾りや短冊を作れるようにしていく。手順通りに作るだけでなく、それぞれが自由に作れる部分を設け、考えたり工夫したりする楽しさを感じられるようにしていく。

（材料：でんぐり、キラキラテープ、スズランテープ、オーロラシート、和紙、千代紙 など）
（新たな技法で…ハサミ：天の川や、ちょうちん など
絵の具：染め紙、マーブリング、吹き絵、転がし絵 など）

- ＊ 友達の作っている物や言動に気付いて取り入れている姿を認めたり、必要に応じて、友達の姿に目が向くような言葉を掛けたりし、子ども同士でアイディアを伝え合ったり工夫し合ったりできるようにしていく。
- ＊ パーツを組み合わせて作る飾りがあることを知らせ、遊びの中で取り組めるようにしていく。友達と教え合ったり、一緒に作ったりする楽しさを感じられるようにする。

反省・評価のポイント
- ★ 自分たちで準備をしたり、約束や手順を思い出して守ったりして、プール開きやプール遊びに楽しく参加できたか。
- ★ 友達同士で刺激を受け合えるような教材の準備などの環境の構成、援助ができたか。

6月 日の計画
6/19（月）

ねらい	・友達と思いを伝え合い、相手の思いを受け止めて遊ぶことを楽しむ。 ・新たな材料の特性や使い方に興味をもち、試したり工夫したりして遊ぶ楽しさを感じる。
内容	・自分の思いを分かりやすく伝えたり、相手の話を聞いたりしながら遊ぶ。 ・互いの思いを受け止め、取り入れて遊ぶ楽しさを感じる。 ・材料の特性に気付いたり、友達の刺激を受けたりしながら、試したり工夫したりする。

指導計画 6月 日の計画

	環境を構成するポイント	予想される幼児の活動	保育者の援助
登園〜14時頃	・前週に引き続き、大型積み木や巧技台などの場が広がる場合は、安全面や動線を考えて、場を整理していく。 ・積み木の高さや組み方などについて、子ども自身が安全を意識して動けるように声を掛けていく。 ・遊びに必要な物を作る際、様子に応じて、新たな材料（輪ゴムや磁石など）を提示し、材料の特性を生かして遊ぶことを楽しめるようにしていく。 ・一輪車の活動のスペースにラインを引いたり、目印を付けたりして、どこまで乗りたいか、自分なりの目当てをもてるようにする。 ・様々な戸外での遊びが展開される場合には、他の年齢との兼ね合いも考えながら、それぞれの遊びのスペースを確保する。	・登園する。 ・持ち物の始末をする。 ・手洗い、うがいをする。 ・好きな遊びをする。 　（室内：大型積み木や巧技台の構成、探検ごっこ、基地ごっこ、製作（輪ゴムや磁石を活用）　など 　戸外：固定遊具へのチャレンジ、縄跳び、一輪車、靴鬼、助け鬼、自然物の描画　など） ・片付けをする。 ・集まる。 ・ゲーム『なんでもバスケット』をする。 ・昼食を食べる。 ・当番活動、好きな遊びをする。 ・片付けをする。 ・集まる。 ・当番の交代をする、翌日の予定を確認する。 ・降園する。	・輪ゴムや磁石の特性に気付いたり、失敗しても繰り返して試したりしている姿を認め他児にも伝えていく。 ・思いや考えが食い違ってトラブルになった際には、どこがどう違うのかを互いに理解できるようにしていく。その上で、「じゃあ、どうする？」など、解決に向かう言葉に気付けるようにし、他のメンバーと一緒に考えを出して遊びを進められるようにする。 ・『なんでもバスケット』では、目に見えること以外にも、「朝ごはんがパンだった人」など家庭での様子も言えることに気付けるようにしていく。言葉のバリエーションを増やし、クラス全体での遊びがより楽しくなるようにする。
14時頃〜降園	・休息の時間には、横になって体を休められるスペースや、塗り絵やパズル、ビーズ遊びなど、静かに遊べるスペースをつくる。 ・場をつくって遊ぶ楽しさが味わえるように、つい立てやパーテーション、小さなテーブルなど、場づくりに使える物を用意しておく。	・休息を取ったり、静かな遊びをしたりする。 ・おやつを食べる。 ・好きな遊びをする。 　（製作、小さいブロック、ごっこ遊び、板状の積み木、戸外で鬼遊び　など） ・片付けをする。 ・降園準備をし、降園する。	・雨の日には、室内で楽しめる遊具を増やし、落ち着いて遊べるようにしていく。 ・午前中の遊びの様子を聞きながら、場づくりや製作など、この時間に使える物で楽しめるように子どもと一緒に考えていく。

反省・評価のポイント
★ 友達と互いに思いを伝え合いながら、遊んでいたか。
★ 新たな材料の特性や使い方に興味をもてるような提示の仕方、環境の構成ができたか。

7月

今月の保育

友達と一緒に試したり挑戦したりし、夏の遊びを存分に楽しめるように

全身を使って、自分なりの目当てをもって、挑戦したり試したりして遊ぶようになってきます。プール遊びでは、友達のしていることに刺激を受けて自分の目当てをもち、繰り返し取り組んだり挑戦したりする姿を支え、自信をもって行動できるように安全に留意して行いましょう。また、身近に起こる出来事や事象に関心をもち、様々な素材や材料、道具の特徴や仕組みに気付く姿も見られます。生活や遊びの中で試行錯誤して遊ぶ体験を通して、数量や図形、長短などに関心をもち、工夫したり考えたりする機会をつくりましょう。

保育のポイント

友達と一緒に活動し、互いの良さに気付けるように

〔協同性〕〔言葉による伝え合い〕

友達に刺激を受けて一緒にやってみたり、応援したり、できるようになったことを喜び合ったりする姿が見られます。遊びの中で自分の思いを伝え、相手の話をよく聞いて、互いの良さや考えに気付く機会をつくっていきましょう。

考えたり試したりして工夫して遊ぶ楽しさを味わえるように

〔思考力の芽生え〕〔数量や図形、標識や文字などへの関心・感覚〕

ダム作りや色水、シャボン玉など、砂場やテラス、園庭などで、じっくり遊べるような環境を工夫し、考えたり試したりして量、数、形、長短に気付き興味が広がるようにしましょう。保育室では、これまで経験した材料や用具などを子どもが必要に応じて選んで使い、考えたり工夫したりして作って遊ぶ楽しさを味わえるようにしましょう。

暑さを感じ、健康で安全な生活の仕方を身につけていけるように

〔健康な心と体〕〔自然との関わり・生命尊重〕

暑い日が続くので、日陰で過ごす、水分を補給するなど、子ども自身が健康で安全な生活に必要な行動を考えて身につけていけるように、機会を捉えて子どもと一緒に環境をつくっていきましょう。身近な飼育・栽培物の世話を通して、生態や変化をよく見て、その特徴に気付いたり、必要な世話の仕方を考えたりする機会も重要です。

7月の計画

クラス作り

夏の暑さを感じつつ、健康で安全な生活の仕方が分かり、自分で行なえるようにしたい。プール遊びでは、自分なりの目当てをもって繰り返し取り組む姿を認め自信につなげたい。様々な材料や用具を使い工夫したり試したりするおもしろさを感じ、友達と思いや考えを伝え合い遊ぶ楽しさを味わえるようにしたい。

前月末の幼児の姿	ねらい	幼児の経験する内容（指導内容）
●プール遊びの準備、約束事が分かり、守りながら取り組んでいる。 ●クラスで育てている栽培物に興味をもち、変化を友達と伝え合ったり、絵に描いたりして収穫を楽しみにしている。 ●様々な材料や用具を使い、試したり工夫したりして遊ぶことを楽しんでいる。 ●ルールのある遊びやふれあい遊びでクラスの友達とのつながりを感じている。 ●遊びの中で友達の思いや考えに気付いて取り入れながら一緒に遊ぶことを楽しんでいる。	●夏の生活の仕方が分かり、健康に気を付けて過ごそうとする。 ●自分なりの目当てをもって試したり、工夫したりして遊ぶ楽しさを味わう。 ●自分の思いや考えを伝えたり、相手の話を聞いたりしながら、友達と一緒に遊びを進めていく。 ●夏の自然の変化や飼育物や、栽培物の生長に興味をもって関わり、関心を深める。	●夏の生活の仕方が分かり、水分補給や汗の始末を自分で気付いて行なう。 ●水遊びやプール遊びに向けての手順が分かり、自分から行なう。 ●プール遊びを安全に楽しむための約束事が分かり気付いて行なう。 ●自分なりの目当てをもちプール遊びや水遊びを楽しむ。 ●様々な材料や用具を使って、試したり、工夫したりしながら遊ぶ。 ●友達のしていることに刺激を受け、自分の遊びに取り入れる。 ●思いや考えを伝え合う中で、相手との違いに気付き、互いの良さを感じる。 ●クラスの活動に意欲的に取り組み、友達とのつながりを感じる。 ●イメージを伝え合い、互いに共有しながら遊びを進めていこうとする。 ●身近な飼育物や栽培物の世話を通して、生長の変化や特徴に気付く。 ●野菜の生長に関心をもち、収穫を喜び味わう。 ●雷、入道雲、星など、自然への関心を深め、話を聞いたり、疑問に感じたことを調べたりする。

列項目（縦書き）：生活／興味・関心／友達や保育者との関わり

家庭・地域との連携

- プールや水遊びに必要な物（水着、タオル、着替え など）を家庭でも自分で用意できるように、家庭と連携していく。
- 夏休み中の過ごし方（生活リズム、交通安全）について手紙を配布し、健康で安全な生活の仕方について保護者と共有していく。
- 収穫物や飼育物を保護者の目にも留まる場所に置いたり、生長の様子を知らせたりしてクラスでの取り組みを伝え、家庭でも話題にできるようにしていく。

園生活の自立に向けての配慮点

●は健康・食育・安全、
★は長時間にわたる保育への配慮、
♥は保育者間のチームワークについて記載しています。

- ● クラスで栽培したインゲンやキュウリの収穫をしてみんなで味わう。
- ● プール遊びでの危険について子どもたちと話し、約束の大切さに気付いて行動できるようにする。
- ★ プールの後は休息を取るため落ち着いて過ごせるように、ゴザを敷いたり、カードゲームやブロックなどを用意したりする。
- ♥ 活動の時間の見通しをもって遊びや生活ができるように、担任間で連携していく。

要領・指針につながるポイント

★ 夏の生活の仕方に自分で気付いていく

猛暑の季節を迎え、水分補給や休息をとる、汗をかいたら着替える、日陰で遊ぶなど、しなければならないことを自分で気付いて行ない、自分の体を大切にしようとする気持ちをもつように働きかけます。また、水遊びやプール遊びでは、安全に十分留意する体制をとります。（参考：領域「健康」、「自立心」）

環境の構成と保育者の援助

夏を健康で安全に過ごせるように

- ● 水分補給のできる場所や日陰をつくり、自分から気が付いて休息や水分補給ができるよう意識づけていく。
- ● 体を十分ほぐしてからプールに入るようにする。
- ● プールや水遊びの準備を自分から行なえるようにして水着に着替える手順や方法を確認していく。
- ● プール遊びの中で安全に気を付けている姿を認め、友達同士で声を掛け合い安全に気を付けられるよう見守る。

自分なりの目当てをもって楽しめるように

- ● プール遊びではそれぞれの様子を把握し、目当てをもって取り組む姿を認めて、自信につなげていく。
- ● 水遊びや製作では様々な材料、用具や作った物を試せる機会をつくり、工夫して作る楽しさを味わえるようにする。
- ● 友達の姿に刺激を受け、自分なりに工夫したり試したりできるように、友達の遊びの姿や頑張っていることを話題にしていく。
- ● 数量や形、長短に気付けるように、多様な容器を用意し、進んで試したり挑戦したりする姿を認め自信につなげていく。

互いに思いや考えを伝え合いながら遊びを進めていけるように

- ● 自分の経験や友達との共通経験をもとに、思いや考えを伝え合いながら遊びを進めていけるように必要な場や用具などを用意する。
- ● 保育者も遊びに参加しながら、必要な物に気付けるようにしたり、時には、楽しさを味わえるようなアイディアを提案していく。
- ● 思いのぶつかり合いや、うまくいかないときのトラブルがあったときには、子どもたち同士でどのようにしたらいいかを考える場や時間をもつようにしていく。
- ● 友達の良さに気付けるように、頑張っていることや良いところを保育者が言葉に表していく。

夏の身近な自然に興味をもって関われるように

- ● 夏の自然事象について気付いたことを伝え合ったり調べたりして、興味を広げられるようにする。
- ● 収穫した喜びを感じ、収穫物に対して関心が深まるように、日々収穫した物を並べて数えたり比べたりして、発見や子ども同士の伝え合いにつなげていく。

指導計画 ▼ 7月の計画

反省・評価のポイント

- ★ 自分なりに目当てをもって生活したり、十分に試したり挑戦したりしていたか。
- ★ 友達と思いや考えを伝え合い、遊びが広がっていくことを感じながら遊びを進めていたか。
- ★ 身近な自然に親しみ、生長や変化、特徴に気付けるような援助の工夫ができていたか。

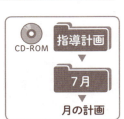

159

7月 1週の計画
7/1(土)〜8(土)

今週の予定
● 七夕集会、プラネタリウム見学

前週の幼児の姿
● 晴れて気温が上がった日にはプールに入れることが分かり、期待している。
● プールの準備を、思い出しながら友達と確認し合って行なっている。
● 七夕の短冊を作ったり、願い事を考えたりする中で、星や宇宙に興味をもち始めている。

ねらい(●)と内容(・)

● 夏を健康に過ごすために必要なことが分かり、自分で進んで行なおうとする。
● 七夕や星に興味をもち、遊びに取り入れ関心を深める。
・ 自分の体に関心をもち、プールの後の始末を丁寧に行なったり、日陰を選んで遊んだりする。
・ 友達と一緒に全身を使って水遊びやプール遊びを楽しむ。
・ 七夕集会に参加し、友達と一緒に歌をうたったり、楽器を鳴らしたりして集会を楽しむ。
・ プラネタリウム見学を楽しみ、星や宇宙について自分で調べたり、遊びに取り入れたりする。

具体的な環境(◆)と保育者の援助(＊)

◆ 涼しい場所を選んで遊べるように遮光ネットやパラソル、テントなどを設置する。
◆ 自分から気付いて水分補給をしたり、汗の始末をしたりできるように機会を捉えて、子どもと一緒に環境を整える。
＊ プール遊びの身支度や流れが分かって行動できるようにクラス全体で確認し、丁寧に行なえるように衣類の畳み方や着替えの手順などを見守る。
◆ 机やイスを使って着替えを行ない、自分のスペースで衣類の管理ができるようにする。
◆ パーテーションや、カーテン、ラップタオルを使用するなど、外部から着脱の様子が見えないようにする。

＊ 準備体操は、十分に手足や筋を伸ばせるように、ポイントを伝える。
＊ 準備体操やシャワーや消毒の必要性を伝え、安全で衛生的にプール遊びが楽しめるようにする。

＊ 個々の様子を把握し、遊びの提案をしながら、十分に安全に配慮する。
（もぐりっこ、ワニ歩き、輪くぐり、水流を起こしたプール、洗濯機ごっこ、引っ越しゲーム など）
◆ 公共の場に出掛ける際は、公共のマナーを守って行動できるように、気持ち良く過ごすために必要なことを子どもと一緒に考える場をもつ。
◆ 好きな遊びの時間に七夕飾りを製作できるように様々な素材を製作ワゴンに用意する。
（キラキラテープ、カラーセロハン、こより、和紙、オーロラシート など）
◆ 友達と一緒にリズムや音を合わせる心地良さが味わえるように、クラスみんなで合奏する機会を設ける。
（♪:『きらきら星』など）
＊ 集会で聞く人を意識してできるように、歌や合奏で声や音が合う心地良さに共感する。
＊ 星や宇宙に期待がもてるように、絵本や図鑑を用意し、興味をもった子どもから、遊びが展開できるように場や素材を提供する。
◆ 季節の絵本や歌を取り入れ、夏ならではの楽しさが味わえるようにする。
（♪:『夏がくるくる夏がくる』『南の島のハメハメハ大王』
📖:『なつのいけ』『ゆうれいとすいか』）

反省・評価のポイント

★ 七夕や星に興味をもち、関心を深めていたか。
★ 夏を健康に過ごすために必要なことが分かり、自分で行なえる援助ができていたか。

7月 2週の計画
7/10(月)〜15(土)

今週の予定

前週の幼児の姿
- プールの身支度の手順が分かり、自分たちで進めている。
- 星やプラネタリウムに興味をもち、遊びに取り入れようとしている。
- 七夕集会に向けて、七夕飾りをしたり、合奏をしたりして準備を進めている。
- 夏野菜の収穫に期待し、水やりや世話を楽しんでいる。

- 友達と一緒に試したり、工夫したりしながら楽しむ。
- 自分の思いや考えを伝え、相手の思いにも気付いて遊びを進める。
- 水やりをした野菜の収穫に期待をもつ。
- 水の特性を生かし、自分なりの目当てをもって水遊びをする。
- 友達の良いところに気付いて考えたり、試したり、工夫したりして遊ぶ。
- 自分たちで育てた野菜を収穫し、形や数を調べたり味わって食べたりする。

- ◆ 個人差に応じて遊びが充実するように、自分なりの目当てをもって水遊びができる場とじっくりと水に親しめる場を分ける。
- ＊ 友達の遊び方や泳ぎ方を知らせ、友達の工夫や良いところに気付いて遊びに取り入れられるようにする。
- ◆ ダム作り、シャボン玉など、様々な水遊びを試したり、工夫したりして楽しめるように必要な道具や材料を用意する。
  （シャボン玉：固形せっけん、おろし金、針金、毛糸、タライ
  ダム作り：スコップ、じょうろ、バケツ、筒、とい、ビールケース
  その他の水遊び：透明なホース、雨どい、じょうご、ペットボトル、水鉄砲、スーパーボール、的）
- ＊ どうすればきれいなシャボン玉ができるか、水がうまく流れるか、角度や高低差を付けるなど何度も試したり工夫したりする姿を見守り、気付きや発見を伝え合えるようにする。
- ◆ 考えたことや経験したことを遊びに取り入れられるように、必要なものを用意する。
  （プラネタリウムごっこ・宇宙船ごっこ：段ボール箱、段ボールカッター、カラーセロハン、目打ち、懐中電灯、OHP など）
- ＊ 新しい教材や用具を使うときは、安全に使うための約束事を確認し、意識して遊べるようにする。
- ◆ 継続して遊びが楽しめるように、製作途中の作品を置く場を設ける。
- ＊ 遊びを進めていく中で互いのイメージが合わず葛藤しているときは、それぞれの思いを伝え合いながら、一緒に解決方法を考えていく。
- ◆ 収穫した野菜の数や大きさに興味がもてるように、野菜カレンダーを用意し、収穫した分の色を塗ったり、シールを貼ったりできるようにする。
- ＊ 野菜がたくさん収穫できたときは年下のクラスにも知らせ、分けて一緒に味わえるようにする。
- ◆ 七夕集会の後も、楽器を自由に鳴らしたり、リズム打ちをしたりして楽器遊びが楽しめるように子どもが取り出しやすい場所に用意し、リズムが分かる表を掲示する。
  （鈴、ハンドベル、タンブリン、カスタネット、トライアングル、CDプレイヤー）

反省・評価のポイント
- ★ 試したり、工夫したりしながら友達と一緒に楽しめていたか。
- ★ 世話をした野菜の生長や収穫数などに関心をもてる援助ができていたか。

7月 3週の計画
7/17(月)～22(土)

今週の予定
- 海の日、身体計測、避難訓練、誕生会、終業式

前週の幼児の姿
- 水に親しみ、友達と一緒にプールや水遊びを思い切り楽しんでいる。
- といやホースなど様々な用具を使い、試したり工夫したりしながら遊んでいる。
- 野菜の収穫を喜び、生長を楽しみにして見守ったり世話をしたりしている。

ねらい(●)と内容(・)
- ● 自分なりの目当てをもってプールなどの水遊びを楽しむ。
- ● いろいろな材料や用具を使って、試したり工夫したりするおもしろさを味わう。
- ● 飼育物に興味や親しみをもって関わる。
- ・ 水に潜ったり、浮いたり、泳いだりして挑戦することを楽しむ。
- ・ 友達の考えを取り入れて、工夫したり試したりしながら舟作りなどをする。
- ・ カブトムシの世話を丁寧にしたり、観察したりして特徴に気付く。

具体的な環境(◆)と保育者の援助(＊)

- ◆ プールでは、遊びを工夫したり挑戦したりできるような様々な遊具を用意する。
  （フープ、ビート板、浮き輪、宝探しの宝 など）
- ＊ 顔をつけたり水に潜ったりするなど、自分なりの目当てをもって取り組もうとする姿を認め安全に留意しながら自信につなげていく。
- ＊ 友達の良さに気付けるように、頑張っていることや工夫していることを保育者が言葉にしていく。
- ◆ 舟作りでは、水に浮くことや動くことの仕組みや性質に気付いて、試したり工夫したりできるように、いろいろな素材を用意する。
  （牛乳パック、発泡トレイ、ペットボトル、空き箱、風船、輪ゴム、紙皿、ストロー など）
- ◆ タライやビニールプール、修理場所を用意して、作った舟を水に浮かべ、試したり速さや距離を友達と競って遊んだりできるようにする。
- ◆ 友達の姿に刺激を受けて、自分なりに遊びを工夫していけるように、舟作りで工夫したことを話題にしたり、友達の工夫を聞ける機会をつくったりする。
- ＊ 一人ひとりが試したり挑戦したりしている姿を見て、頑張っていることに共感したり、変化してきた部分を伝えて目当てをもって取り組む姿を応援する。
- ◆ カブトムシの成虫が増えてきたら、飼育箱の数を増やす。
- ＊ 飼育物の世話の仕方について話題にし、触り方や霧吹きの仕方など、自分たちが経験したことや気付いたことを出し合いながら、大切に扱うことや継続して世話をしていくことの大切さを伝えていく。
- ◆ 生き物の生態や変化に興味をもったり、扱い方について知ったりできるような絵本を取り入れる。
  （📖：『むし』『いきもののかいかた』）
- ◆ 夏休み前には、身の回りの整理整頓や掃除ができるように、大きめの袋や掃除用具を用意する。

反省・評価のポイント
- ★ 舟作りを楽しむ中で、自分なりに工夫したり試したりすることのおもしろさを味わえていたか。
- ★ 飼育物に親しみをもち、大切にする気持ちをもてるような援助ができていたか。

7月 4週の計画
7/24(月)〜31(月)

今週の予定

前週の幼児の姿
- プールで顔を水につけたり潜ったりなど、自分なりに目当てをもって楽しんでいる。
- 工夫したり試したりしながら、舟を作り、友達と競い合って楽しんでいる。
- カブトムシの様子に関心をもち、成虫になったことを喜んで観察したり、丁寧に世話をしたりしている。

- ● 友達のしていることに関心をもって関わり、つながりを感じる。
- ● 経験したことをもとに思いや考えを伝え合って遊びを進める。
- ● 身近な自然事象に興味をもち、友達と一緒に見たり考えたりする。
- ・ 友達と一緒に挑戦してみたり、応援したり、できるようになったことを喜び合ったりする。
- ・ 友達と互いのイメージを伝え合いながら縁日ごっこなどで遊ぶ。
- ・ 様々な材料や用具を自分なりに工夫して使い、遊びに必要な物を作る。
- ・ 入道雲や夕立などの自然事象について友達と一緒に考えを伝え合う。

- ◆ プールでは、宝探し（水中のスーパーボールを探す）などの遊びを取り入れ、みんなで楽しめる機会をつくる。
- ◆ 一人ひとりがやりたいことに取り組んだり挑戦したりできるように、安全に留意しつつグループに分かれ、少人数でプールに入れる時間を確保する。
- ◆ 暑さが増してくるので、休憩を入れたりこまめに水分補給ができるようにしたりする。
- ＊ 目当てをもって取り組む姿を認め、数や量、長短を比べたりやり方やこつを友達同士で伝えたり応援し合ったりできるように、仲立ちをしていく。
- ＊ 地域で体験したことをもとに、縁日ごっこでは、それぞれがやりたいことを出し合う姿を見守り大切にしていく。
- ＊ 互いの考えの違いに気付けるように整理して伝え、仲間と話し合い、どうしたらよいかを考える姿を支えていく。
- ◆ 縁日ごっこに必要な材料や用具を子どもと一緒に考え用意する。
（太鼓：段ボール箱、ラップの芯、鉢巻き、クラフトテープ
的当て：ボール、模造紙、段ボール箱、フェルトペン、のり
綿あめ屋：綿、割り箸、ビニール袋、フェルトペン など）
- ◆ 作った物で繰り返し遊ぶ姿を見守り、遊びの様子を見ながら、スペースを広げたり場を移動したりする。

- ＊ 遊びの仕掛けを一緒に考えたり、アイディアを提案したりしてイメージを実現できるように支えていく。
- ＊ 子どもの気付きや疑問、発見などに共感し、一緒に調べたり話題にしたりして他の子どもと共有できるようにしていく。
- ＊ 友達と虹を見て「きれいだね」「なんであんないろになるの？」と思ったことを言ったり、不思議さや美しさに共感したりする姿を大切にし、夏の自然について関心が深まるようにする。
- ＊ 夏の自然の美しさやおもしろさなど、曲想をイメージし、季節を感じて歌うことを楽しめるようにする。
（♪：『うみ』『にじ』『アイスクリームのうた』）

反省・評価のポイント
★ 自然事象を見たり、思ったことや考えたことを友達と伝え合ったりして関心を深められていたか。
★ 思いや考えを伝え合って遊びを進め、つながりを感じ継続して楽しんでいけるような援助ができていたか。

指導計画
7月3・4週の計画

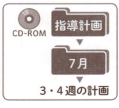

7月 日の計画
7/11（火）

ねらい
●互いの思いや考えを伝え合いながら友達と一緒に遊びを進める。
●自分なりに試したり工夫したりして遊ぶことを楽しむ。

内容
●自分の思いや考えを伝えたり、相手の話を聞いたりして遊ぶ。
●いろいろな用具を使い工夫して作ったり、試しながら遊んだりする。

環境を構成するポイント	予想される幼児の活動	保育者の援助
●前日から続いている遊びは、引き続き朝から取り組むことができるようにしておく。 ●プラネタリウムごっこは参加者の数に応じて、広い場所に移るなどして場の保障をし、子どもと一緒に必要な物を用意する。 （カラーセロハン、懐中電灯、OHP） ●色水やシャボン玉では、前日に作った物や使用した物を残しておき、自分なりに試してみようとする気持ちを高めていく。 ●楽器は室内に置いておき、友達と音を合わせてみることができるようにしておく。 （タンブリン、ハンドベル、トライアングル、鈴、カスタネット） ●プール遊びの身支度を自分たちで行なえるように、片付けと場の整理をしていく。 ●プール遊びが苦手な子どもも、水に触れて遊ぶことを十分に楽しめるように、水遊びができる場を用意する。 ●プール後、午後はじっくりと遊べるようにゴザを敷いたり、机上の遊びを用意したりしておく。	●登園する。 ・所持品の始末や身支度をする。 ●飼育物や栽培物の世話を行なう。 ●園庭や室内で好きな遊びをする。 　（園庭：ダム作り、色水、シャボン玉 　 室内：プラネタリウムごっこ、 　　　　舟作り、楽器遊び） ●片付けをする。 ●プールの身支度を行なう。 ●体操をする。 ●プール遊び…水流作り、洗濯ごっこをして水に慣れ友達とふれあう ●水遊び…水鉄砲の的当て、ホースやといを使った、水流作り など ●片付け、着替えをする。 ●昼食をとる。 ●横になり体を休める。 ●おやつを食べる。 ●明日の活動や当番の確認を行なう。 ●好きな遊びをする。 　（製作、小さいブロック、ままごと遊び、カードゲーム、積み木） ●降園する。	●一人ひとりと挨拶を交わし、健康観察をする。 ●栽培物や飼育物の変化への気付きに共感し、友達同士の伝え合いを大切にしていく。 ●色、形の違いや浮き方など自分なりに工夫したり試したりしている姿を見守り「ここがおもしろいね」など、工夫を認めるような言葉を掛けていく。 ●思いの違いからトラブルがあったときは様子を見守り、必要に応じて互いの思いを聞いて一緒に解決方法を考えていく。 ●プラネタリウムごっこでは、子ども同士の思いの伝え合いを見守りながら必要な材料を一緒に用意したり、仕掛けの提案をしたりする。 ●体操では、安全にプール遊びを楽しむために体をよくほぐすことを伝えていく。 ●プール遊びでは、水に触れる喜びを感じ、友達と一緒に楽しさを共感できるような遊びを取り入れていく。 ●友達がしていることを周りの子どもに伝え、試したり工夫したりする気持ちが高まるようしていく。

反省・評価のポイント
★ 自分なりに試したり工夫したりして遊ぶ楽しさを味わっていたか。
★ 互いの思いや考えを伝え合いながら遊ぶ姿を見守り、援助できたか。

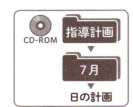

今月の保育

夏ならではの遊びや生活をじっくりと楽しめるように

プール遊びや製作などの経験を通して、友達と一緒に存分に体を使って遊ぶ楽しさや、試したり工夫したりして遊ぶ楽しさを味わうようになってきています。また、互いに刺激し合い、思いを伝えたり喜び合ったりして、自信をもって行動するようにもなってきています。このような落ち着いた園生活を大切にしながら、地域の施設に出掛ける、祭りに参加するなど、体験の広がりとつながりを考慮して指導計画を工夫していきましょう。また、夏野菜や季節の食材を保育に取り入れるなど、夏ならではの体験を楽しめるようにしましょう。

指導計画　8月

保育のポイント

夏の健康に必要な習慣や態度を身につけるように

[健康な心と体] [自立心]

　猛暑が続くと疲れも出てきます。プール遊びや地域に出掛ける活動では、体力も消耗します。熱中症にならないように水分補給する、休息する、着替えるなど、子どもが自分の体に関心をもち、必要性を感じて自分から行なうように、機会を捉えて繰り返し指導していきましょう。

友達や異年齢児、地域の人との関わりを広げ、心に残る体験を

[社会生活との関わり] [豊かな感性と表現]

　夏休みを取る子どもがいて、今まで関わりの少なかった友達と遊んだり、異年齢児と一緒に遊んだりすることも多くなります。地域の図書館などの施設に出掛け、地域の人とふれあうなど、いろいろな人との関わりを広げていけるようにしましょう。その際、一日の生活の流れを考慮して、子どもたちの心に残る体験となるように配慮しましょう。

家庭との連携を図り、身近な自然への興味や関心を育むように

[自然との関わり・生命尊重] [数量や図形、標識や文字などへの関心・感覚]

　園で飼育・栽培している生き物や野菜を家庭に持ち帰ったり、家庭から持ってきた生き物を園で飼育したりできるようにし、園と家庭との連携を図るようにしましょう。保護者とやり取りしながら、子どもが継続して観察したり世話をしたりして生き物への関心を深めていけるようにしましょう。

8月の計画

クラス作り

夏を健康に過ごすための習慣や態度を身につけられるように自分で意識して行なえるようにしていく。プール遊びでは自分の目当てをもって遊び、達成する喜びを味わってほしい。遊ぶことの少ない友達や年下の子どもと遊んだり、地域の行事に参加したりし、5歳児としての自覚をもち、人との関わりを広げていきたい。

	前月末の幼児の姿	ねらい	幼児の経験する内容（指導内容）
生活	●夏の生活の仕方、プール遊びの約束事や身支度の手順が分かり、見通しをもって自分で行なうようになってきている。 ●自分なりの目当てをもって、水遊び、プール遊びを楽しんでいる。	●自分の体に関心をもち、夏の時期を健康に過ごそうとする。 ●夏の遊びを楽しみ、自分なりの目当てを達成する喜びを味わう。	●水分補給をしたり、休息をとったりする必要性が分かり、自分から行なう。 ●日陰を選んで遊び、汗をかいたら着替えを進んで行なう。 ●水に浮いたり、潜ったりする感覚を全身で楽しむ。 ●プール遊びでは自分なりの目当てに向かって、試したり、挑戦したりする。 ●水遊びを通して、水の特性に気付く。 ●材料や道具の特性や使い方が分かり、試したり工夫したりする。
興味・関心	●飼育物、栽培物の世話を通して変化に気付き、友達と話題にしたり、一緒に調べたりしている。 ●数や量などを比べたり試したりしている。	●いろいろな友達や年下の子ども、地域の人と関わり、親しみをもつ。	●いろいろな友達に思いや考えが伝わるように話しながら遊びを進める。 ●経験したことを伝えたり、友達の話に関心をもって聞こうとしたりする。 ●いろいろな友達や年下の子どもの関わり方を考えて親しみをもって関わる。 ●地域の行事に関心をもって参加し、楽しさを味わう。
友達や保育者との関わり	●友達のしている遊びに刺激を受け、自分の遊びに取り入れ、試したり、工夫したりして、遊んでいる。 ●友達との思いや考えを伝え合い、共通のイメージをもって、遊びを進めようとしている。	●夏の身近な生き物や栽培物に関わり、関心を深める。	●収穫した栽培物の色や形、味に関心をもち、観察したり、調理したり、味わったりする。 ●飼育物の世話や身近な虫との関わりを通して、親しみをもち表現したり、命の大切さに気付いたりする。

家庭・地域との連携

■ 食への関心が高まるよう、園でのクッキングの様子を写真やコメントにまとめて掲示し、情報を共有できるようにする。時には園で栽培した野菜を家庭に持ち帰り、親子クッキングの機会をもてるようにする。
■ 体調管理の仕方（生活リズム、水分補給、外出時帽子をかぶる など）や夏にかかりやすい病気などを便りで知らせたり、保護者と口頭やプールカードで日々の体調を確認したりし、夏を健康で元気に過ごせるようにする。
■ 地域の施設に行き、人や物と関わる経験ができるように、関係機関と時間帯や人数、内容などの調整、確認を行なう。

園生活の自立に向けての配慮点

●は健康・食育・安全、
★は長時間にわたる保育への配慮、
♥は保育者間のチームワークについて記載しています。

- ● 食への興味が広がるよう、トウモロコシの皮むきやサヤエンドウのさやむきを行なう。
- ● 汗を拭いたタオルや着替えた衣服の始末を自分で行なえるよう気付かせていく。
- ★ 室温の調整、風通しの工夫、西日防止のすだれやよしずの用意など、健康に過ごせるようにする。
- ♥ 出席人数が少ないときは、保育者間で連携をとり、年下の子どもとの関わりが広がるように保育内容、環境を工夫する。

要領・指針につながるポイント

★ いろいろな友達と関わって

夏季保育でいろいろな友達と関わり、相手や状況に応じて言葉の使い方や表現の仕方を変えたり、相手の役に立ったりする経験は、人と関わる力を育てる上で重要です。また、地域の施設や行事を通して、地域に親しみ、人とのつながりを意識するようにします。（参考：領域「人間関係」・「言葉」、「社会生活との関わり」）

環境の構成と保育者の援助

自分の体に関心をもち、健康に過ごせるように

- ● 夏を健康に過ごすために必要な習慣や態度についてクラスで話し合う機会を設け、子どもが意識して自ら進んで行なえるようにする。
- ● 活動の合間に水分補給を行なっているか、テラスや日陰などの涼しい場所を選んで遊んでいるかを把握し、自分で気付いて行なえるようにしていく。
- ● プール遊び後は絵本や製作、描画など、落ち着いて遊べる環境を用意し、ゆったりと遊び、休息をとれるようにする。

夏の遊びを楽しみ、自分なりの目当てを達成する喜びを味わえるように

- ● いろいろな泳ぎ方に挑戦できるよう、試すことができる用具や遊具を用意する。また、友達の頑張りに刺激を受けながら取り組めるようにする。
- ● 自分なりの目当てに向かって、挑戦している姿を認め、友達と見せ合う機会を設けていく。
- ● 遊びに必要な素材や自然物、道具を子どもと考えながら用意し、試したり、工夫したりして遊ぶ中で、物の性質に気付けるように援助する。

いろいろな友達や年下の子ども、地域の人と関わり親しみをもてるように

- ● 経験したことやイメージしたことを友達同士で、考えを出し合ったり、作ったりしながら遊びを進めていけるよう見守る。時には必要な材料や用具、アイディアを保育者も一緒に考え、子どもの思いが実現できるようにしていく。
- ● 年下の子どもと一緒に遊ぶ中で、遊び方を教えたり、優しく手伝ったりする姿を認め、思いやりの気持ちをもてるようにしていく。
- ● 地域の施設に出掛けたり、行事に参加したりして、地域の人や物に関わり親しみをもてるような計画を立てる。

身近な動植物に関わり、関心が深まるように

- ● 捕まえた虫の観察や毎日の飼育物の世話を通して、生き物の特徴を表現したりや命に気付いたりできるようにしていく。
- ● 収穫した夏野菜の色や形の変化で気付いたこと、クッキングを通して感じたことを伝え合い、栽培物に関心が深まるようにしていく。

反省・評価のポイント

- ★ 自分の体に関心をもち、夏の時期を健康に過ごすために必要なことを自分で気付いて行なっていたか。
- ★ 夏の遊びを楽しみ、自分なりの目当てを達成する喜びを味わっていたか。
- ★ いろいろな友達や年下の子ども、地域の人との関わりなど、親しみをもてるような活動や環境構成の工夫ができていたか。

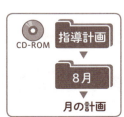

8月 1週の計画

8/1(火)〜5(土)

今週の予定

前週の幼児の姿
- 友達とやり方を伝えたり、応援し合ったりしながらプール遊びを楽しんでいる。
- 縁日ごっこでは友達とやりたい遊びを出し合いながら、遊びに必要な物を作り、繰り返し遊ぶことを楽しんでいる。
- 夏の自然に関心をもち、美しさや不思議さを感じている。

ねらい(●)と内容(・)

- ● 夏を健康に過ごすために必要な習慣や態度が分かり、自分から行なおうとする。
- ● 友達と一緒に水遊びやプール遊びを十分に楽しむ。
- ・ 汗の始末や水分補給を自分から進んで行ない、日陰を選んで遊ぶ。
- ・ 様々な泳ぎ方を試したり、挑戦したりしながらプール遊びをする。
- ・ 水や絵の具、様々な材料を使って、試したり工夫したりして、水遊びをする。

具体的な環境(◆)と保育者の援助(＊)

- ◆ 水遊びの場所やプールに日陰を作り、涼しい場所で遊べる環境づくりをする。
- ＊ 戸外遊びでは健康に過ごすために日陰で遊ぶこと、汗の始末の必要性や水分補給が大切なことを気付けるようにクラスで話し合う機会をもつ。
- ◆ プール遊びでは浮く感覚を味わったり、いろいろな泳ぎ方を工夫して楽しんだりできるように、ビート板、フープ、浮き輪などを用意しておく。
- ◆ 水の中でのいろいろな動きに興味をもち、自分なりにやってみたい、工夫してみようと感じられるような絵本を用意する。
（📖：『ぐりとぐらのかいすいよく』『およぐ』）
- ＊ プール遊びの約束事を自分で守って、安全に遊べるように、再度確認し見守る。
- ＊ 準備体操は動きのポイントを伝え、体を動かす部位を意識しながら全身を使って行なえるようにする。
（体操：『GO！GO！サーフィン』）
- ＊ 子ども一人ひとりのペースや気持ちを大切にしながら、自分から工夫したり、挑戦したりする姿を認め、自信につなげていく。また、友達に刺激を受けながら、取り組めるようにしていく。

- ◆ プールサイドでの水遊びをより楽しめるような環境を工夫する。
（ボディペインティング、水鉄砲、とい、タライ、スーパーボール など）
- ＊ 水路作りなどの水遊びを通して、試したり、工夫したりしながら、友達同士で遊びを進めている姿を認めていく。
- ◆ 子どもが親しんでいる歌やみんなで楽しくうたった歌などを題材にしたペープサートや紙芝居を自分たちで作れるような材料を用意していく。
（♪：『手のひらを太陽に』『とんでったバナナ』）

反省・評価のポイント

- ★ 友達と一緒に水遊びやプール遊びを試したり、工夫したりしながら、楽しめていたか。
- ★ 夏を健康に過ごすために必要な習慣や態度を自分で意識して行なえる援助、環境構成ができたか。

8月 2週の計画
8/7(月)〜19(土)

今週の予定
● 山の日

前週の幼児の姿
- 日陰を選んで遊び、汗の始末や水分補給の必要性が分かり、自分で意識して行なっている。
- 友達の様子に刺激を受けながら、いろいろな動きをプールの中で試したり、ダイナミックに水遊びを楽しんだりしている。

- 様々な材料・用具の特性や使い方が分かり、工夫して遊ぶことを楽しむ。
- いろいろな友達や年下の子どもと関わり相手の思いに気付き、親しみをもつ。
- 身近な虫や飼育物の世話を通して、命の大切さ、不思議さに関心をもつ。
- 水やせっけん、草花などの性質に気付き、試行錯誤を繰り返して楽しんで遊ぶ。
- いろいろな友達や年下の子どもに、親しみや思いやりの気持ちをもって生活する。
- 図書館や児童センターに出掛け、地域の人と関わる。
- カブトムシや虫取りで捕まえた昆虫の世話をしたり、観察したりする。

◆ 夏休みを取る子どもが増えるので、一人ひとりがじっくり楽しめる遊びや環境を用意する。（色水、シャボン玉）

◆ シャボン玉遊びでは繰り返し試したり、性質に気付いて、変化を楽しんで遊んだりできる物を用意していく。
（せっけん、おろし金、ストロー、網、うちわ、スポンジ、ラップの芯 など）

◆ 色水遊びは花によって色が違うことや、混ぜることで色が変化することに気付き、試したり工夫したりして遊べる物を用意していく。
（花…アサガオ・オシロイバナ・ツユクサ、葉、すり鉢、すりこ木、ペットボトル、じょうご、茶こし など）

＊ 作った色水を使って、表現して遊べるように障子紙や筆を用意し、遊びの展開を見ながら新しい発見が生まれるようにしていく（染め紙）。

＊ 年下の子どもが参加したときに、作り方や遊び方を分かるように伝えている姿を認める。

＊ 試行錯誤して気付いた子どもの発見に、一緒に驚いたり、喜んだりして自信につなげる。

＊ 友達の工夫していることに興味をもち、自分の遊びに取り入れていけるようにしていく。

◆ プール遊びでは年下の子どもと一緒に楽しめるよう、水深、人数などを調整する。

＊ 年下の子どもとの関わりを見守り一緒に遊ぶ姿を認め、相手を思いやる気持ちを育んでいく。

＊ 年下の子どもと関わるときに、年下の子どもの気持ちを代弁したり、仲立ちしたりして、相手の気持ちに気付くようにする。

＊ 地域の図書館のお話会、児童センターの祭りなどに参加し、いろいろな人と話したり、一緒に遊んだりできるよう援助する。

＊ 公共の場でのマナーや交通ルールを確認し、自分で意識して行なえるようにする。

◆ 虫カゴや網など、子どもがいつでも使えるように取りやすい場所に置く。捕まえた虫を観察したり、世話をしたりできるコーナーを設置していく。

＊ セミ取りをし、観察する中で、セミの命が短いことや、カブトムシの世話を通して産卵に興味をもてるようにし、命の大切さや不思議さに気付けるようにしていく。

反省・評価のポイント

★ 材料・用具の特性や使い方が分かり、試行錯誤しながら夏の遊びを楽しんでいたか。

★ いろいろな友達や年下の子どもと関わり、相手の思いに気付き親しみをもって遊ぶことを楽しめるよう援助、環境構成ができたか。

指導計画 8月1・2週の計画

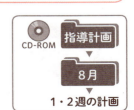

3週の計画 8月
8/21(月)～26(土)

今週の予定
- 身体計測、避難訓練、誕生会

前週の幼児の姿
- 自然物を遊びに取り入れながら、水遊びなどを工夫して遊んでいる。
- 夏休みを取る子どもが多く、今まで関わりの少なかった年下の子どもや遊ぶことの少なかった友達との関わりが見られる。
- 身近な生き物の世話を通して、命の大切さに気付いている。

ねらい(●)と内容(・)

- ● 自分なりの目当てに向かってプール遊びに取り組む。
- ● プール遊びに必要な物を一緒に作るなど、友達とのつながりを楽しむ。
- ● 夏に経験したことを遊びに取り入れて、友達と一緒に遊ぶことを楽しむ。
- ・ 全身を使って、プール遊びを楽しみ、目当てに向かって繰り返し挑戦する。
- ・ 友達と協力して、遊びに必要な物を作ったり、試したり工夫したりして遊ぶ。
- ・ 経験したことや自分の思いを、友達と伝え合いながら遊ぶ。

具体的な環境(◆)と保育者の援助(＊)

- ◆ 思い切り潜ったり、泳いだりできるように一度に入る人数や水の深さを調整する。
- ＊ プール遊びでは、自分なりの目当てに向かって頑張る姿を認め、安全に留意しながら周りの保育者や友達にも知らせて一緒に喜ぶことで自信につなげていく。
- ◆ 友達とのつながりをもって、全身でプール遊びを楽しめるように、一緒に遊びに必要な物を作る材料を用意したり、プールで楽しめる遊びを行なったりする。
（ペットボトルをつなげたいかだ作り、水中ジャンケン）
- ＊ 友達と協力して作ることを楽しんだり、友達の言動に関心をもって、つながりを深めていけるようにする。
- ◆ プール後は絵本や製作、描画など、落ち着いて遊べる環境を用意し、休息をとれるようにする。
- ＊ 夏休み中に自分の経験したこと、楽しかったことを話し、友達の話を聞く機会を設けて、友達と再現して遊べるようにしていく。
- ◆ バーベキュー、魚釣り、山登りなどの経験したことを遊びに取り入れられるような素材や用具を子どもと一緒に考え、用意していく。
（トング、焼き網、画用紙、たこ糸、大型積み木、巧技台など）
- ＊ 夏に経験したことのイメージが広がり、友達との遊びのきっかけとなるような絵本、歌、リズム遊びをクラスで楽しめるようにする。
（📖：『キャンプ！キャンプ！キャンプ！』『なつのほし』♪：『すいかの名産地』、リズム：『キャンプだホイ』）
- ＊ 同じ遊びに興味をもつ子どもが増えたことで、思いやイメージがぶつかったときは、相手の思いにも気付けるよう、子ども同士で考えられるようにし、必要に応じて、保育者も仲立ちしていく。
- ＊ キャンプごっこなどが広がってきたときは、クラスで話し合い、イメージを共有して、子ども同士で遊びを展開していけるようにする。

反省・評価のポイント
- ★ プール遊びでは、自分なりの目当てに向かって取り組むことと、友達とのつながりをもつことを楽しめていたか。
- ★ 夏に経験したことを遊びに取り入れて、友達と一緒に遊ぶことを楽しめるように援助することができたか。

8月 4週の計画
8/28(月)〜31(土)

今週の予定

前週の幼児の姿
- プール遊びでは、自分の目当てに向かって挑戦しながら楽しんでいる。また、友達と遊びに必要な物を作ったり、一緒に遊んだりすることを楽しんでいる。
- 夏に経験したことを遊びに取り入れながら、友達と再現して遊んでいる。

- 自分なりの目当てをもって、プール遊びに取り組み、できた喜びや満足感を味わう。
- アイディアを出し合い、イメージを共有しながら、友達と遊びを進めていくことを楽しむ。
- 身近な生き物に関心を深め、気付いたり、発見したりすることを楽しむ。
- プール遊びのそれぞれの目当てを伝え合い、友達と互いに認め合う。
- 自分の思いを伝え、相手の話を聞きながら、友達とイメージを共有しながら遊ぶ。
- 収穫した夏野菜を調理したり、味わったりする。
- 身近な生き物に関心をもって、観察したり、数えたり比較したりする。

- ◆ 自分の目当てをもって繰り返し、頑張ってきたことを伝え合う機会をつくり、一人ひとりができた喜びを味わいながら、互いを認め合えるようにする。
- ＊ 友達が取り組む姿に刺激を受けて、顔つけをしたり、潜ったり、浮いたり、泳いだりと繰り返し取り組み、安全に留意して残り少ないプール遊びを十分に楽しめるようにする。
- ＊ プール遊びで得た自信を大切にしながら、運動遊びに興味をもって、取り組めるように援助していく。
- ◆ いろいろな運動遊びができるように道具などを用意していく。（縄跳び、鉄棒、大縄、ダンスの音源、音楽プレーヤー）
- ◆ 夏の疲れが出やすい時期なので、保育室にゴザやマットを敷き、疲れたときはゆったりと過ごせる場づくりをする。
- ＊ クッキングや虫探し（宝探し）などクラスでつながりを感じて行なえる遊びを子ども同士で遊びを進めていくことを大切にしながら、子どもと一緒に考えていく。
- ◆ キャンプごっこではよりイメージを膨らませて遊べるように、自分たちで育てた夏野菜を収穫し、調理して味わう場をもつ。
- ＊ 野菜を切ったときの形の違いや、調理することで野菜の味や食感が変化することを感じられるようにする。

- ◆ 登園までの道のりや園庭で見つけたセミの抜け殻を集めておくことができる箱を、取り出しやすい場所に用意しておく。
- ＊ 箱の中に枠を設け（縦横10マスずつ）集めたセミの抜け殻の数をかぞえたり、形や大きさの違いに気付いたりできるようにする。
- ◆ 図鑑や写真、絵本を用意し、気付いたことや不思議に感じたことを調べられるようにする。

反省・評価のポイント
- ★ 自分なりの目当てをもって、プール遊びに取り組み、できた喜びや満足感を味わえたか。
- ★ アイディアを出し合い、イメージを共有しながら、友達と遊びを進めていくことができるよう援助できたか。

指導計画 8月3・4週の計画

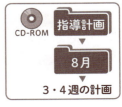

8月 日の計画

8/24(木)

ねらい	●目当てをもって取り組んだり、友達とのつながりを感じたりしながら、プール遊びを楽しむ。 ●経験したことを友達に伝えて一緒に遊びを進めることを楽しむ。
内容	●プールで、自分の目当てに向かって繰り返し潜ったり泳いだり、友達と競ったり力を合わせたりする。 ●友達と思いや考えを伝え合いながら、必要な物や場を作って遊ぶ。

指導計画 / 8月 日の計画

環境を構成するポイント	予想される幼児の活動	保育者の援助
●色水遊びや泡立て遊びでは、昨日の遊びの中で出た子どもの思いや要求を受け、必要な材料や用具を用意し、じっくりと工夫して遊べるようにする。 ●いかだを作るときは、浮く特性について子どもと考え、必要な材料や道具を一緒に用意していく。 （ペットボトル、布クラフトテープ など） ●キャンプごっこでは自分たちで遊びに使う物や場作りを作れるよう、場所や材料を用意する。 （シート、大判の布、焼き網 など） ●プールは遊びの内容に合わせて水深を調整する。プールで思い切り潜ったり、泳いだりして、水遊びを十分に楽しめるように、水への慣れ具合に応じて2グループに分かれて遊ぶ。 ●自分なりの目当てをもって取り組める用具を用意しておく。 （ビート板、フープ） ●休息、午睡後は絵本や製作、描画、ブロック遊びなど、一人ひとりのペースでゆったりと落ち着いて遊べる環境を用意する。	●登園する。 ●持ち物の始末をする。 ●飼育物や栽培物の世話を行なう。 ●好きな遊びをする。 （戸外：色水遊び、泡立て遊び、セミ取り 　室内：キャンプごっこ、いかだ作り、飼育物の描画 など） ●片付けをする。 ●プールの支度をする。 ●準備体操をする。 ●プール遊びをする。 （自由に泳ぐ、いかだ遊び など） ●水遊びをする。 （水路作り、色水、水鉄砲） ●片付け、着替えをする。 ●昼食を食べる。 ●休息または午睡をする。 ●体を休めた後、部屋で静かな遊びをする。 ●おやつを食べる。 ●好きな遊びをする。 （描画、ままごと、ブロック、折り紙、戸外で鬼ごっこ など） ●片付けをする。 ●降園準備をする。 ●降園する。	●一人ひとりが試行錯誤していることを言葉にして伝え、友達がしている遊びのおもしろさや良さを感じられるようにしたり、友達と一緒に考えを出し合いながら、遊ぶことを楽しんだりできるように思いをつなげていく。 ●思いやイメージがぶつかったときはどのようにしたら良いかを子ども同士で考えられるよう見守り、時には保育者が仲立ちしながら、互いの思いを伝え合えるようにする。 ●水に浮いたり、潜ったり、蹴伸びをしたりなど、自分の目当てに向かって繰り返し取り組む姿を認め、自信につなげていく。 ●友達と考えを出し合って一緒に作った物をプールで使い、協力して遊んだり、水中に潜る長さなどを競ったりして遊ぶ姿を認め、友達とのつながりを深められるようにしていく。 ●プール遊びでは、特に安全に留意し、個別に関わる保育者と全体を把握する保育者とで役割を分担して行う。 ●休息や午睡時の様子を把握し、体調管理に配慮する。

反省・評価のポイント

★自分の目当てをもって取り組んだり、友達とのつながりを感じたりしながら、プール遊びを楽しんでいたか。
★経験したことを、友達に伝えて一緒に遊びを進めることができるような援助ができたか。

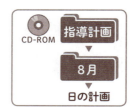

9月

今月の保育

様々に体を動かして遊ぶ楽しさや自然への関心が深まるように

日中は残暑が続きますが、朝夕は過ごしやすくなり、季節の移り変わりを感じられるようになります。夏の疲れに配慮しながら、友達と一緒に進んで運動する気持ち良さを味わえるようにし、運動会につなぎましょう。また、友達と一緒に活動を進める中で、自分の思いや考えを相手に分かるように話し、相手の話をよく聞いて友達の気持ちに気付くことができるようにしましょう。気温や風、台風、栽培物の変化など、季節の変化を身近に感じる機会を捉えて自然への関心を深めていけるようにしましょう。

保育のポイント

体を十分に動かし、友達と一緒に活動を進める醍醐味を味わえるように

｜健康な心と体｜自立心｜協同性｜道徳性・規範意識の芽生え｜

全身を様々に動かし挑戦して遊ぶ活動や、友達と力を合わせたり競ったりするルールのある運動遊びの醍醐味を味わえるように、実態に応じた計画を立てましょう。運動遊びに必要な遊具や用具、場づくりなど、子どもと一緒に準備や片付けを進めていきましょう。また運動会に向けて、友達と役割を分担したり、力を合わせたりして遊びや生活を進める体験を重ねていけるようにしましょう。

夏から秋へ移り変わる自然に目を向け、よく見たり扱ったりして表現する機会を大切に

｜言葉による伝え合い｜自然との関わり・生命尊重｜数量や図形、標識や文字などへの関心・感覚｜

栽培してきたアサガオやヒマワリの種を採ったり、バッタやトンボなどに出合ったりする時季です。集めたり、数えたり、分けたりしながらその特性や違いに気付けるよう繰り返し関わる機会をつくりましょう。また、気付いたことを子ども一人ひとりが言葉や絵、動きなどで様々に表現し、伝え合う関係を育みましょう。

9月の計画

クラス作り

夏に経験したことを伝え合う機会をつくり、友達と一緒に経験を生かして楽しめるようにしていきたい。また、一人ひとりが自分の力を発揮し、友達と力を合わせたり競ったりする楽しさを感じ、運動会への期待につながるようにしていきたい。夏から秋への自然に目を向け、様々に表現し伝え合えるようにしていきたい。

前月末・今月初めの幼児の姿	ねらい	幼児の経験する内容(指導内容)
生活 ● 夏休みに経験したことや、楽しかったことを友達や保育者に伝えている。 ● 水分補給や汗の始末などの生活に必要な習慣や態度は、身についてきており、自分で行なっている。 **興味・関心** ● 夏休みに体験したことを、遊びに取り入れる姿が見られる。 ● 収穫した夏野菜を調理したり、友達と一緒に味わったりすることを楽しんでいる。 ● 暑い日が続くので、色水、シャボン玉など、水を使った遊びを楽しんでいる。 **友達や保育者との関わり** ● プール遊びで、できるようになったことを友達や保育者に見せ、自信をもっている。 ● 合同保育や異年齢交流を通して、年下の友達にも優しく関わる姿が見られる。	● 自分の思いや考えを相手に分かるように伝えながら、遊びや生活を進めていく楽しさを味わう。 ● いろいろな運動遊びに進んで取り組み、友達と一緒に体を動かして遊ぶ楽しさを味わう。 ● 夏から秋へ向かう自然の変化に気付き、興味をもって関わったり、表現したりすることを楽しむ。	● 様々な素材や道具を選んで使い、イメージしたことを実現させて遊ぶ。 ● 夏に経験したことを話したり聞いたりする。 ● 自分のしたいことを相手に伝えながら遊ぶ。 ● 友達の話を興味をもって聞き、相手の気持ちに気付く。 ● 自分なりの目的に向かって、思い切り体を動かしたり、繰り返し挑戦したりする。 ● 友達と役割を分担したり、力を合わせたり競い合ったりして遊ぶ。 ● 運動会に向けて、期待をもって準備や司会などに取り組もうとする。 ● いろいろな植物の種や実を集めたり、咲き終わった花を色水に使ったりする。 ● 数えたり分類したりしながら、特徴や違いに気付くなどする。 ● 身近な自然に関して、気付いたことを言葉や絵、動きなどで表現し、友達と伝え合う。 ● 収穫の終わったプランターを片付け、冬野菜を植える準備をする。 ● いろいろな虫に興味をもち、触れたり、観察したり、調べたりする。

家庭・地域との連携
- 夏の間に経験したことや頑張ったことなどを、保護者に夏のしおりや連絡帳などで伝えてもらい、子どもたちの様子を把握し、家庭の経験と園生活をつなぐきっかけとなるようにする。
- 敬老の日に関わる行事では、意図やねらいを家庭に伝え、協力を依頼する。
- 運動会に向かう取り組みの様子を、写真やエピソードなどで分かりやすく伝え、5歳児として自分たちでつくっていく過程を大切にしていることを知らせていく。

園生活の自立に向けての配慮点

- ●新しく使うようになった運動遊具は、事前の安全点検を確実にし、子どもにも使い方を知らせ、安全に扱えるようにする。
- ●運動後の空腹感を食への意欲につなげる。
- ★日中の活動量に応じて、落ち着いて過ごせるように、室温や風通しに配慮する。
- ●園庭での活動が増えるので、他クラスとの連絡を取り、動線が重ならないようにしたり、スペースを確保したりして配慮する。

●は健康・食育・安全、★は長時間にわたる保育への配慮、♥は保育者間のチームワークについて記載しています。

要領・指針につながるポイント

★いざこざの意味

自分のイメージや考えをうまく伝えられずに生じるいざこざは、重要な意味をもちます。それぞれの主張や気持ちを受け止め、互いの思いが言葉で伝わるようにし、納得して気持ちの立て直しができるよう援助することが自己発揮と自己抑制の調和のとれた発達となります。（参考：領域「人間関係」、「道徳性・規範意識の芽生え」）

環境の構成と保育者の援助

自分の思いや考えを相手に分かるように伝えながら、友達と一緒に遊びを進めていく楽しさを味わえるように

- ●夏に経験したことを表現したり取り入れて遊んだりすることができるように、遊びに使えそうな材料を用意し、必要な道具や材料を自分で選んで使い、思いが実現できるようにしていく。
- ●友達の話を興味をもって聞き、共感したり自分の体験と重ね合わせたりしている姿を認めていく。
- ●友達同士でやり取りをしながら遊びを進めていこうとする姿を見守り、必要に応じて保育者も一緒に考えたり、互いの思いや考えに気付けるようなきっかけをつくったりしていく。

いろいろな運動遊びに進んで取り組み、友達と一緒に体を動かして遊ぶ楽しさを味わえるように

- ●プール遊びでの自信が他の遊びにもつながるように、自分なりの目当てをもって挑戦しようとする姿を認めたり励ましたりしていく。
- ●運動遊びに使う用具や音響機器を、自分たちで扱えるように取り出しやすい場所に準備しておく。
- ●様々な動きを繰り返し楽しめるような場をつくり、思い切り体を動かして遊べるようにする。
- ●リレーや鬼遊びなどの集団での遊びに繰り返し取り組む中で、ルールや人数調整、作戦など、自分たちで遊び方を考えていけるようにする。
- ●日常の遊びを運動会に生かしていけるように、経験のつながりを重視し内容を考えていく。
- ●昨年の運動会の写真を掲示したり、クラスで話題にしたりして思い出し、来月の運動会に期待や見通しをもって取り組めるようにする。

季節の変化に気付き、興味をもって関わったり、表現したりすることを楽しめるように

- ●子どもたちが気付いたことに共感したり、言葉や絵などで周囲の友達にも知らせるきっかけをつくったりして、興味が深まるようにする。
- ●秋になって出合う虫の発見や種採りなど、季節の変化に気付けるようにする。また、分類できるような容器や飼育ケースなどを用意し、採れた種を数えたり分けたりすることができるようにする。
- ●収穫の終わったプランターの整理をしたり畑を耕したりして、冬野菜を育てる準備ができるようにする。

反省・評価のポイント

- ★自分の思いや考えを相手に分かるように伝えながら、友達と一緒に遊びを進めていくことを楽しめたか。
- ★いろいろな運動遊びに進んで取り組み、友達と一緒に体を動かして遊ぶ楽しさを味わえるような環境を整えられたか。
- ★夏から秋へ向かう自然の変化に気付き、興味をもって関わったり表現したりすることを楽しむことができたか。

175

9月 1週の計画

9/1(金)〜9(土)

今週の予定
● 避難訓練

前週・週の初めの幼児の姿
● 夏に経験したことを自分の遊びに取り入れて遊んでいる。
● プール遊びでは、自分なりの目当てをもって取り組んだり友達に見てもらったりして、達成感や満足感を感じている。

ねらい（●）と内容（・）

● 園生活のリズムを取り戻し、友達や保育者と一緒に意欲的に遊びや生活を楽しむ。
● 夏に経験したことを表現したり遊びに取り入れたりすることを楽しむ。
・ これまで経験したことを思い出し、友達を誘って遊ぶ。
・ 自分の思いや経験したことなどを、絵や言葉、動きで表す。
・ 夏に経験したことを話したり聞いたりし、取り入れて遊ぶことを楽しむ。
・ 災害時の身の守り方が分かり、素早く行動する。

具体的な環境（◆）と保育者の援助（＊）

◆ 一日の流れや当番活動の仕方などを掲示し、園生活のリズムを取り戻せるようにしておく。

◆ これまでに経験のある遊びができるように遊具や用具を用意したり、友達と一緒に楽しめるような遊びを提案したりして、みんなで遊ぶ楽しさを感じられるようにする。（製作材料、大型積み木、靴鬼、宝取り、ドロケイ など）

＊ 一人ひとりの話したい気持ちを受け止め、保育者が関心をもって聞き、楽しかったことを共感する。相手に話す喜びや相手が聞いてくれる喜びを感じ、友達の話への興味にもつながるようにする。

＊ 夏休みに楽しんだことを、クラスのみんなの前で話す機会をつくる。経験したことを自分なりの表現で伝えられるようにするとともに、友達の話にも興味をもったり、自分の経験と重ね合わせたりして、やり取りも楽しめるようにする（紙芝居ニュース、夏休み新聞 など）。

◆ 夏の経験を具体的に思い出せるよう、子どもの話題になっていたことや物の写真を掲示しておく。（祭りやキャンプ、船 など）

◆ イメージを実現しやすいように、様々な用具や素材を用意し、必要な物を自分で選んで使えるようにしておく。（みこしや太鼓を作る材料、レジャーシート、段ボール箱 など）

＊ 遊びのイメージを聞きながら、どのようにしたら実現できるかを一緒に考えるようにしていく。友達と考えを出し合いながら、進めていけるように促し、友達と一緒に実現できた喜びを感じられるようにする。

◆ 色水遊びやごっこ遊びなどに自由に使える草花を知らせ、子どもが自分で選んで遊びに取り入れられるようにする。

＊ 避難訓練では、訓練の必要性を子どもにも保護者にも知らせ、真剣に取り組めるようにする。特に、災害時の引き取り方法などを、保護者と再確認する機会となるようにする。

反省・評価のポイント

★ 園生活のリズムを取り戻し、友達や保育者と一緒に意欲的に遊びや生活を楽しむことができたか。
★ 夏に経験したことを話したり聞いたりし、取り入れて遊ぶことを楽しめるような援助ができたか。

9月 2週の計画
9/11(月)～16(土)

今週の予定

前週の幼児の姿
- 夏に経験したことを話したり、友達の話を聞いたりして関心をもっている。
- 経験したことを遊びに取り入れながら、友達と一緒に遊ぼうとしている。

- いろいろな運動遊びに興味をもち、体を動かして遊ぶことを楽しむ。
- 友達と一緒に遊ぶ中で、自分の思いや考えを相手に分かるように伝えようとする。
- 走ったり跳んだり投げたりするなど、多様な体の動きを繰り返し楽しむ。
- 遊びに使う物を友達と協力して用意して遊ぶ。
- 相手の反応を意識しながら、自分の知っている言葉を使い、思いや考えを相手に説明しようとする。
- 祖父母の話題を通して、自分の祖父母や地域の高齢者に親しみや敬う気持ちをもつ。

◆ 新しく使う遊具や用具は保育者が安全点検をするとともに、子どもにも安全な使い方を知らせ、自分たちで気を付けて遊べるようにする。

◆ 自分たちで準備をして遊び始められるよう、バトン用具は取り出しやすいように置いておく。また、体操やダンスの曲などを、自分たちで操作できるように用意しておく。
（♪:『ワンダーランド体操』など）

＊ 自分で目標を決めて取り組んだり、友達のしていることに刺激を受けて挑戦したりする姿を見守っていく。興味をもちにくい子どもへは、一緒に遊んで見本となったり、取り組む姿を認めて励ましたりしていく。

＊ ルールのある運動遊びでは、保育者も一緒に遊びながら、楽しさに共感していく。新しいルールや遊び方が子どもから出たときは、ルールを整理して共有しながら遊びを進めていけるようにする。

＊ 遊びの中で思ったことや考えたことを友達に伝えながら遊べるよう、また自分の思いがうまく言えずにいるときには、きっかけをつくっていく。

◆ 遊びの中で、いろいろな動きを繰り返し楽しめるような環境を工夫する。
（のぼる、くぐる、跳ぶ、バランスを取って歩く、投げる など）

◆ 昨年度の運動会の写真を掲示したり、運動会の日をカレンダーに記入したりして、興味をもてるようにする。

＊ 昨年度の5歳児がしていた役割などを話題にし、5歳児として、自分たちはどのようなことがしたいかを出し合う。出された考えを元に、運動会に向けての取り組みについて話し合う。

＊ 祖父母にはがきを出したり、地域の高齢者とのふれあい行事に参加したりする機会を設ける。ふれあい行事などでは、伝承遊びを教わったり一緒に歌ったりして、親しみや感謝の気持ちをもてるようにする。
（♪:『お寺の和尚さん』『とんぼのめがね』など）
（📖:『いいからいいから』など）

反省・評価のポイント
★ 友達と一緒に遊ぶ中で、自分の思いや考えを相手に分かるように伝えようとしていたか。
★ いろいろな運動遊びに興味をもち、自分から体を動かして遊ぶことを楽しめるような環境構成ができたか。

指導計画　9月 1・2週の計画

CD-ROM 指導計画 ▸ 9月 ▸ 1・2週の計画

3 9月 週の計画
9/18(月)〜23(土)

今週の予定
- 敬老の日、秋分の日

前週の幼児の姿
- 様々な運動遊びに取り組み、いろいろな動きをして遊ぶことを楽しんでいる。
- 自分たちで必要な用具を運び、安全に使おうとしている。
- 運動会があることを知り、楽しみにしている。

ねらい(●)と内容(・)

- ● 運動会に期待をもち、自分たちができることを考えて行なおうとする。
- ● 身近な自然に興味をもって関わり、季節の変化を感じる。
- ・ 運動会に必要な司会や係に気付き、友達と一緒にできることを考える。
- ・ 勝ったり負けたりするおもしろさ、友達と気持ちが合ったときのうれしさなどを感じる。
- ・ クラスのみんなと気持ちを合わせることを意識して取り組もうとする。
- ・ 園庭の生き物や草花を観察したり遊びに取り入れたりする。

具体的な環境(◆)と保育者の援助(＊)

- ＊ 友達と遊びを進める中で、チームの人数調整やルールや作戦を共通にしていくために、互いの意見を出し合う姿を見守っていく。自分たちで解決できないときには、状況を整理したり、どのようにしたらよいかを投げ掛けたりして、一緒に考えていき、自分たちで遊びをつくっていく楽しさを感じられるようにする。
- ＊ リレーでは、チーム編成に配慮しながら、一人ひとりが思い切り走ること、友達とバトンをつなぐ楽しさを感じ、勝ったうれしさや負けた悔しさに共感していく。
- ◆ リズム表現に必要な物や、イメージに沿った大道具や小道具などを友達と相談しながら作っていく。
- ＊ クラスでパラバルーンをすることを通して、みんなで気持ちを合わせようとする意識をもてるようにしていく。また、タイミングが合ったときのうれしさや満足感に共感し、次への意欲につなげていく。(♪:『パレード』など)
- ＊ 運動会の競技や内容を話し合う中で、必要な司会や係に気付けるようにし、5歳児として、自分たちで運動会を進めていこうとする意識がもてるようにする。
- ◆ 自然の変化を感じ、虫を捕まえたり調べたりして興味をもって関われるように、図鑑や飼育ケース、虫取り網などを扱いやすいように準備しておく。
 （アキアカネ、バッタ、コオロギ など）
- ＊ 園庭にいる虫の大きさや、種類の変化への気付きを大切にし、友達と驚いたり不思議がったりしている姿を受け止め、十分に認めていく。
 （♪:『虫のこえ』、📖:『むしたちのうんどうかい』など）
- ＊ アサガオやヒマワリの種を取り、種類別や大きさ別に分けて入れられるような容器を工夫する。また、種の数をかぞえたり大きさを比べたりする中で、数や量、形などに興味をもてるようにしていく。
- ◆ 子どもたちと一緒に土作りをし、畑やプランターなどで種まきができる準備をしていく。

反省・評価のポイント

- ★ 運動会に期待をもち、自分たちができることを考えて行なおうとしているか。
- ★ 身近な自然に興味をもって関わり、季節の変化を感じられるような環境を工夫できたか。

9月 4週の計画

9/25(月)〜30(土)

今週の予定
● 誕生会

前週の幼児の姿
● リレーを繰り返したり、パラバルーンを動かしたりして運動会を楽しみにしている。
● チームの人数調整や、ルールを共通にする必要性を感じて、友達と話をしながら解決しようとしている。
● トンボやバッタを見つけたり、虫の声に耳を傾けたりしている。

● 友達と動きや声を合わせたり、競い合ったりする楽しさを味わう。
● 運動会への見通しをもち、期待をもって活動に取り組む。
・ 友達と考えを出し合い、順番や作戦などを考えながら遊ぶ。
・ 自分の役割や一緒に取り組む仲間が分かり、思いや考えを伝えながら進んで活動に取り組む。
・ 一日の見通しをもって行動しようとする。
・ 国旗に親しみをもち、いろいろな模様に興味をもつ。

＊ リレーの順番を決める際は、グループごとにどのように相談しているのか、話し合っている内容に耳を傾け、見守っていく。話し合いの中で、一人ひとりが自分の考えをもって話しているか、意見が違ったときにはどうするかよく把握し、時には解決の方法を一緒に考えたり提案したりし、自分たちで決めるおもしろさを感じられるようにする。

◆ 話し合っている内容が視覚的に分かりやすくなるように、グループごとにホワイトボードやマグネットを活用していく。

＊ 勝敗のある遊びでは、いろいろな感情に共感していく。特に、負けた悔しさを感じている子どもには、頑張りを認めたり、励ましたりしながら、次への意欲につながるようにする。

◆ いろいろな国旗に興味をもち、描くことを楽しめるよう、様々な国旗を知らせたり絵本を用意したりする。

＊ ダンスの振り付けの一部やポーズなどをグループで考えられるように写真や映像を活用していく。動き方をいろいろ試しながら、考えを出し合えるようにし、自分たちで決めたうれしさを感じ、自信をもって表現できるようにしていく。

＊ 係や司会の活動では、グループの友達と考えを出し合って進めていこうとする姿を見守っていく。時には、他のグループの取り組みを伝え合う機会をつくることで、刺激となるようにしていく。

◆ 一日の中で、係や司会の活動の時間を決めて取り組めるようにしていく。その際、一日の流れとともに、グループの予定や進行状況などを示し、見通しをもって取り組めるようにする。

＊ クラスのみんなで歌ったりパラバルーンをしたりすることを通して、クラスとしてのつながりや一体感を感じられるようにしていく。
（♪：『青い空に絵を描こう』など）

反省・評価のポイント
★ 友達と動きや声を合わせたり、競い合ったりする楽しさを味わえたか。
★ 運動会への見通しをもち、期待をもって活動に取り組めるような環境を工夫することができたか。

指導計画　9月3・4週の計画

CD-ROM 指導計画 ▼ 9月 3・4週の計画

9月 日の計画

9/19(火)

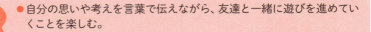

ねらい	● 自分の思いや考えを言葉で伝えながら、友達と一緒に遊びを進めていくことを楽しむ。 ● 体を十分に動かして、チームの友達と一緒に運動遊びを楽しむ。
内容	● 自分の思いを相手に分かるように伝えたり、友達の考えを聞いたりしながら遊び方を工夫する。 ● 戸外で思い切り体を動かして競って遊ぶ心地良さを感じる。 ● 自分のすることが分かり、進んで取り組もうとする。

指導計画 9月 日の計画

登園〜14時頃

環境を構成するポイント	予想される幼児の活動	保育者の援助
● 一日の生活の流れが分かって、見通しをもって過ごせるように、ホワイトボードなどに予定を掲示しておく。 ● 前日からの続きができるよう、遊びに使いそうな遊具は、分かりやすく整理しておく。 （バトン、宝、縄、CDプレーヤー、大型積み木、製作素材 など） ● 戸外での遊びは、他クラスとの動線が重ならないように、保育者同士が連携をとる。 ● したいことを実現するために、自分たちで遊びに必要な物を選んで使ったり作ったりできるよう、いろいろな材料を用意しておく。 ● リレーや宝取りのラインははっきりと分かりやすく描く。 ● 走順が分かるゼッケンを用意しておく。	● 登園する。 ● 挨拶をし、所持品の始末をする。 ● 一日の流れを確認する。 ● 当番活動をする。 ● 好きな遊びをする。 （戸外：リレー、鬼遊び（宝取り）、ダンス、縄跳び など 室内：ごっこ遊び、製作） ● 片付ける。 ● リレーをする。 ● 作戦や走順をチームごとに考える。 ● 手洗い、うがいをする。 ● 昼食をとる。 ● 好きな遊びをする。 ● 片付ける。 ● クラスで集まる。 ● 絵本を見たり歌をうたったりする。 ● 明日の予定を知り、当番の交代をする。 ● 降園する。	● 友達同士で誘い合って遊び始め、自分たちで遊びを進めていこうとする姿を見守っていく。必要に応じて、言葉を補ったり整理したりしていく。 ● 遊びが行き詰まっているときや、思いが行き違っているときには、保育者が仲介し、自分たちのしたいことが実現できるように、一緒に考えていく。 ● リレーのチームは、経験に配慮して、分け方を考える。チームごとの作戦タイムを設け、走順を決めたり走り方やバトンのつなぎ方などの作戦が、共通になっていくようにする。 ● チームの仲間が互いの考えを聞こうとする意識をもてるようにする。 ● 勝ったり負けたりした気持ちに共感しながら、またやってみようと思えるような雰囲気づくりをしていく。

14時頃〜降園

環境を構成するポイント	予想される幼児の活動	保育者の援助
● それぞれが落ち着いてしたい遊びができるように、遊びの場を分けて用意しておく。 ● 日陰や室内で体を休めるスペースを確保し、無理なく過ごせるようにする。	● 休息や午睡をとりながら、室内でゆっくり過ごす。 ● おやつを食べる。 ● 異年齢児と一緒に遊ぶ。 （製作、ブロック、積み木、塗り絵、トランプ など） ● 片付ける。 ● 降園準備をする。 ● 降園する。	● 生活の流れや体調に合わせて、午睡の時間を短くしたり、室内で静かに過ごす時間にあてたりする。 ● 子どもたちが自分のペースで過ごせるように、遊びや遊ぶ場所を選べるようにしていく。 ● 異年齢児が関わる様子を見守り、思いやる行為を認めていく。

反省・評価のポイント

★ 体を十分に動かして、友達と一緒に運動遊びを楽しむことができたか。
★ 自分の思いや考えを言葉で伝えながら、友達と一緒に遊びを進めていくことを楽しめるような援助ができたか。

CD-ROM 指導計画 ▼ 9月 ▼ 日の計画

10月

今月の保育

自分の力を発揮しながら、みんなで力を合わせて取り組む充実感を

運動会に向かう活動の中で、みんなで力を合わせながらも、一人ひとりが目当てをもって、自分の力を十分に発揮できるようにしましょう。そして、運動会後も運動遊びの経験を広げて、友達と一緒に体の諸部位を動かし進んで運動する楽しさを味わえるようにしましょう。友達と考えを出し合い、協力して取り組む場面では互いの良さに気付いたり、共に力を出し切る充実感を味わったりできるようにしていきましょう。また、秋の自然の美しさに気付いたり、栽培物の収穫を楽しんだりして、感じたことををいろいろな方法で表現する機会をつくりましょう。

指導計画　10月

▼▼▼▼▼▼▼▼▼ 保育のポイント ▼▼▼▼▼▼▼▼▼

運動遊びに目当てをもち、友達と意欲的に取り組むように

[健康な心と体] [自立心] [協同性]

　体を動かす遊びに具体的な目当てをもち意欲的に取り組むことができるよう、体の諸部位を動かす遊びの環境を工夫し、根気強く取り組む気持ちを支えていきましょう。友達が取り組む姿にも目を向けて、互いに刺激をし合えるようにしましょう。

自覚をもち、友達と力を合わせて活動を進めていく充実感を

[自立心] [協同性] [道徳性・規範意識の芽生え]

　運動会までの過程は、自分でしなければならないことを自覚して行なったり、勝ち負けの感情の交流を体験し互いの思いに気付くなど、大切な成長の機会となります。チャンスを捉えて互いの存在を感じて心をつなぐ援助をしていきましょう。運動会後も友達と力を合わせて自分たちで進めていけるという自信がもてるように、いろいろな遊びの中で力を合わせる機会をつくりましょう。

秋の実りの収穫や自然の美しさを体験して

[豊かな感性と表現] [自然との関わり・生命尊重] [数量や図形、標識や文字などへの関心・感覚]

　園内だけでなく、近隣の公園への散歩や遠足などの機会をつくり、季節の移り変わりや自然の美しさに感動したり、自然物の形や数にも興味が広がったりするようにしましょう。また、イモ掘りや果物の実りや米の収穫などにも関心がもてるように、秋の自然の恵みを得る体験を通して、感じたこと、気付いたことを描画や造形、身体表現などの楽しさにつなげていきましょう。

181

10月の計画

クラス作り

一人ひとりが自分の目当てをもって意欲的に取り組み、自分の力を発揮し、充実感や達成感を味わってほしい。そして、友達と力を合わせて取り組む中で、互いの良さに気付き刺激を受けて、つながりを深めていけるようにしたい。秋の自然の変化に目を向け、旬の果物や野菜を収穫し、味わう喜びを経験してほしい。

前月末の幼児の姿	ねらい	幼児の経験する内容(指導内容)
● リレーや、鬼ごっこなどを繰り返し楽しんでいる。 ● 週や一日の予定表、時計を見ながら、生活に見通しをもてるようになってきている。生活に必要なことに気付き、進んで取り組もうとしている。 ● 運動会に期待をもち、様々な運動遊びに取り組み、友達と競い合ったり、自分なりに挑戦したりすることを楽しんでいる。 ● 友達と思いや考えを伝え合いながら遊ぶ中で、ルールを提案しながら進めていこうとしている。 ● 友達と力を合わせたり、競ったりすることが楽しくなり、誘い合って遊び出している。	● 自分の目当てをもって挑戦したり、力を出したりする。 ● 友達との共通の目当てに向けて、考えを出し合いながら遊びや生活を進める充実感を味わう。 ● 身近な自然の変化に気付き、生活や遊びに取り入れる。	● 体の諸部位の多様な動きを楽しみ、様々な運動遊びに取り組む。 ● 自分の力を発揮し、挑戦する楽しさを味わう。 ● 友達と力を合わせたり、競い合ったりしながら、うれしさや悔しさなどの気持ちを感じる。 ● 友達の頑張る姿や良いところに気付き、応援したり認めたりする。 ● グループやクラスの友達と、力を合わせて意欲的に取り組む。 ● 友達と役割や係を分担し、協力して進めながら、力を合わせやり遂げる。 ● 合図や音楽に合わせて体を動かし、友達と動きがそろう心地良さや達成感を味わう。 ● 感じたこと、考えたことを様々に工夫をして表現する。 ● 相手に応じて、自分の思いや考えを言葉で表していく。 ● 相手の話を、関心をもって聞き、自分なりに応じたり考えたりする。 ● 雲の形や空の色の変化、吹く風の心地良さなどから季節の変化に気付く。 ● 実の色付きや変化に気付き、収穫して味わったり遊びに取り入れたりする。

※左列の見出し:生活／興味・関心／友達や保育者との関わり

家庭・地域との連携

- 運動会に向け、友達と取り組んでいる様子や経験していることをクラス便りや掲示物で知らせる。取り組みの過程やねらい、各々が頑張ったところを保護者に伝え、子どもの成長を実感し、保護者も一緒に楽しめるようにする。
- 気温や活動に合わせて調節がしやすい服の用意や、自分で気付いて調節できるように協力を依頼する。
- 食育便りなどの通信で、収穫物を調理し味わったりしたことや旬の食べ物を献立に加えるなど情報を提供する。

園生活の自立に向けての配慮点

- 栽培している野菜や果物などの実りや収穫に関心を寄せ、旬の食べ物を味わう機会をつくる。
- ★ 運動量が増え、友達と取り組む活動が増える時期であることを踏まえ、ゆったりと個々に遊べるコーナーも用意しておく。
- ♥ 園庭での活動の際は、動線に配慮して活動場所や内容を考え、保育者間の連携を密に図っていく。

●は健康・食育・安全、★は長時間にわたる保育への配慮、♥は保育者間のチームワークについて記載しています。

要領・指針につながるポイント

★ 仲間とやり遂げる過程で育む

運動会の実現に向かう過程では、チームを意識して友達と考えを出し合ったり、気持ちを合わせたりする心地良さを味わえるようにすること、係など自分がしなければならないことを自覚して行いやり遂げたことで自信がもてるようにすることなどが重要です。（参考：領域「人間関係」・「協同性」・「自立心」）

環境の構成と保育者の援助

自分なりの目当てをもって挑戦したり、力を出したりする楽しさを味わえるように

- 「速く走りたい」「勝ちたい」「〇〇ができるようになりたい」など、頑張ろうとする気持ちを認め、意欲的に取り組めるようにする。
- リレーなど競技の勝敗やリズムの表現など、うれしさや悔しさ、次はこうしたいなど感じた思いを、友達と共有できるようにし、保育者も共感しながら、みんなの中で自分も頑張ったという気持ちがもてるようにする。
- 運動会で使った遊具や音楽を使えるようにし、チームを替えて繰り返し楽しめるようにする。
- 年下の友達には、相手に分かるように伝えていく中で、自信をもてるようにする。

友達との共通の目当てに向けて遊びや生活を進め、喜びを感じられるように

- 運動会までの日程やその日の予定を掲示し、自分たちで見通しをもって取り組めるようにする。
- 遊ぶ中で出てきた、困ったことや新しいルールなど、子ども同士で話し合える場をつくり、互いの思いや考えを出し合えるようにする。
- 体を動かして遊び、楽しさを感じられるようにしたり、自分たちでルールを考えながら遊びを進めていくおもしろさを味わえるようにしたりする。

- 遊びに使う用具は、種類ごとの入れ物を用意したり、使いやすく整理し、すぐに遊びだせるようにしたりする。用具を丁寧に扱う大切さや、安全に注意しながら遊ぶことの重要性を感じられるようにする。
- リレーなど園庭を広く使う遊びは、動線に気を付けて安全に遊べるように留意する。

季節の移り変わりを感じたり、遊びに取り入れて楽しんだりする

- 秋の空の雲の様子や空の高さなど、変化を感じ関心がもてるように、友達の気付きや保育者が感じたことを話題にしていく。
- 落ち始めた木の実に気付き、集めたり、形や大きさの違いを比べたりしながら様々な遊びに取り入れていけるように素材や環境を準備する。
- サツマイモの収穫に向けて、土の中を掘って様子を見たり、柿などが色付いていく様子を日々観察したりするなど、収穫に期待をもてるようにする。

反省・評価のポイント

- ★ 自分の目当てをもち、進んで体を動かしたり、様々な運動遊びを楽しんだりする中で自分なりに挑戦していたか。
- ★ 秋の実りを味わったり、自然物を遊びに取り入れたりする中で、季節の変化や旬の味に興味・関心をもてたか。
- ★ 子どもが友達と考えを出し合って活動を進め、満足感を味わえるように、活動内容を工夫していたか。

10月 1週の計画

10/2(月)～7(土)

今週の予定
● 衣替え、中秋の名月

前週の幼児の姿
● 運動会に向けて体を動かして遊んだり、役割を決めて友達と一緒に活動を進めたりしている。

ねらい（●）と内容（・）

● 友達とルールや遊び方を相談して決め、自分たちで進めていく楽しさを感じる。
● 運動会を自分たちで進めていく喜びを感じ、見通しをもって活動に取り組む。
・ 友達と話し合いながら作戦などを考えたり工夫したりする。
・ 友達と考えを認めたり、提案したりしながら遊ぶ。
・ 運動会で行なう競技や種目を楽しみ、自分から取り組む。
・ 自分や友達の役割が分かり、みんなで進めていこうとする。

具体的な環境（◆）と保育者の援助（＊）

＊ 運動会という共通の目的に向けて、一人ひとりが楽しんでいることや友達と一緒に体を動かす楽しさなどに共感する。リレーなど競う遊びでは、保育者も仲間になって作戦を考えるおもしろさに共感し、勝ち負けの感情を味わえるようにチーム作りなどを工夫したりする。

＊ 速く走れるようになりたいと繰り返し走ったり、友達とバトンの渡し方を考えたりして根気強く取り組む姿を見守り、支える。

＊ 自分の考えを友達に伝えようとする姿を見守り、伝わりにくいときには、周りの様子に気付くように促したりする。

◆ 司会や係の活動では、仲間と集まって自分たちで練習したり役割を決めたりできるコーナーを作っておく。
（司会のカード、マイク、プログラム別の用具表 など）

＊ ダンスの一部を数人で考えたり体の諸部位を動かして、ポーズを決めたりできるようにし、自分たちのダンスと感じて自信をもって取り組めるようにする。

◆ 子どもたちが自分たちの考えたポーズや動きを見て更にアイディアを出し合えるように鏡で見られる場やタブレット端末などを活用する。

＊ パラバルーンの演技では子どもたちのアイディアも受け入れながら一緒に振りを考えていく。音楽と動きのきっかけが分かりやすいよう、子どもたちと行ないながら修正していく。

＊ 演技の様子をビデオで撮影して自分たちのしていることを見られるようにし、確認しながら自信をもって取り組めるようにする。

◆ 運動会に向かって取り組む時間と、友達と遊ぶ時間が保障できるように1日の流れを組み立てる。見通しをもって生活できるように子どもに分かりやすく提示する。

＊ 翌日も続けて遊べるように、場を残すなど片付け方を工夫し、遊びが連続して行なえるようにする。

◆ 月見に関心がもてるようにススキや団子を飾ったり、絵本や図鑑を用意したりする。
（📖：『パパ、お月さまとって！』など）

反省・評価のポイント

★ 友達とルールや遊び方を相談して決めて、進めていく楽しさを感じていたか。
★ 運動会を自分たちで進めていく喜びを感じ、見通しをもって活動に取り組めるような援助ができたか。

10月 2週の計画
10/9(月)〜14(土)

今週の予定
- 避難訓練、運動会

前週の幼児の姿
- 自分や友達の役割が分かって声を掛け合いながら生活を進めている。
- 友達と相談しながらリレーの作戦やダンスを考えて繰り返し取り組んでいる。

- 自分の力を発揮したり、友達と力を合わせる喜びを感じたりする。
- 目的に向かって考えたり挑戦したりして力を合わせて取り組む充実感を味わう。
- 友達のやり方を認めたり、コツを伝え合ったりしながら遊ぶ。
- 勝ったうれしさや負けた悔しさを友達と一緒に感じ、つながりを深める。
- 自分たちがつくり上げてきた運動会を仲間や保護者、地域の人と一緒に楽しみ自信をもつ。

---

* 園庭などでパラバルーンを行ない、風を感じたり、友達と動きをそろえたりしながら音楽に合わせて行動することを楽しめるようにする。タイミングが分かりやすいように声を掛け、みんなの気持ちがそろう心地よさに共感する。
  （♪：『集まれファンファンファン』『パレード』など）
◆ パラバルーンの最後に仕掛け（キラキラのボール など）を用意するなど、子どもも保護者も楽しめるような工夫をする。
* 思い切り体を動かす楽しさに共感し、「悔しいからもう一回やろう」「勝ったからまた頑張ろう」などの様々な気持ちを受け止めていく。
* 繰り返し取り組む中で友達との仲間意識をもち、励まし合ったり、作戦などを考えたりする姿を認める。困ったことがあっても考えを出し合って解決していけるように見守ったり、考えるきっかけをつくったりする。
  （📖：『むしたちのうんどうかい』『スイミー』など）
◆ 戸外での遊びに使う遊具を置く場所を決め、自分たちで取り出せるようにしておく。（ゼッケン、カラー標識 など）
* クラスのみんなで取り組む時間や互いに見合うことのできる時間もつくり、友達のしていることに興味をもてるようにしたり、コツを伝え合ったりできるようにする。

* 友達がしているのを見て自分もやってみようとする姿を認める。力を発揮している友達の良さに気付いて声を掛ける姿を認め、保育者も一人ひとりの良さを言葉にし、いろいろな友達とのつながりを感じられるようにする。
* 遊びの中で、思いが行き違っていたり、思うように伝わらなかったりするときには、何に困っているのかを問い掛け、子どもたち同士で考えていけるきっかけをつくる。また、思いを伝え合って、楽しく遊べたことを認めていく。
* 保護者や地域の人などに見に来てもらうことを楽しみにできるように、プログラムに自分が頑張ったこと、見てもらいたいところなどを考えて描けるようにする。

反省・評価のポイント
★ 自分の力を発揮したり、友達と力を合わせる喜びを感じたりしていたか。
★ 目的に向かって考えたり挑戦したりして力を合わせて取り組む充実感を味わえるような援助ができたか。

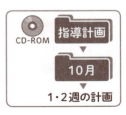

10月 3週の計画

10/16(月)～21(土)

今週の予定
● 身体計測

前週の幼児の姿
● 週末に運動会を行ない、思い切り力を発揮したり、いろいろな人に認められる喜びを感じたりした。
● 思いを出し合いながら遊び、いろいろな友達とのつながりを楽しんでいる。

ねらい(●)と内容(・)

● 自分なりの目当てをもって挑戦したり繰り返し取り組んだりする楽しさを味わう。
● 友達と考えを出し合ったり、力を合わせたりして遊ぶ楽しさを感じる。
・ 友達の姿を認めたり友達からの刺激を受けて自分もやってみようとする。
・ 固定遊具や縄跳びなどに興味をもって挑戦する。
・ イメージを出し合ったり声を掛け合ったりしながら遊びを進める。
・ 友達と力を合わせると楽しくなることを感じる。

具体的な環境(◆)と保育者の援助(＊)

◆ いろいろな動きに興味をもって取り組めるように運動会で行なったものや、思い思いに体を動かして遊べるような環境をつくる。
＊ 固定遊具や縄跳びなど、個人で挑戦する遊びでは、高さや数などを意識して頑張っている姿を具体的に認める。
◆ はん登棒や雲梯などにはビニールテープなどで印を付け、自分なりの目当てがもてるようにする。
＊ 頑張っている友達の姿に気付いて、認めたりコツを聞いて自分もやってみようとしたりする姿を認める。
◆ 運動会で楽しかったことを思い出しながら体(関節)の動きを意識して、絵を描くことを楽しめるような機会をつくる。また、自分でポーズをしたり、手足を動かせる紙人形を作り、それを動かしながら遊んだりできるようにする。
＊ 一人ひとりが作った物を構成して壁面に飾るなどし、友達と共通の目的をやり遂げた喜びを表現できるようにする。
＊ 数人でイメージを出し合って遊べるよう、イメージが広がるような絵本を読んだり、歌を取り入れたりする。(📖:『かいぞくぽけっと』シリーズ、♪:『ぼくらはみらいのたんけんたい』)

◆ 材料を選んで使えるように出しておく。イメージが実現できるように必要に応じて新たな物も用意し、物の名前や扱い方を知らせていく。(わりピン、不織布 など)
＊ 大型遊具での遊びでは、安全な遊び方に気付き、声を掛けて組み立てられるよう見守る。自分たちで考えて工夫したことの楽しさに共感する。
＊ 思いの違いや場、物の使い方でトラブルになるときには、互いの思いを出し合うよう促し、解決の方法を一緒に考える。
＊ 扱う物が増えて場が広がっているときには、場を整えながら遊ぶように促したり、その場の中での置き場所を決められるよう整理したりする。

反省・評価のポイント

★ 友達と考えを出し合ったり、力を合わせたりして遊ぶ楽しさを感じていたか。
★ 自分なりの目当てをもって挑戦したり、繰り返し取り組んだりする楽しさを味わえる環境を整えられたか。

10月 4週の計画
10/23(月)〜31(火)

今週の予定
- 誕生会、イモ掘り

前週の幼児の姿
- 大型遊具などを使って遊び、いろいろなイメージをもって遊んでいる。
- 固定遊具や縄跳びなどに挑戦し、体を動かすことを楽しんでいる。

- 友達と遊び方やルールを伝え合いながら自分たちで遊びを進める楽しさを感じる。
- 秋の収穫、旬の食べ物に興味をもち、健康な生活を意識して生活しようとする。
- 新しい遊びのルールを理解し、友達と一緒に楽しむ。
- 友達と誘い合って遊び始め、人数をかぞえたり調整したりする。
- 遊びに必要な役割や物を友達と伝え合いながら進める。
- 昼食時などに食べ物や栄養について話題にし、友達と伝え合う。

◆ 友達と一緒に体を動かすことを楽しめるように新しい遊びを提案していく。（ドッジボール など）

* 遊び方やルールが分かって取り組めるように、ホワイトボードやマグネットを使って子どもたちと話をしながら視覚的に伝えていく。

* ドッジボールなど新しい遊びでは、保育者も遊びの仲間になり、ルールが伝わるような動きをしたり、子どもたちと確認したりしながら遊ぶ。

* 自分たちで遊び方やルールを伝え合いながら進める姿を見守る。言い合いになったときなどは、互いが思いを出せるように見守り、必要なときには話を整理するきっかけをつくる。

* 1日の生活の流れや時間をなるべく毎日同じになるようにし、見通しをもてるようにしていく。自分たちで気付いて行なう姿や友達に声を掛け合う姿を認めつつ、なかなか取り掛かれない子どもには、周囲の様子に気付くよう促す。

* 身体計測や体を動かす遊び、旬の食材をきっかけに、栄養のことを子どもたちに伝える。赤・黄・緑の三色食品群の話などを絵本やパネルシアターを使って興味をもてるように伝える。

◆ イモの収穫に興味がもてるようにイモが土の中でどんな様子でいるなどイメージして絵を描いたりお話づくりを楽しんだりできるような機会をつくる。

* イモ掘りでは、収穫とともに、茎の匂いを嗅いだり、ツルの長さを比べたりすることを楽しめるように保育者が一緒に楽しんでいく。
（📖:『さつまいもの本』『おおきなおおきなおいも』、♪:『いもほれほーれ』 など）

反省・評価のポイント
★ 友達と遊び方やルールを伝え合いながら自分たちで遊びを進める楽しさを感じていたか。
★ 秋の収穫、旬の食べ物に興味をもち、健康な生活について意識できるような環境をつくれたか。

指導計画 10月3・4週の計画

CD-ROM 指導計画 ▶ 10月 ▶ 3・4週の計画

10月 日の計画
10/4(水)

ねらい	●運動会に向けて、友達と一緒に意欲的に係活動に取り組んでいく。 ●自分なりの目当てをもって遊びに取り組んだり、友達と力を合わせたりすることの楽しさを味わう。
内容	●自分の役割が分かり、運動会までの見通しをもって、友達と一緒に準備をしたり、動いたりする。 ●グループの友達と一緒に動きを考え、協力したり力を合わせたりして表現することを楽しむ。

指導計画 10月 日の計画

	環境を構成するポイント	予想される幼児の活動	保育者の援助
登園〜14時頃	●運動会までの見通しと、生活の流れが分かるように、1日の予定を掲示する。 ●係の予定や活動内容も掲示し、具体的な見通しをもって活動や準備が進めていけるようにする。 ●遊びに使う用具や遊具は、子どもたちが出し入れしやすい場所に置き、リレーのラインを引いておいたりするなど、自分たちで必要な物を用意し、遊びが始められるようにする。 ●踊りの音楽のCDやプレイヤー、リレーのバトンやゼッケンなど、遊びに使う道具を準備し、自分たちで出し入れして必要な物を用意して遊びを始めたり、練習したりできるようにする。 ●明日の目当てややることをクラスのみんなで確認する時間をもち、翌日の予定表に書き込む。	●登園する。 ●持ち物の始末、手洗い・うがいをする。 ●1日の流れや今日の予定を確認する。 ●当番活動をする。 ●好きな遊びをしたり、同じ係で集まって司会の練習をしたりする。 （室内：万国旗、プログラムの絵を描く、司会の練習をする／戸外：リレー、踊り） ●片付けをし、集まる。 ●歌をうたう。 （♪：『はしるのだいすき』など） ●外に出て、パラバルーンをする。 （♪：『集まれファンファンファン』など） ●グループごとに表現の場面を見せ合ったり、通してやってみたりする。 ●排せつ・手洗い・うがいをする。 ●昼食をとる。 ●好きな遊びをする。 ●片付けて集まる。（📖：『おつきみうさぎ』） ●降園する。	●1日の生活の流れや今週の予定を確認し、自分や友達とすることが分かって行動できるようにする。 ●同じ係やグループの仲間と声を掛け合い集まったり、自分たちで気付いて進めたりする姿を認めていく。 ●グループの表現では、動きながら互いの考えや思いを伝え合っているか、受け止め合って進めているかを把握して認めたり、必要に応じて橋渡ししたりしていく。 ●園庭での遊びでは、体を思い切り動かす楽しさや力を出し切る開放感を楽しめるようにする。水分補給を促す。 ●友達とやり方やルールを確かめ合いながら遊ぶ姿を見守る。 ●プログラムの絵や旗作りのコーナーでは、工夫して描く姿を認め、みんなで会をつくり上げていく実感を得られるようにする。
14時頃〜降園	●活動内容や個人差で午睡の時間がそれぞれになるので、途中で目を覚ましても静かに過ごせる場所を用意しておく。 ●遊びごとにスペースを確保し、それぞれの遊びに落ち着いて取り組めるようなコーナーの配置を考える。	●昼食後、休息をとる。 ●おやつを食べる。 ●自分の持ち物をまとめる。 ●異年齢児と好きな遊びをする。 ●片付ける。 ●降園準備をする。 ●降園する。	●生活の流れや体調などに合わせて、午睡の時間を短くしたり、室内で静かに過ごせるように活動内容を変更したりしていく。 ●夕方は気温が下がることもあるので、室温の管理には留意する。

反省・評価のポイント
★ 一人ひとりが自分の役割や係の大切さを分かって、友達と意欲的に取り組んだり、考えを出し合ったりして係活動や準備を進めていくことができたか。
★ 自分の目当てをもって遊びに取り組んだり、友達と力を合わせたりする楽しさを味わう援助ができたか。

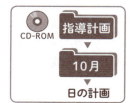

188

今月の保育

友達と共通の目的に向かって遊びをつくり上げる楽しさを

気の合う友達と遊びを進める中で、それぞれが力を発揮して頑張る姿や協力して取り組もうとする姿が見られます。共通の目的に向かって自分の考えを伝えるとともに友達の考えを知り試行錯誤して、共につくり上げる楽しさを味わえるようにしましょう。作品展などへの取り組みを通して、遊びの目的やイメージを共有できるよう、これまでの経験を生かしながら自分たちで継続して意欲的に取り組めるような環境の構成や援助を工夫していきましょう。晩秋の自然と関わる子どもたちの気付きや発見を受け止め、知的好奇心や探究心を高めて、いろいろな見方や考え方が芽生えるようにしましょう。

指導計画
11月

保育のポイント

共通の目的に向かって実現する楽しさが味わえるように

協同性 / 思考力の芽生え / 数量や図形、標識や文字などへの関心・感覚 / 言葉による伝え合い

友達と一緒に考えたことを遊びの中で実現する楽しさが味わえるように、共通の目的を確認したり、グループで役割を分担したり、少人数で話し合ったり、試行錯誤したりして進めていけるように援助しましょう。互いに考えを合わせて見通しや計画性をもって取り組むことが大切です。

相手に分かるように伝えたり、理解したりして進めていけるように

協同性 / 思考力の芽生え / 言葉による伝え合い / 道徳性・規範意識の芽生え

グループの友達と目的に向かって活動していくと、考えやイメージが異なって意見がぶつかり合うトラブルが生じます。自分の思いや考えを友達に分かるように伝えたり、友達の話を聞いて理解したり、折り合いを付けたりしていく過程が大切です。グループの課題を把握して、チャンスを捉えて援助していきましょう。

自然物での遊びが充実し、知的好奇心が高まるように

自然との関わり・生命尊重 / 思考力の芽生え / 豊かな感性と表現

風の冷たさや木の葉の色付きに気付くなど、知的好奇心も高まります。いろいろな木の実などを遊びに取り入れて計画的に豊かな表現活動につなげられるようにしましょう。自然物の感触や特質などに気付いて調べたり、考えたりできるよう図鑑や収集物の分類など環境の工夫をしていきましょう。

189

11月の計画

クラス作り

遊園地ごっこや作品展などのクラス全体で取り組む活動を通して、友達と思いや考えを出し合いながら進める楽しさを味わってほしい。今まで経験した素材や用具を生かして製作したり、新しい素材や用具を取り入れたりして、自分たちの考えを実現する楽しさを味わってほしい。

前月末の幼児の姿	ねらい	幼児の経験する内容(指導内容)
生活 ● 1日や1週間の予定表を見たり時計を確認したりして、自分なりに見通しをもって過ごすことができるようになっている。 ● 運動会を経験して体を動かす気持ち良さや自分の力を発揮する楽しさを感じている。 ● 友達と力を合わせたり競い合ったりする楽しさを感じている。 **興味・関心** ● 縄跳びや鉄棒などに挑戦したり、友達に刺激を受けてやってみようとしたりしている。 ● 運動会で経験したことやイモ掘りで収穫したイモなど、自分なりに表現することを楽しんでいる。 **友達や保育者との関わり** ● 友達と互いに思いを出し合いながら遊びを進める楽しさを味わっている。 ● 涼しい日が続き日差しが和らいできている。季節の変化に気付いて、友達同士で伝え合う姿が見られる。	● 友達と共通の目的に向かって考えを伝え合いながら遊びや生活を進める楽しさを味わう。 ● 様々な素材に触れ、試したり工夫したりして、イメージしたものやアイディアを実現する楽しさを感じる。 ● 季節の変化に気付き、遊びや生活に取り入れる楽しさを感じる。	● 遠足で経験したことや気付いたことを表現したり、友達と伝え合ったりする。 ● 小学校の音楽会や学習発表会を見学し、遊びに取り入れたりまねたりする。 ● 友達と共通の目的に向かって思いや考えを出し合って遊びや活動を進めていく。 ● 自分の考えややりたいことを相手に分かりやすく伝えようとする。 ● 相手の思いやアイディアを聞き、受け入れたり取り入れたりしようとする。 ● ルールのある遊びをする中で、様々な体の動きを経験する。 ● ルールのある運動遊びで勝敗を友達と共感しながら繰り返し遊ぶ。 ● 友達と一緒に挑戦する楽しさを感じる。 ● 自分のイメージに合う素材を選んだり組み合わせたりして遊びに必要な物を製作する。 ● 今まで使ったことのある素材や用具を思い出して、目的に合わせて使う。 ● 新しい用具を、安全に気を付けて使う。 ● 就学時健診を通して就学に期待をもつ。 ● 園内外の自然の変化に気付き、関心を深める。 ● 落ち葉や木の実などを遊びに取り入れ工夫して表現する。

家庭・地域との連携

■ 遊園地ごっこや作品展などについて、活動のねらいや意義、子どもたちが主体的に進めてきた道筋、友達同士のやり取りなどのエピソードをクラス便りや掲示で知らせていく。また、保育を公開し取り組みを見られるようにしたり登降園時に見られるようにしたりして、具体的な製作物や展示物から子どもたちの成長を感じられるようにする。
■ 個人面談や降園時に就学時健診や小学校見学の話題にふれ、就学までに身につけておきたいことや生活習慣について確認し、保育者と保護者が連携して就学に向かえるように意識を高めていく。

園生活の自立に向けての配慮点

●は健康・食育・安全、
★は長時間にわたる保育への配慮、
♥は保育者間のチームワークについて記載しています。

- ● 就学を見通して、午睡の時間をなくしたり減らしたりしていく。また、昼食の終わりの時間を意識していけるようにしていく。
- ★ 日が短くなる時季なので、室温の管理とともに温かい雰囲気づくりを心掛ける。
- ♥ 数日間に渡る製作活動のときは、場の使用状況など、他の保育者と連携を密にする。
- ♥ 行事に異年齢を招待するときは招待状やチケットを保育室に持っていくなど、互いに見通しをもち期待できるように工夫する。

要領・指針につながるポイント

素材の特性を生かして表現する

身近にある様々な素材や自然物などの環境があることで、それらの特性やそれを使った表現の仕方などに気付き、イメージやアイディアを実現しようと必要なものを選んで表現したり、友達と工夫したりして創造的な活動を繰り返すことを楽しみ、豊かに表現しようとする意欲が高まります。（参考：「思考力」・「豊かな感性と表現」・「自然との関わり・生命尊重」）

環境の構成と保育者の援助

友達と共通の目的に向かって考えを伝え合いながら遊びや生活を進める楽しさを味わえるように

- ● 一人ひとりが思いや考えをグループの中で出せているか確認し、必要に応じて言葉を補ったり調整したりする。
- ● トラブルや意見が食い違うときには、自分たちで解決できるようにヒントを投げ掛けたり、一緒に考えたりしていく。
- ● クラス全体で同じ目的に向かって取り組む活動では、子どもたちが興味・関心をもって取り組めるように活動内容を一緒に考えていく。
- ● グループごとのアイディアや進捗状況をクラス全体で共有できるような機会を、昼食前や降園前などにつくっていく。
- ● 予定表や互いの活動内容を掲示することで、自分たちで予定を確認して見通しをもって進められるようにする。
- ● 異年齢児を招待したり、保護者に見てもらったりして子どもたちの自信や達成感につながるようにする。
- ● 自分たちで継続して遊びを進められるように場を設定したり、用具の置き場を共通にしたりしておく。

様々な素材に触れ、試したり工夫したりして、イメージしたものやアイディアを実現する楽しさを感じられるように

- ● イメージに合う素材を選んだり組み合わせたりできるように、いろいろな素材を準備したり子どもと一緒に考えたりする。
- ● これまでの経験を生かし、大型遊具や場づくりの道具などを取り入れられるようにしていく。
- ● 一人ひとりが繰り返し取り組む姿を認めたり、クラスで取り上げ、工夫したり挑戦したりする楽しさを味わえるようにする。

季節の変化に気付き、遊びや生活に取り入れる楽しさを感じられるように

- ● ドングリやイチョウの葉など、園内外の自然の変化について話題にしたり子どもたちの気付きを認めたりしていく。
- ● 散歩や遠足で拾った木の実や落ち葉を、分類したり飾ったり、子どもたちと一緒に表示を付けたりしてコーナーをつくる。また、図鑑や絵本を用意し、興味・関心が高まるようにする。
- ● ヒヤシンスやクロッカス、チューリップの栽培では、生長の変化や子どもの気付きを取り上げ、知的好奇心が高まるようにする。

反省・評価のポイント

- ★ 友達と共通の目的に向かって思いや考えを出し合いながら、遊びや活動を進める楽しさを味わえたか。
- ★ 季節の変化に気付き、遊びや生活に取り入れる楽しさを感じられたか。
- ★ 様々な素材を用意し、試したり工夫したりしてイメージを実現する楽しさを味わえるよう援助できたか。

11月 1週の計画

11/1(水)〜11(土)

今週の予定
● 文化の日

前週の幼児の姿
- イモ掘りに行き、収穫する楽しさを味わったり、自分なりに表現したりすることを楽しんだ。
- ドッジボールや鬼遊びなど新しい運動遊びを楽しんでいる。
- はん登棒や雲梯を、自分なりにやってみたり繰り返し挑戦したりしている。

ねらい（●）と内容（・）

- ● ルールのある遊びを通して友達と考えを伝え合いながら、体を動かす楽しさを味わう。
- ● 植物の栽培を通して、特性に気付いたり生長に期待したりして、興味・関心を深める。
- ・ 友達と誘い合って戸外で体を動かして遊ぶ。
- ・ ルールや遊び方を考えたり確かめたりして、自分たちで遊びを進めようとする。
- ・ ヒヤシンスやクロッカスの特性に気付いたり生長に期待をもったりする。
- ・ 翌週の遠足の内容を知り期待や見通しをもつ。

具体的な環境（◆）と保育者の援助（＊）

＊ 子ども同士が体を動かして遊ぶ姿を見守りながら、時には保育者も一緒に遊び、体を動かす気持ち良さや、勝ったり負けたりする楽しさに共感する。当番活動の後や降園前など、クラス全体でも遊ぶ機会をつくり、体を動かして遊ぶ楽しさを一人ひとりが感じられるようにする。
（ドッジボール、宝取り、手つなぎ鬼、電子レンジ鬼 など）

◆ ドッジボールでは、子どもの投げやすい大きさや柔らかさのボールや、子どもの人数や力によって遊びやすいようなコートの広さなど、子どもの様子を見ながら工夫していく。

＊ ルールや判定でトラブルになったときは、それぞれが自分の思いを出したり周りの子どもたちが仲裁に入ったりする姿を見守りながら、新たなルールをつくったりするなど、どうすればみんなで楽しく遊べるかを一緒に考えていく。

◆ 自分たちで遊び始められるように白線を引いたりボールや宝などの置き場所を共通にしたりする。

＊ 鉄棒や縄跳び、一輪車に挑戦する姿を具体的に認めたりクラスで取り上げたりして、自信につながるようにするとともに、他児への刺激になるようにする。できたことや回数を書き込めるカードなどを用意するなど、自分の立てた目標を達成する喜びを味わえるようにする。

＊ 集まったときや降園前に長編の物語を読み聞かせすることで、物語の世界やイメージを共有する楽しさを味わえるようにする。
（📖：『もりのへなそうる』『ダンプえんちょうやっつけた』『ロボット・カミイ』など）

◆ 球根の水栽培では、個別に容器を作ったりグループで育てたりできるような材料を用意する。また、画用紙に絵を描いて容器を覆ったり図鑑を置いたりするなど、生長や変化に関心が高まるように工夫する。
（プリンカップ、プラカップ、ペットボトル、黒画用紙 など）

◆ 翌週の遠足に期待をもち、乗り物の仕組みに興味を高められるように、遊園地のパンフレットや地図、下見のときに撮った写真を掲示する。

反省・評価のポイント

★ ルールのある遊びを通して友達と考えを伝え合いながら体を動かす楽しさを感じられたか。
★ 植物の特性に気付いたり生長に期待したりして、興味・関心を深められるよう環境を工夫できたか。

11月 2週の計画
11/13(月)〜18(土)

今週の予定
- バス遠足、避難訓練

前週の幼児の姿
- ドッジボールや鬼遊びなど、自分たちで誘い合いながら遊びを進めようとしている。
- 物語の読み聞かせを楽しんでおり、続きを楽しみにしたり、友達同士で、話題にしたりしている。
- 球根の生長を楽しみにしている。

- いろいろな素材を組み合わせて友達と一緒にイメージを表現する楽しさを味わう。
- 秋の身近な自然を取り入れて試行錯誤しながら遊ぶ楽しさを味わう。
- 遠足で経験したことを思い出し、友達と一緒に再現して作ったり遊んだりする。
- グループの友達に自分の思いを伝えたり、相手の考えを聞いたりする。
- イメージに合った素材を選んだり組み合わせたりして製作する。
- 秋の自然物の特性に気付き、工夫して遊びに取り入れる。

＊ 避難訓練では、大きな地震や広域の火事などを想定し、一次避難場所、二次避難場所への避難を行なう。事後指導では交通ルールや災害時の動き方について確認する。

＊ 遠足では交通ルールや公共交通機関でのマナーなどを確認し、意識をもって安全に遠足に参加できるようにする。

＊ 遠足で見てきたことや好きな遊びで遊んでいる乗り物ごっこを話題にし、クラス全体で取り組む活動として、遊園地ごっこについて思いや考えを出し合って気の合う友達と一緒に考えていくようにする。

◆ 作りたい乗り物やお化け屋敷などの、具体的に作りたい物の写真やイラストを用い、期待や意欲が高まるようにしていく。

◆ 自分たちのイメージに合う素材を選べるように様々な製作コーナーに置いておく。また、子どもたちがイメージしていることを具体的に引き出しながら、それに合った素材や適した素材を提案し準備しておく。
(不織布、カラーポリ袋、段ボール板、カラーセロハン、OHPシート、クレープ紙、モール、アクリル絵の具 など)

＊ グループで作る物を話し合ったり役割を決めたりして、それぞれ自分のやることがはっきり分かり、取り組めるようにする。また、活動後は進捗状況を確認したり翌日以降の活動を共通に話し合ったりして、一人ひとりが見通しをもって取り組めるようにする。

◆ 園内外で拾ったドングリやマツボックリを置ける場所を用意する。分類して表示を付けられるような容器を置いたり図鑑を用意したりして、関心を深められるようにする。

◆ 木の実や落ち葉、小枝を使った製作に関する本を用意したり作品を掲示したりして、秋の自然を取り入れて遊ぶ楽しさを味わえるようにする。
(ドングリごま、落ち葉のフロッタージュ、コリントゲーム、マツボックリツリー など)
(📖:『どんぐり・落ち葉・まつぼっくり製作BOOK』など)

＊ 素材の特性に気付く姿を認めたり製作のヒントを投げ掛けたりして、試したり工夫したりして遊ぶ楽しさを味わえるようにする。

反省・評価のポイント
★ いろいろな素材を使い、イメージを実現したり表現したりする楽しさを味わえたか。
★ 秋の自然を取り入れながら試行錯誤して遊べるように援助できたか。

3 11月 週の計画
11/20(月)〜25(土)

今週の予定
- 身体計測、誕生会、勤労感謝の日、小学校見学（音楽会）

前週の幼児の姿
- 遊園地ごっこに向けて、何をどう作るか友達と考えを出し合い相談している。
- 自分たちのイメージが形になっていくことで遊園地ごっこへの期待が高まっている。
- ドングリやマツボックリなど、秋の自然物を拾って来たり製作に取り入れたりしている。

ねらい(●)と内容(・)
- ● グループの友達と思いや考えを出し合いながら活動を進める楽しさやおもしろさを味わう。
- ● 生活に見通しをもち、自分たちで遊びや活動に取り組むことを楽しむ。
- ・自分の考えを伝えたり友達の思いや考えを受け入れたりしながら活動を進めようとする。
- ・製作や係などの役割を通して自分の力を発揮しようとする。
- ・1日の生活について予定表を見たり友達と伝え合ったりして行動を調整する。
- ・遊園地ごっこの開園までの日にちを確認して、見通しをもって活動に取り組む。

具体的な環境(◆)と保育者の援助(＊)
- ＊子どもたちが思いや考えを出し合う姿を認めたり保育者も一緒に考えたりしながら、アイディアやイメージを実現する楽しさやおもしろさを感じられるようにする。（ブラックライトや蛍光塗料、OHPなど）
- ◆これまでの経験を生かし、大型積み木や巧技台、マルチパネルなどの大型遊具もイメージに合わせて取り入れられるようにする。
- ＊一人ひとりの思いや考えが十分に伝わるように、内容を整理したり、伝え方を具体的に知らせたりしていく。グループ内の人間関係や力関係を丁寧に読み取り、一方的な話し合いになっていないか、うまく伝わらないまま作業が進んでいないか、十分に配慮する。
- ＊昼食前や降園前に、グループごとの進捗状況や活動内容をみんなに知らせたり相談したりする機会をつくることで、クラス全体で活動を進めている意識をもてるようにする。
- ＊看板やチケットなど、お客さんを招待するために必要なことに気付く姿を認め、クラス全体で共有していく。
- ◆1日の予定表にそれぞれのグループが活動する時間を掲示できるようし、見通しをもって遊んだり生活したりできるようにする。また、1週間の予定に遊園地ごっこの開園までの予定や日数を書いて、期待と見通しをもって取り組めるようにする。
- ＊小学校の観劇会や音楽会を見学する際は、内容や見学時のマナーについて事前に知らせ期待をもって参観できるようにする。また、参観して気付いたことや感じたことを話題にしながら、自分たちの遊びに取り入れたりまねたりするよう促していく。
- ＊木々の色づきや秋の空（うろこ雲やひつじ雲）など、自然の変化を話題にし、季節の移り変わりを感じられるようにする。
（📖:『くすのきだんちのあきまつり』『くだものおばけやしき』『あきやさいのあきわっしょい』）

反省・評価のポイント
- ★グループの友達と思いや考えを出し合いながら活動を進める楽しさやおもしろさを感じられたか。
- ★生活に見通をもち、自分たちで遊びや活動に取り組めるような環境づくりができたか。

11月 4週の計画

11/27（月）〜30（木）

今週の予定
- 作品展（遊園地ごっこ）

前週の幼児の姿
- 遊園地ごっこの乗り物や場ができ、友達同士で乗ったり遊んだりして楽しんでいる。
- 年下の子どもたちが来ることや保護者が見に来ることを楽しみにしている。

- 共通の目的に向かってグループの友達と一緒に活動を進める楽しさを味わう。
- クラスの友達と一緒に楽器を鳴らしたり演奏を見せ合ったりして表現する楽しさを味わう。
- 年下の子どもを招待し、相手の気持ちに気付いたり受け止めたりする。
- 自分の役割が分かり、友達と協力して活動を進め、充実感を味わう。
- 楽器の鳴らし方や組み合わせを考えて音楽に合わせて鳴らす。
- 友達と一緒に楽器を鳴らしたり演奏を見せ合ったりすることを楽しむ。

◆ 乗り物を動かす係やお客さんを招待したりするために必要な係を出し合い、当日に向けて準備を進める。ホワイトボードやマグネットを使い、それぞれの役割や順番が共通になり、自分たちで進められるようにする。

＊ グループごとに乗り合ったり見合ったりして、良かった点や気付いたことを出し合う機会をつくる。相手の気持ちに気付くきっかけにするとともに、自信をもって活動を進められるようにする。

＊ 年下の子どもに優しく関わったり楽しませようとしたりする姿を認め、自信や喜びにつながるようにする。また、気付いたことや困ったことについてクラスで話題にし、相手の気持ちや伝え方について考える機会をつくる。

◆ 遊園地ごっこ終了後は、余韻を楽しみながら乗り物や場を整理したり片付けたりして、次の活動や生活につなげていく。

◆ 小学校の音楽会での経験から、音楽に合わせて表現する楽しさを味わえるように、楽器に触れられるコーナーをつくったり音楽会で聴いた曲のCDや耳になじんでいる曲を用意したりする。
（♪：『さんぽ』『崖の上のポニョ』『世界中の子どもたちが』『クシコス・ポスト』など）

＊ 自分たちなりに楽器の鳴らし方を考えたり組み合わせを工夫したりする姿を認め、表現する楽しさを味わえるようにする。また、クラスで演奏する見せ合う機会をつくるなど、お楽しみ会などにつながるようにする。
（大太鼓、小太鼓、木琴、ハンドベルなど）

◆ ドングリや小枝、段ボール板を組み合わせてリースやフレームなどを製作できるように準備しておく。
（木工用接着剤、グルーガン、木の実、小枝 など）

＊ グルーガンを使うときは、クラス全体で安全な使い方を知らせるとともに、保育室の一角にコーナーをつくり、安全に十分に配慮する。

反省・評価のポイント
★ 共通の目的に向かってグループの友達と一緒に活動を進める楽しさを味わえたか。
★ クラスの友達と一緒に楽器を鳴らしたり演奏を見せ合ったりして表現する環境がつくれたか。

指導計画

11月3・4週の計画

CD-ROM ▶ 指導計画 ▶ 11月 ▶ 3・4週の計画

11月 日の計画
11/15(水)

ねらい	●遊園地ごっこに向けて、自分の思いや考えを友達と伝え合う。 ●一日の生活の流れを確かめて、見通しをもって行動する。
内容	●遠足の体験を出し合い、遊園地ごっこに期待をもつ。 ●遊園地ごっこに向けて自分のやりたいことを伝えたり、友達の思いや考えを聞いたりする。 ●活動の予定表や時計を意識し、友達と声を掛け合って行動する。

指導計画　11月 日の計画

	環境を構成するポイント	予想される幼児の活動	保育者の援助
登園〜14時頃	●一日の生活の流れが分かるように、活動の予定表や時計の表示を掲示したり、時計の文字盤に印を付けておいたりする。 ●前日の遠足を振り返られるように、乗った乗り物の写真やパンフレットなどを掲示しておく。 ●ドッジボールのコートは、自分たちで描いて遊びを始められるようにする。 ●導入では遊園地の乗り物の写真を用いて一人ひとりのイメージが共通になるようにする。 ●話し合いの内容が全員で共通になるようにホワイトボードや黒板を使う。 ●話し合ったことを整理して、絵で提示する。	●登園する。 ●持ち物の始末をする。 ●1日の流れや活動の予定を確認する。 ●好きな遊びをする。 　（室内：お店屋さんごっこ、木の実の製作、乗り物ごっこ　など 　戸外：ドッジボール、助け鬼　など） ●片付けをする。 ●集まる。 ●歌をうたう。 　（♪：『めざせ！たからじま』『きみのこえ』『ドングリ坂のドングリ』など） ●遊園地ごっこについての相談をする。 ●何をやりたいか考えを出し合う。 ●友達の考えを聞いて自分の考えを言う。 ●昼食を食べる。 ●好きな遊びをする。 ●当番活動をする。 ●片付けて集まる。 ●本の読み聞かせをする。 　（📖：『もりのへなそうる』など）	●一日の流れについて話題にし、自分のすることを意識できるようにする。 ●保育者は審判をしたり一緒にチームに入ったりしながら、体を動かして遊ぶ楽しさに共感していく。 ●秋の自然物を取り入れた遊びでは、子どもの気付きを認めたりヒントを投げ掛けたりして、試したり工夫したりして遊ぶ楽しさを感じられるようにする。（コリントゲーム、アクセサリー製作、ドングリ迷路　など） ●自分の思いを伝え、相手の言葉に耳を傾けているか見守り、必要に応じて言葉を補足したり整理したりしていく。 ●話し合いで決まったことや明日の予定を確認し、クラス全体で共通になるようにするとともに、明日への期待につながるようにする。 ●気の合う友達と考えを出し合ってグループでやることをきめるようにし、様子に応じて提案する。
14時頃〜降園	●1日の気温差に応じて、戸外や室内で過ごす時間を調整する。また、必要に応じて衣服の調整ができるようにしておく。 ●自分のペースで遊べるように、一人ひとりのスペースを確保したり、遊びごとについ立てで仕切ったりする。	●昼食後、休息をとる。 ●室内遊びをする。 ●おやつを食べる。 ●自分の持ち物をまとめる。 ●異年齢児と好きな遊びをする。 ●片付ける。 ●降園準備をする。 ●降園する。	●保育者の引き継ぎでは、午前中の遊びやクラス活動の様子などを踏まえ、生活のつながりに配慮する。 ●この時期は少しずつ気温が下がり、日も短くなってきているので、室温の管理とともに温かい雰囲気づくりを心掛ける。

反省・評価のポイント

★ 遊園地ごっこに期待をもち、自分の思いや考えを友達と伝え合えたか。
★ 1日の生活の流れや活動のイメージが分かるような掲示の工夫やことばがけができたか。

12月

今月の保育

見通しをもって自分たちの生活を進められるように

今までの経験を生かして、友達と協力して取り組む楽しさや喜びを味わうことができるようになり、自信をもって生活する姿が見られるようになってきます。今月は更に、力を合わせてお楽しみ会や年末のいろいろな活動を進めることができるように、自分たちで遊び方を話し合い、友達の輪を広げたり深めたりできるような機会をつくっていきましょう。自分たちで考えを出し合ったり、見通しをもったりして遊びや生活を進めていく姿を大切にして、援助していきましょう。また、年末の地域の様子や人々に関心をもって関わり、身近な環境の変化への気付きや発見を伝え合う機会を大切にしていきましょう。

保育のポイント

友達と体を動かす遊びを広げ進めていく楽しさを

`健康な心と体` `自立心` `道徳性・規範意識の芽生え`

戸外でも縄跳びや竹馬、鬼遊び、ドッジボールなど、クラスの友達を誘って進めていく姿が見られます。保育者も一緒に遊びに参加し、子どもたちがくじけずにやり抜こうとしたり、自分たちでルールや遊び方などを考え、伝えたり聞いたりして、遊びを広げたり進めたりしていく姿を大切にしていきましょう。

それぞれの力を発揮しながら、同じ目的に向かって折り合っていけるように

`協同性` `言葉による伝え合い` `数量や図形、標識や文字などへの関心・感覚` `道徳性・規範意識の芽生え`

お楽しみ会など、昨年の5歳児の取り組みを思い出して、自分たちで共通のイメージをもって進めていくようになります。グループやクラスで思いや考えを伝え合う場を設け、目的の実現に向けてトラブルを解決しようとする姿を見守ったり、解決策を提案したりして、やり遂げた充実感をもてるようにしていきましょう。また、遊びの必要に応じて文字を読んだり、書いたりする機会をもちましょう。

年末年始の社会事象に興味・関心をもつように

`社会生活との関わり` `豊かな感性と表現`

地域の様々な年末の伝統行事に興味・関心をもって見たり調べたりし、人々が協力する姿や大切にしている風習を伝え、子どもたちの地域に親しむ心や豊かな感性を育んでいきましょう。餅つきや大掃除、正月の準備などを通して、この時季ならではの生活を体験しましょう。

12月の計画

クラス作り

友達と遊びを通して話し合ったり、協力し合ったりしながら、友達関係を深め、遊び込む楽しさを十分に味わえるようにしたい。お楽しみ会などでは共通のイメージをもって進め、思いや考えを伝え合い、やり遂げた充実感を味わえるようにしたい。年末の地域の様子や自然の変化にも気付けるようにしていきたい。

	前月末の幼児の姿	ねらい	幼児の経験する内容(指導内容)
生活	●友達と一緒に、遊園地ごっこを通して共通の目的をもって遊ぶことを楽しんでいる。 ●遊びに必要な物を見通しをもって製作し、進めるようになってきている。	●友達と共通の目的に向かい、思いや考えを伝え合いながら見通しをもって遊びや活動を進めていくことを楽しむ。	●グループの友達と共通のイメージをもって遊びや生活を進めていく。 ●課題やトラブルを解決しようとグループやクラスの友達と話し合い、思いや考えを伝え合う。 ●リズムや曲の雰囲気を感じながら、表現することを楽しむ。 ●お楽しみ会の内容や係を相談し、必要な物を協力して作るなど見通しをもって進める。
興味・関心	●今まで遊びに使った様々な素材を工夫して使い、イメージした物やアイディアを実現することを楽しんでいる。 ●友達と誘い合い、ドッジボールや鉄棒、縄跳びなど繰り返し遊んでいる。	●体を動かす遊びを通して、ルールを考えたり、挑戦したりする楽しさを味わう。	●友達と誘い合って、進んで戸外に出て運動遊びを楽しむ。 ●自分たちでルールや遊び方を考えたり、伝え合ったりする。 ●縄跳びや竹馬など自分なりの目当てをもち、繰り返し挑戦する。
友達や保育者との関わり	●ドングリや落ち葉などに興味をもち、コリントゲームなど自然物を取り入れて遊ぶことを楽しんでいる。	●年末の地域の様子や初冬の自然事象に興味や関心をもつ。	●地域の様々な伝統行事に参加し、興味・関心をもつ。 ●餅つきや大掃除など、新年を迎える準備の意味が分かり、喜んで参加する。 ●遊びの中で、文字に興味をもち、読んだり、書いたりしようとする。 ●風の冷たさなど、初冬の自然の変化に気付いたり、発見したり、疑問に思ったことを調べたりする。

 家庭・地域との連携
■ 健康に関する情報や就学を意識した休み中の過ごし方(生活リズム、自分のことは自分でする など)を知らせ、家庭での生活習慣を振り返り、親子で協力して見直したり取り組んだりできるようにする。
■ 園で経験してきたこと(大掃除、新年の挨拶 など)を家庭でも経験ができるよう、クラス便りなどで知らせる。
■ 地域の人々と関わりを深められるような、餅つきなどの地域の行事について知らせ、参加する機会をつくっていく。

園生活の自立に向けての配慮点

●は健康・食育・安全、★は長時間にわたる保育への配慮、♥は保育者間のチームワークについて記載しています。

- ●手洗い・うがいの大切さが分かり、自分で行なっている姿を認めていく。
- ●餅つきを通して、季節ならではの食べ物に興味がもてるようにする。
- ★落ち着いた温かな雰囲気の中、友達と2、3人で取り組める遊びや遊具などを十分に楽しめるようにしていく。
- ♥お楽しみ会や会食などでは異年齢との関わりが楽しめるように、保育者同士連携をとるようにする。

要領・指針につながるポイント

★ 友達と協同する過程を受け止めて

グループの友達と一緒に工夫して新たな考えを生み出し、より多様に表現できるようになっていく過程や、トラブルや課題を通して葛藤体験を乗り越えていく過程などを受け止め、活動の過程での一人ひとりの変容を丁寧に読み取り、自信につなげることが大切です。（参考：「協同性」「言葉による伝え合い」「豊かな感性と表現」）

環境の構成と保育者の援助

共通の目的に向かい、友達と思いや考えを伝え合い見通しをもって遊ぶ楽しさを味わえるように

- ●共通の目的やイメージについて話し合う時間を十分にとり、思いを伝える、相手の思いを聞く、折り合いを付けるなどの過程を大切にしていく。
- ●友達同士で協力して遊びや活動を進める姿を認め、工夫したり頑張ったりしている姿を伝え合ったり、困っていることを相談したりする機会をつくる。
- ●お楽しみ会では、合奏や踊り、ペープサートなど、それぞれに経験してきたことを取り入れながら、自分たちで目的に向かって工夫して表現する楽しさを味わえるようにする。
- ●お楽しみ会などに向けて、見通しをもって行なえるように、グループごとの予定を書き込んだりできるカレンダーなどを用意する。

体を動かす遊びを通して、ルールを考えたり、挑戦したりする楽しさを味わえるように

- ●ドッジボールや鬼ごっこなどの遊びを通して、寒さの中でも体を動かす心地良さを感じられるようにしていく。
- ●友達と一緒に遊びを進めていく中で、困ったときや混乱したときには、子どもたち同士で考えられる状況づくりをする。
- ●どうしたら楽しく遊べるようになるか考え、ルールを守るなどして遊ぶ楽しさが感じられるように、話し合いの機会をもてるようにする。
- ●縄跳びや竹馬、こま回しなど、一人ひとりが目当てをもち、繰り返し試せる場を用意していく。

年末の地域の様子や冬の自然事象に興味や関心をもてるように

- ●小動物の冬ごもりや風の冷たさなどを通して気付いたり、感じたことを友達と伝え合ったりできるようにしていく。知的好奇心を高められる絵本や図鑑、素材、用具を用意する。
- ●登園や散歩のときに気付いた年末の街の様子を話し合い、年末年始の行事や挨拶、伝統文化についての話題につなげていく。
- ●年末の大掃除の由来などを伝え、掃除の仕方や分担をクラスのみんなで考えて行ない、自分たちできれいにした達成感を感じられるようにする。
- ●年賀状作り、かるた、すごろくなどを用意し、文字、言葉、数などに興味をもち、遊びの中で親しめる機会や環境を用意していく。

反省・評価のポイント

- ★友達と思いや考えを伝え合いながら、共通の目的に向かって遊びを進める楽しさを味わっていたか。
- ★体を動かす遊びを通して、ルールを考え、挑戦することを楽しめていたか。
- ★年末の地域の様子や冬の自然事象に興味や関心をもてるよう、環境を工夫できたか。

指導計画 12月の計画

12月 1週の計画
12/1（金）〜 9（土）

今週の予定
- 避難訓練、身体計測

前週の幼児の姿
- 友達と協力して作品展（遊園地ごっこ）を楽しみ、満足感を味わっている。
- ドングリや小枝などの自然物を遊びに取り入れ、楽しんでいる。
- 小学校の音楽会を経験したことから、楽器に触れて楽しんでいる。

ねらい（●）と内容（・）
- ● グループの友達と思いや考えを伝え合いながら、遊びや活動を進める楽しさを味わう。
- ● 友達と誘い合い、戸外で思い切り体を動かす遊びを楽しむ。
- ・ お楽しみ会に向けて、考えを出し合い、やりたいことを決める。
- ・ 活動に必要な物を友達と話し合い、協力して取り組む。
- ・ 考えたり、伝え合ったりしながら、ルールを共有して遊ぶことを楽しむ。

具体的な環境（◆）と保育者の援助（＊）

＊ お楽しみ会に向けて、グループでしたい活動について話し合い、見通しをもって進めていけるようにしていく。
（合奏♪:『ジングルベル』、リズム:『クリスマスの歌が聞こえてくるよ』、ペープサート:『てぶくろ』など）

◆ それぞれの活動がじっくりと取り組めるように、時間差をつけて活動したり、場を区切ったりしていく。

◆ 見通しをもって取り組めるように、当日までのカレンダーを子どもたちと一緒に作って掲示し、練習の予定などを書き込めるようにしていく。

◆ 今まで使った楽器を取り出しやすい所に用意しておいたり、親しみのある曲の音源を準備しておいたりして、イメージしたことをすぐに表現できるようにする。
（楽器：ハンドベル、鈴、タンブリン、トライアングル など）

＊ 互いにアイディアを出し合い、自分たちで進めていく姿を具体的に認めていく。また、保育者も表現豊かに楽しむ姿を示していく。

◆ 友達と誘い合ってルールのある遊びを楽しめるように、異年齢クラスの保育者とも連携をとり、遊びの場を用意する。

＊ 寒い日は、体を温めたり、遊びだす楽しさを感じられたりできるよう保育者と一緒に簡単な運動をしてから遊び始めるようにしていく。

＊ 友達と誘い合い、互いにルールを確認して遊びを進めていく姿を認め、ルールを共有して遊ぶ楽しさを感じられるようにする。

＊ 思い切り体を動かし、体が温まる心地良さや、競い合う楽しさを感じられるようにしていく。
（ドッジボール、三つ巴鬼 など）

◆ 冬の健康な過ごし方を話したり、絵本やポスターなどを掲示したりすることで意識をもてるようにする。
（バランスの良い食事について、体を動かすことの大切さ、手洗い・うがいで予防すること など）

反省・評価のポイント
★ グループの友達と思いや考えを伝え合い、遊びや活動を進める楽しさを味わえていたか。
★ 友達と誘い合い、戸外で思い切り体を動かして遊べる環境を用意できたか。

12月 2週の計画
12/11(月)〜16(土)

今週の予定
● 誕生会、餅つき

前週の幼児の姿
● 戸外で、友達と一緒に体を十分に動かしてドッジボールなどを楽しんでいる。
● お楽しみ会でしたいことを話し合って準備や練習をしている。

● お楽しみ会に期待をもち、グループの友達と一緒に考えたり工夫したりすることを楽しむ。
● 冬へと移り変わる自然事象に興味・関心をもつ。
・見通しをもって、お楽しみ会に必要な物を友達と一緒に作ったり、練習したりする。
・友達と自分の考えやイメージを伝え合い、互いの思いを受け入れて協力して進める。
・餅つきを通して、出来上がるまでの過程を知り、季節の食べ物へ関心をもつ。
・葉の落ちる様子や息の白さなど、自然事象の不思議さを感じる。

---

* 一人ひとりが思いや考えを出し、話し合えているか、困っていることは何かなど、子どもたちが話し合う姿を見守りながら、互いの思いを知り、考えられるようなことばがけや援助を行なう。

* グループで話し合って決めたことや工夫したこと、協力したことを伝え合える機会を用意し、互いの良さを認め合い、自信につながるようにする。

◆ お楽しみ会の飾り付け、リースや小道具作りなど、子どもたちが表現することを楽しめるよう、自然物や素材を用意しておく。
(小枝、マツボックリ、木の実、毛糸、リボン、紙テープ、モール、ビーズ、木工用接着剤、マスキングテープ など)

* お楽しみ会の飾り付けなどを、子どもたちと話し合い、クラスのみんなで作り上げる楽しさや期待をもてるようにしていく。

◆ 餅つきに対する興味・関心をもてるように、絵本などを用意したり、読み聞かせる時間を設定していく。
(📖:『おむすびころりん』『ねずみのすもう』『おもちのきもち』など)

◆ 衛生面に配慮し、楽しんで餅つきができるように、子どもたちに手洗い・うがいを徹底したり、環境を整えたりする。

* 餅ができる工程を見られる機会を用意し、つく前の餅米やつきたての餅の感触など、感じたことを受け止め、食べ物に対しての興味をもてるようにする。

◆ 栽培物の生長に気付けるよう、置く場所などを工夫する。
(ヒヤシンス、クロッカス、ブロッコリー、カリフラワー など)

* 葉が落ちた木が増えたこと、息が白くなることに気付き、友達と発見を喜んだり、興味・関心をもって会話を楽しんだりできるようにする。

反省・評価のポイント
★ グループの友達と一緒に考えたり工夫したりして、お楽しみ会に期待をもてていたか。
★ 冬へと移り変わる自然に気付けるようにことばがけや援助ができていたか。

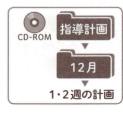

指導計画
12月 1・2週の計画

3 12月 週の計画
12/18(月)〜23(土)

今週の予定
- お楽しみ会、大掃除

前週の幼児の姿
- お楽しみ会に向けて、一緒に考えたり工夫したりしている。
- 餅つきを経験し、餅ができる工程を知ったり、味わったりする。

ねらい(●)と内容(・)

- ● お楽しみ会に向けて、グループの友達と一緒に活動を進めやり遂げた充実感を味わう。
- ● 一人ひとりが目当てをもち、遊んだり挑戦したりすることを楽しむ。
- ・ 友達と協力し、お楽しみ会の準備をする。
- ・ お楽しみ会で友達と気持ちを合わせて歌や合奏などを披露する。
- ・ 年賀状作りを通して、文字や数字などに興味をもつ。
- ・ 目当てをもって縄跳びや竹馬などに繰り返し取り組む。

具体的な環境(◆)と保育者の援助(＊)

- ＊ お楽しみ会に向けて、当日の進め方や係分担などを話し合い、自分の役割に責任をもって取り組めるようにする。
- ＊ 緊張したり、思い通りにならず戸惑う姿が見られたときには、グループに投げ掛けたり子どもたち同士で支え合う姿を認めたりする。
- ＊ グループで協力し合ったことや一人ひとりが頑張る姿を、全体でも伝え合う機会をつくり、クラスで取り組んでいる意識をもてるようにする。
- ＊ 友達と一緒に考えた合奏やリズム、ペープサートなどを異年齢児に楽しんで披露し、やり遂げた充実感や満足感を味わえるようにする。
- ◆ お楽しみ会の招待状、クリスマスカード、年賀状作りができるように、文具や紙類、五十音表、五十音スタンプ、数字表などを用意する。

- ◆ 縄跳びや竹馬など、一人ひとりが目当てをもってじっくりと、取り組めるような場を保障する。
- ＊「これができるようになりたい」という思いをもって繰り返し挑戦する姿を認め、友達や保育者の姿を見てコツに気付けるようにする。
- ＊ 子どもたちの頑張る姿をクラスで取り上げたり、認めたりして互いに刺激を受け合いながら取り組めるようにする。
- ＊ 竹馬の高さを調整したり、長縄を回す速さを変えたりして、子どもたちがそれぞれ目当てをもって取り組めるように工夫する。
- ＊ 小学校の生活について確認し、意識して行動する機会をもつ。
（靴の履き方・脱ぎ方（立って行なう）、自分で身支度をする、給食時間の行動 など）

反省・評価のポイント

- ★ お楽しみ会を通して、グループの友達と一緒にやり遂げた充実感を味わえたか。
- ★ 一人ひとりが目当てをもち、縄跳びや竹馬などに取り組めるように援助できたか。

12月 4週の計画

12/25(月)〜30(土)

今週の予定
● 冬至

前週の幼児の姿
● お楽しみ会に向けて飾り付けをしたり、歌や合奏を楽しんだりする。
● お楽しみ会で異年齢児との交流を楽しむ。
● 目当てをもち、縄跳びや竹馬などに繰り返し取り組む。

- ● 年末の生活や伝統的な行事に関心をもつ。
- ● 正月の伝承遊びに興味をもち、友達と教え合ったり、試したりして一緒に楽しむ。
- ・自分たちのロッカーや玩具などを掃除して、きれいにする心地良さを感じる。
- ・年末の街の様子に気付き、年始を迎える喜びを感じる。
- ・かるた・すごろく・こまなどの遊びに興味をもち、友達と一緒に楽しむ。

- ◆ 散歩先などで年末の街の様子にふれる機会をもてるようにする。
- ＊ 年末の大掃除の意味を伝えたり、掃除する場所の分担を一緒に考えたりして、きれいになった心地良さを感じられるようにしていく。
- ◆ 子どもたちが扱いやすいように小さい雑巾、ほうき、ちり取りを用意する。
- ＊ 雑巾の絞り方や道具の扱い方を話題にし、自分たちで気付いたり伝え合ったりする姿を認めていく。
（子ども用のサイズの雑巾、ほうき など）
- ＊ 自分たちの保育室だけではなく、廊下や絵本棚、砂場の道具などの掃除も行ない、5歳児クラスとして園での役割を担っている喜びを感じられるようにしていく。

- ◆ 正月の伝承遊びに興味をもって、友達と誘い合って遊べるように玩具を取り出しやすい場所に用意し、取り組める場をつくれるようにする。
- ＊ 子どもたち同士で遊び方を教え合ったり、繰り返し試したりする姿を認めていく。こま回しやけん玉など、コツが必要な遊びでは保育者も一緒に遊び、知らせていく。
- ＊ かるたやすごろくなどでは、取った札やサイコロの目の数をかぞえたり、読み手になったりしながら、数や文字に興味をもてるようにしていく。

- ＊ 干支や年号などについて話題にし、日本の文化を伝え、興味をもてるようにする。
（♪：『十二支の歌』など）
- ＊ 正月の伝承遊びや縄跳び、竹馬など、園での遊びの様子を保護者に伝え、年末年始に家族で楽しめるきっかけをつくっていく。

反省・評価のポイント
★ 年末の生活や伝統的な行事に関心や親しみをもつことができたか。
★ 友達と教え合ったり、試したりして正月の伝承遊びを楽しめる環境を用意できたか。

12月 日の計画
12/12（火）

ねらい	●お楽しみ会に向けて、グループの友達と一緒に合奏や踊り、ペープサート作りを楽しむ。 ●友達と一緒に体を動かして遊ぶ楽しさを味わう。
内容	●友達と音楽に合わせて合奏したり、踊ったり、ペープサートを作ったりして工夫して表現する。 ●友達と一緒にルールを守り戸外で思い切り体を動かす。

指導計画　12月 日の計画

登園～14時頃

環境を構成するポイント	予想される幼児の活動	保育者の援助
●1日の生活と各グループの活動の流れが分かるように、活動の予定表や時計の表示を掲示したり、時計の文字盤に印を付けておいたりする。 ●戸外で遊びだせるように、ドッジボールのライン引きを置いておく。鬼ごっこができる場を構成しておく。 ●一つひとつのグループが、じっくりと取り組めるように話し合ったり、活動する時間をずらしたり、練習したりする場を用意していく。 ●各グループが必要に感じた楽器や素材などを選び出せるようにしておく。 ●ホワイトボードなどを使い、それぞれのグループの活動の進み具合や今後の見通しなどを分かりやすくしていく。	●登園する。 ●持ち物の始末をする。 ●1日の流れや活動の予定を確認する。 ●好きな遊びやお楽しみ会に向けての取り組みをする。 ●好きな遊びをする。 　（室内遊び：ごっこ遊び、装飾作りなど 　戸外遊び：ドッジボール、三つ巴鬼など） ●お楽しみ会に向けて 　（合奏グループ：音に合わせて楽器やリズムを演奏する 　リズムグループ：リズムに合わせて振りを踊る 　ペープサートグループ：作ったペープサートを話に合わせて動かす） ●昼食を食べる。 ●好きな遊びをする。 ●当番活動をする。 ●片付けて集まる。	●登園してきた子どもの様子から健康状態を把握する。 ●グループごとに1日の予定を確認し、自分のすることに見通しをもって生活できるようにする。 ●好きな遊びとグループ活動をしている子どもたちの姿を把握し、それぞれに合った援助ができるよう、保育者同士で連携する。 ●戸外遊びでは、ルールを確認し合って遊ぶ姿を認め、思い切り体を動かせる楽しさを味わえるようにする。 ●各グループでの出来上がってきた内容を認め、また、お楽しみ会までにやらなければならないことについて確認し、見通しをもてるようにする。 ●明日の予定を確認し、クラス全体で共通に見通しをもてるようにする。

14時頃～降園

環境を構成するポイント	予想される幼児の活動	保育者の援助
●午前中に遊んだドッジボールや鬼ごっこなどを楽しめるように、ラインを引くなどする。 ●一人でゆったりと遊びたい子どもへの遊びの場も用意していく。	●室内遊びをする。 ●おやつを食べる。 ●自分の持ち物をまとめる。 ●異年齢児と好きな遊びをする。 ●片付ける。 ●降園準備をする。 ●降園する。	●ルールのある遊びなどは、疲れから、いざこざも増えてくるため、保育者も一緒に遊びに入り楽しめるようにしていく。 ●疲れている、せきが出ているなど、健康面について、保育者間で引き継ぎ、保護者へ伝えられるようにする。

反省・評価のポイント

★ お楽しみ会に向けて、友達と一緒に合奏や踊り、ペープサート作りを楽しむことができたか。
★ 友達と一緒に体を動かして遊ぶ楽しさを味わえるように配慮できたか。

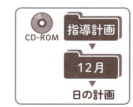

1月

今月の保育

自分の力を十分に発揮し、友達と協力して生活や遊びを進める喜びを

新学期、子どもたちは再会を喜び合い、休みの間に経験したことを互いに伝え合いながら友達の良さを感じることでしょう。残り少ない園生活を友達と一緒に、生活や遊びをつくり上げていく楽しさや充実感を味わうことができるようにしていきましょう。小学校入学が間近であることも意識するようになるので、一人ひとりが卒園までの見通しをもって過ごせるようにしましょう。また、たこ・すごろく作りなど、その構造に興味をもち工夫したり教え合ったりしながら取り組むことができる、この時期ならではの遊びを継続的に楽しむようになります。自分なりに挑戦したり試したりする姿を認めながら、友達と過ごす楽しさを感じられるようにしましょう。

指導計画
1月

保育のポイント

自分なりの目当てをもち、繰り返し取り組む

【健康な心と体】【自立心】【数量や図形、標識や文字などへの関心・感覚】

子どもたちは、こうしたいとイメージしたことを自分が納得できるまで取り組もうとするようになります。継続して取り組むことができるような場と、豊かな材料を用意しておきましょう。かるた遊びで文字に関心をもったり、すごろくやカード遊びを通して数量への興味を深めたりする経験ができるようにしていきましょう。

思いや考えを豊かに表現しながら友達と一緒に進めていく楽しさを

【協同性】【思考力の芽生え】【言葉による伝え合い】【豊かな感性と表現】【道徳性・規範意識の芽生え】

自分が考えたことややりたいと思ったことを相手に分かるように話したり、友達が話したことを聞いて新たに提案したりすることで目的を共有できるようになってきます。生活発表会に向けた取り組みでは、話し合いを通して折り合いをつけたり協力して進めたりできるように、互いの良さを認めながら励まし合うことができるようにしましょう。

冬の自然に親しみ様々な気付きや発見を

【自然との関わり・生命尊重】【言葉による伝え合い】【豊かな感性と表現】

冬の朝の張り詰めた空気や吐く息の白さ、日差しの暖かさなど子どもたちが感覚を研ぎ澄ましている様子や気付いたことを伝え合う姿に、保育者も共感したり認めたりしましょう。自然に対する不思議さを感じていたら、自分たちで調べたり試したりできるようにしていきます。

1月の計画

クラス作り

正月の伝承遊びや、昔の遊びなどに自ら挑戦し、できていくうれしさを感じたり、友達ができるようになったことを喜び合ったりし、自信をつけていってほしい。2月の生活発表会に向けて、物語のイメージを膨らませ、友達と力を合わせて取り組む楽しさを感じられるようにしたい。冬の自然にも目が向くようにしていきたい。

前月末・今月初めの幼児の姿	ねらい	幼児の経験する内容(指導内容)
生活 ●年末年始に経験したことを保育者や友達に楽しそうに話し、遊びの中で再現しようとする姿も見られる。 ●休み明けで疲れていたり、生活リズムが崩れたりしている様子が見られる。 **興味・関心** ●かるたやすごろくなどの正月遊びに興味をもって、友達と誘い合って楽しむ。遊ぶ中で文字や数への関心が高まっている。 ●けん玉やこまなど昔の遊びを繰り返し挑戦し、少しずつできるようになることを喜んでいる。 **友達や保育者との関わり** ●自分たちでお楽しみ会をやり遂げられたことに、みんなで協力する楽しさを感じ、自信をもっている。	●自分なりの目当てをもち、繰り返し挑戦し、取り組んでいくおもしろさを感じる。 ●思いや考えを伝え合い、友達と協力して生活や遊びを工夫して進めていくことを楽しむ。 ●身近な冬の自然の事象に気付き、遊びの中で試したり、考えたりし、関心を深める。	●自分なりの目当てをもち、工夫したり、繰り返し挑戦したりしてできるようになるうれしさや達成感を味わう。 ●友達の取り組みや頑張っている姿に気付いて、認めたり、友達から認められたりする中で自信をもつ。 ●遊びの中で必要な文字や数に関心をもち、使おうとする。 ●友達に自分の思いや考えを伝え合いながら、一緒に遊びや生活を進めていく。 ●友達と目的をもって一緒に取り組み、協力して進めていく楽しさを感じる。 ●遊びに必要なルールや決まりを友達と話し合ってつくり、遊びを楽しむ。 ●絵本や物語を楽しみ、想像を膨らませて友達と表現して遊ぶ楽しさを感じる。 ●寒い中でも友達と体を動かして運動遊びをする楽しさを感じる。 ●冬のいろいろな自然の事象に気付き、友達と一緒に考えたり試したりする。 ●冬の健康な過ごし方に関心をもち、手洗い・うがいを進んで自分たちで行なう。

家庭・地域との連携

■ インフルエンザや感染症がはやりやすい時季なので、生活リズムを整える大切さや手洗い・うがいの習慣をつけていくことの必要性をクラス便りなどで伝え、家庭と一体となって意識を高めていく。

■ 目当てをもって取り組んでいる姿を伝え、家庭でも励ましたり一緒に遊んだりする時間をもてるように伝え、子どもの成長の喜びを共感していくようにする。

■ 雪遊びを体験する意義を伝え、必要に応じて、防寒着や手袋、長靴などを用意してもらうようにする。

園生活の自立に向けての配慮点

● は健康・食育・安全、
★ は長時間にわたる保育への配慮、
♥ は保育者間のチームワークについて記載しています。

- ● 餅やお節料理、七草がゆなど行事に関する食について話題にして、意味を知ったり行事の大切さを感じられるようにする。
- ● 手洗い・うがいの習慣を改めて確認し、必要性を考え、自分から行なえるようにする。
- ★ 寒さが厳しくなるが、気温や子どもの様子を見ながら、戸外と室内との遊びの時間を調節し、無理なく過ごせるようにする。
- ♥ 休み明けは生活リズムや体調が崩れがちになるので個々の様子を引き継ぐ。

要領・指針につながるポイント

✿ 諦めずに取り組む姿を大切に

具体的な目当てがもてるようにカードなどを用意することで、自分なりに様々なことに挑戦し、失敗も繰り返す中で、保育者や友達に励まされながら、難しいことでも諦めずにやり遂げるようになるとともに、文字や数への関心も高まるようになります。（参考：領域「健康」・「人間関係」・「自立心」・「数量・図形、文字や標識への関心・感覚」）

環境の構成と保育者の援助

自分なりの目当てをもち、取り組んでいくおもしろさを感じていくように

- けん玉やこま回し、竹馬、縄跳び、かるた、すごろくなど自分なりの目当てをもち、繰り返し挑戦する姿を認めていく。
- 個々に目当てをもてるようなチャレンジカードや、いろいろなやり方のヒントになるような掲示物を用意し、挑戦することやできるようになるおもしろさ、満足感を味わえるように環境を工夫する。
- 友達と一緒に挑戦する姿を励ましたり、教え合ったりしてできていくおもしろさに共感していく。
- うまくいかずに葛藤したり、意欲をもてずにいる子どもには、気持ちを受け止めたり、あきらめずにやり遂げようとする気持ちを支えて秘密に練習したりするなど、できるようになるうれしさを感じたり、友達に認められる経験ができるようにする。

思いや考えを伝え合い、友達と協力していくことを楽しんでいけるように

- グループの友達との話し合いを進めている様子を見守り、一人ひとりの思いやアイディアを聞き合う関係づくりをしていく。
- 誕生会では何をしたいかをみんなで相談したり、自分たちで発表の準備を進めたりして楽しさや自信が感じられるようにしていく。
- 劇遊びでは今まで読んできた絵本や親しみのある話をきっかけにしながらみんなで相談し、自分たちがやりたいことを実現していけるようにする。

- ストーリーのイメージを膨らませ、表現を工夫したり必要な道具を本物らしく作ったりすることができるように、互いの考えを伝え合えるように援助していく。

身近な冬の自然の事象に気付き、関心が深まっていくように

- 保育者も一緒に戸外に出て、霜柱や氷などに触れて遊べるような環境を整えていく。
- 氷作りを試したり、気付いたことや発見したことを話したり発表したりする機会を設けていく。

反省・評価のポイント

- ★ 自分なりの目当てをもって繰り返し取り組むおもしろさを感じていたか。
- ★ 冬の自然の事象に気付き、試したり考えたりして関心を深めることができたか。
- ★ 友達と思いや考えを伝え合い、協力して進めていく楽しさを感じられるような援助ができていたか。

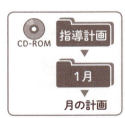

1月 週の計画

1/4(木)～13(土)

今週の予定
- 七草、成人の日、鏡開き

前週・週の初めの幼児の姿
- 年末年始での経験を保育者や友達に話している。楽しかったことを遊びで再現しようとする姿もある。
- 正月の伝承遊びや昔の遊びに興味をもち、友達と誘い合って一緒に楽しんだり、繰り返し取り組んだりしている。

ねらい（●）と内容（・）
- ● 年末年始の経験を保育者や友達と伝え合ったり、正月の伝承遊びを一緒に楽しんだりする。
- ● 自分なりの目当てをもって繰り返し取り組むおもしろさを感じる。
- ・休みの間のうれしかったことや楽しかったことなどを、保育者や友達に話したり遊びに生かしたりする。
- ・友達とルールを決めながら正月の伝承遊びを楽しむ。
- ・自分なりの目当てをもって、繰り返し取り組み、できるようになるうれしさを感じる。
- ・友達ができるようになったことを喜んだり、友達から認められたりして自信をもつ。

具体的な環境（◆）と保育者の援助（＊）

- ◆ 休みの間に経験したことが共有していけるように、正月の写真や絵本を用意し、話す機会をもつ。また、帰省先のことを話題にし、場所に興味・関心を広げられるように地図などを用意する。
- ＊ 楽しかったことやうれしかったことの話を聞いてもらううれしさを感じられるように、子ども同士で質問をしたり、興味をもてるように助言したりする。
- ◆ かるたやすごろく、こまやけん玉などの伝承遊びや昔の遊びを自分たちで進められるように用具や場を用意する。
- ＊ 子どもたちが遊ぶ様子を見守り、保育者も仲間に入り、ルールを確認するなどして楽しさを感じられるようにする。
- ◆ かるたやすごろくなど自分たちでも作ったり遊んだりできるように、枠を描いた紙やカードになるような紙、ペンなどを用意する。
- ＊ ペンや鉛筆を使う際には、正しい持ち方に気付けるように掲示をしたり、声を掛けたりする。
- ＊ 目当てをもって繰り返し取り組む姿を個々に応じて認めていく。時には、保育者も一緒に挑戦したり、競ったりして、意欲が高まるように関わる。
- ◆ 繰り返し取り組む中で、少しずつできるようになるうれしさを感じたり、新しい目当てをもって挑戦していったりできるように、チャレンジカードやいろいろな技を示した掲示物など工夫をする。
- ＊ 友達が頑張っていることに気付いて、一緒に喜んだり応援したり、言葉を掛けている姿を認めていく。
- ◆ 友達の様子に気付いたり、目当てに向かって取り組んでいることを認め合えるようにクラスの中で発表会をしたり、報告をしたりする機会をつくる。

反省・評価のポイント
★ 楽しかった経験を保育者や友達に伝わるように話をしたり、正月の伝承遊びを楽しんだりしていたか。
★ 自分なりの目当てをもち、繰り返し取り組むことを楽しめるように援助できたか。

1月 2週の計画
1/15(月)〜20(土)

今週の予定
● 新年お楽しみ会

前週の幼児の姿
- 再会を喜び、保育者や友達に楽しかったことを伝え合っている。友達と誘い合って正月の伝承遊びを自分たちで楽しんでいる。
- 自分なりの目当てをもって繰り返し取り組み、できるようになるうれしさを感じている。

- 新年お楽しみ会をきっかけに、いろいろなことに挑戦していくおもしろさを感じる。
- 冬の自然の事象に関心をもち、試したり工夫したりして遊びに取り入れたりする。
- 試したり工夫したりしながら、友達とおもしろさを共有する。
- 考えたこと、気付いたことをクラスの友達と伝え合うなどして、遊びを楽しむ。
- 冬の健康な過ごし方に関心をもち、自分たちで行なう。
- 霜柱、氷などに触れ、試したり考えたりして遊びに取り入れる。

---

* 友達との関わりの中で、自分の思いや考えを出しているかを見守り、友達の思いを受け止めているか、目当てが共通になっているかを把握する。
* 新年お楽しみ会で行なうこま回し、竹馬などで友達の良さに気付いたり、認めたりする姿を認め、友達に刺激を受けて挑戦する気持ちをもつ姿を支えていく。
* かるたやすごろく作りなど楽しんでいる遊びをクラス全体にも広げていけるように、集まった際に報告し合ったり、気付けるようなことばがけをしたりする。
* 文字や数への関心が表れている姿を認め、掲示物を用意したり友達同士で教え合ったりするよう援助する。
* 感染症が流行する時季になることを伝え、絵本や紙芝居、健康指導などで手洗いやうがいの大切さを確認していく。また、せきのマナーも確認していく。

◆ 氷や霜柱などに触れて遊ぶ中で、遊びに取り入れて工夫したり試したりできる用具や素材を自由に使えるように用意する。(カップ・コップなどの容器、絵の具、フラワーペーパー、モール など)
* 氷ができたりできなかったりした違いをきっかけに、日なたと日陰の違い、気温の違いなどに気付き、試行錯誤する様子を見守る。子どもたちの発見や気付きを受け止め、子ども同士で伝え合っていけるようにする。

* 日ざしの暖かさを感じたり、日が落ちた後の寒さを感じたりするなど、自然の事象への関心が広がり様々な体験ができるようにする。
◆ 氷や雪の結晶の形のおもしろさに気付けるように、黒の色画用紙や虫眼鏡、拡大鏡を用意する。
* 天気予報を話題にし、雪遊びが楽しめる日には、手袋や長靴などが必要なことに気付かせていくようにする。

指導計画 1月1・2週の計画

反省・評価のポイント
★ 冬の自然の事象を遊びに取り入れ、関心を深めて遊びを楽しんでいたか。
★ 考えたこと、感じたことなどを友達に伝えたり受け止めたりできるように援助できたか。

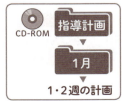

209

3 1月 週の計画
1/22(月)〜27(土)

今週の予定
- 避難訓練、誕生会、身体計測

前週の幼児の姿
- 冬の自然の事象を遊びに取り入れながら、発見や気付きを友達に伝え合い、試したり工夫したりすることを楽しんでいる。
- 年末からの経験を生かしながら、かるたやすごろく作りを友達と楽しんでいる。

ねらい(●)と内容(・)

- ● 友達と協力したり作戦を立てて競い合ったりしながら、体を動かして遊ぶことを楽しむ。
- ● 友達と思いを伝え合い、友達の良さを感じながら遊びや生活を進める。
- ・ 友達と力を合わせたり、協力したりしながら鬼ごっこやドッジボールなどを楽しむ。
- ・ 友達と誕生会の内容を考え、進めていくおもしろさを感じる。
- ・ みんなに見てもらう中で、できるようになったことがあるうれしさを感じ、自信をもつ。
- ・ 友達に分かるように自分の思いを伝え、友達の話を聞きながら会に向けて準備をする。

具体的な環境(◆)と保育者の援助(＊)

- ◆ 自分たちで遊びを始められるように遊具や用具を用意しておく。(ボール、ライン引き、縄、宝 など)
- ◆ 三つ巴鬼や助け鬼、宝取り鬼など、友達と思い切り体を動かして遊ぶ楽しさを味わえるように場所を確保しておく。
- ＊ 自分たちでルールを確かめたり、工夫したりする姿を認めていく。トラブルになったときは、子どもたちで解決しようとする様子を見守り、解決できないときは一緒に考えたり、提案したりする。
- ◆ 親しんできた絵本や話をきっかけに、自分たちでアイデアを膨らませて遊ぶ機会をつくり、表現を工夫する楽しさを感じられるようにする。
- ＊ 生活発表会に向けて発表する内容は子どもたちと相談しながら自分たちで決めていけるようにする。
- ◆ ペープサートや影絵、OHPなど、いろいろな表現手段を準備して、具体的にイメージを膨らませたり登場人物のせりふを考えたりできるようにする。
- ＊ 誕生会では、できるようになったことや今までに楽しんできたことなど、子どもたちが発表したい内容を相談し、会の内容を子どもと決めていく。

- ◆ 会までの日程を掲示し、見通しをもって、自分たちで準備を進めていけるようにする。
- ＊ 自分たちで会を進めていくおもしろさや、楽しさを言葉にして共感していく。
- ◆ 好きな遊びの時間の中で、自分たちで準備を進めていけるように、時間や場所を調整する。
- ＊ 目当てに向かって繰り返し挑戦している姿を励ましたり、できた喜びに共感したりして、自信へとつながるようにする。
- ＊ 思いや考えを出し合う中で、友達の良さに気付いたり、認めたりする姿に共感し、つながりが深まるように援助する。

反省・評価のポイント

★ 誕生会に向けて自分たちで会を進めることを楽しんでいたか。
★ 友達と思いを伝え合い、良さを感じながら遊びや生活を進められるよう援助できたか。

1月 4週の計画
1/29(月)〜31(水)

今週の予定
- 小学生との交流

前週の幼児の姿
- 新年子ども会で、自分ができるようになったことや楽しんでいることを発表し、認めてもらい、自信をもてた。友達と一緒に取り組むおもしろさも感じている。
- 親しんできた物語のイメージを広げ、劇遊びをしようと話し合っている。

- ● 物語のイメージを広げながら、友達と思いを出し合い、表現することを楽しむ。
- ● 友達と考えを伝え合い、工夫して遊びを進めるおもしろさを感じる。
- ・ 友達と物語のイメージを伝え合い、工夫しながら表現することを楽しむ。
- ・ 節分の意味を知り、自分なりに工夫して鬼の面を作ることを楽しむ。
- ・ 近隣の小学生と交流することを楽しみ、就学に期待をもつ。

- ◆ ストーリーや登場人物、必要な大道具、小道具などについて子どもたちが話し合ったことや決めたことを確認したり、共通になるようにホワイトボードや紙などに書き留めたりする。
- ◆ 大道具や小道具を作るのに必要な物を子どもたちのイメージを聞きながら、準備していく。
- ＊ 道具作りの中でも友達と、協力することで良い物が出来上がっていくことを感じられるように言葉にしていく。
- ＊ 役を交代しながら劇遊びを楽しみ、劇の全体を一人ひとりが理解したり、様々な役のおもしろさを知っていくようにする。

- ＊ 子どもたちがなり切って表現する中での言葉や動きの良さを認めたり、友達同士で認め合えるような言葉を掛けたりしていく。動きやせりふは様々な表現を認めていきながらつくっていく。
- ◆ 節分の由来や意味についての絵本や紙芝居を用意する。
- ◆ 自分なりの鬼（泣き虫鬼、怒りんぼ鬼）を、今までの経験を生かしながら自由に表現したり作ったりできるように素材を準備する。（色画用紙、紙皿、紙袋、毛糸、モール、ボトルキャップ、絵の具 など）
- ＊ 自分なりに表現する良さを認めたり、友達同士で認め合えるように援助したりする。
- ◆ 小学生との交流が楽しみになるように、交流する小学生や授業や給食の様子、学校の写真などを掲示する。
- ＊ 近隣の小学生との交流では、事前に担任同士で子どもの姿やねらいなど丁寧に打ち合わせを行ない、内容を決めていく。
- ＊ 小学生に親しみをもち、ゆっくりと関わりをもっていけるように、ペアやグループをつくり、遊んだり、関わったりできるようにする。ペアやグループは打ち合わせのときに子どもの様子に合わせて決めていく。

反省・評価のポイント
- ★ 友達と思いを出し合いながらイメージを広げて表現することを楽しんでいたか。
- ★ 友達と工夫しながら遊ぶことを楽しめるような援助ができていたか。

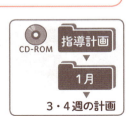

1月 日の計画
1/24(水)

ねらい	●友達とルールを伝え合いながら、思い切り体を動かして遊ぶことを楽しむ。 ●生活発表会に向けて取り組んでいきたいことを友達と話し合って決める。
内容	●ドッジボールや鬼ごっこなど、ルールを伝え合って友達と一緒に楽しむ。 ●自分の思いや考えを友達に伝わるように話す。 ●友達の話を聞き、やりたいことを共有する。

指導計画 / 1月 日の計画

	環境を構成するポイント	予想される幼児の活動	保育者の援助
登園〜14時頃	●ホワイトボードなどに本日の予定や当番を掲示しておき、子どもたちが見たり、確認したりできるようにする。 ●ドッジボールのラインを引いておいたり、ボールや竹馬など必要な遊具や用具を自由に使えるように用意しておいたりする。 ●今まで楽しんできた絵本や話を室内に準備しておき、好きなときに見たり、遊びに用いたりできるにしておく。 ●遊びの中で様々な表現遊びを楽しめるように、OHPや影絵、ペープサートなど、作って遊ぶために必要な物を用意する。 ●話し合いの経過や、結果を見ても確認できるように、ホワイトボードや板磁石などを活用する。	●登園する。 ●持ち物の始末をする。 ●手洗い、うがいをする。 ●集まりをして今日の流れの確認や人数調べをする。 ●好きな遊びをする。 （戸外：ドッジボール、鬼ごっこ、竹馬 室内：OHP、劇ごっこ、かるた作り など） ●片付けをし、集まる。 ●生活発表会で取り組みたい物を、クラスのみんなで話し合って決める。 ●手洗い、うがいをする。 ●昼食を食べる。 ●当番活動、好きな遊びをする。 ●片付けをする。 ●集まる。 ●当番の交代をする。 ●翌日の予定を確認する。	●一人ひとりの子どもと挨拶を交わし、健康状態を把握する。 ●感染症が流行しすい時季であることを伝え、手洗い・うがいの大切さに気付いていけるようにする。 ●子ども同士で遊びを進めようとする姿を見守り、時には保育者も仲間に入って、様々な子どもが遊びに参加し、楽しさを感じられるようにする。 ●生活発表会の内容は今まで楽しんできた話を思い出すことをきっかけに、やってみたいことを出し合いながら決めていく。 ●友達の話を聞き、答えたり、みんなで決めたりしようとする姿を認めていく。保育者は子どもたちの間に入り、言葉を繰り返したり、話を整理したりし、子どもたちが自分で決めた満足感を味わえるようにする。
14時頃〜降園	●カードゲームやボードゲームなど、友達とゆっくり遊べる物を用意する。 ●編み物やアイロンビーズなど、5歳児ならではのじっくり遊び込める遊具で、一人でも安定して遊べる物も用意する。	●好きな遊びをする。 （カードゲーム、ボードゲーム、かるた、すごろく など） ●おやつを食べる。 ●好きな遊びをする。 ●片付ける。 ●降園準備をする。 ●降園する。	●保育者も一緒にゲームをして、ゆっくり過ごせるようにする。 ●子どもたちの様子によっては戸外でも遊べるようにしたり、午前中楽しんでいた遊びを継続できるようにしたりする。

反省・評価のポイント
★ 友達とルールを伝え合いながら体を動かして遊ぶことを楽しんでいたか。
★ 思いや考えを出し、友達と話し合って進めるように援助ができたか。

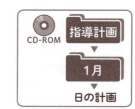

212

今月の保育

自分なりの目標をもち、友達と一緒にやり遂げる喜びを味わうために

厳しい寒さの中にも春の息吹を感じられるようになるこの時季、友達と一緒に戸外で体を動かして遊んだり、自然に親しみ遊びに取り入れたりしながら季節の移り変わりに気付いていくようにしましょう。先月から友達と一緒に取り組んできた発表会も間近に迫り、期待が膨らむとともに「あと○日」と日にちを意識しながら見通しをもって自分たちの活動を進めるようになります。一人ひとりが力を発揮しながらやり遂げた充実感を味わい、自信につながるようにしていきましょう。発表会に向けた取り組みを通して、応援してくれた家族や当日参観してくださった地域の方々に感謝の気持ちをもてるように配慮しましょう。

保育のポイント

思いや考えを豊かに表現し目的に向かってみんなとつくり上げる喜びを

> 言葉による伝え合い / 自立心 / 豊かな感性と表現 / 協同性 / 思考力の芽生え

発表会に向けて子どもたち一人ひとりがイメージを言葉などで伝え合いながら進め、自分の思いや考えが豊かに表現できるようにあきらめずに最後まで取り組もうとする様子が見られるようになります。自分の力を発揮している姿を互いに認め合い、自信をもって当日を迎えられるよう主体的に活動に取り組めるようにしましょう。また、発表会を参観している家族や様々な方に感謝の気持ちをもつとともに、地域の方々への親しみが深まるようにしていきましょう。

伝統行事に親しみ、生活や遊びに取り入れていけるように

> 社会生活との関わり / 健康な心と体 / 豊かな感性と表現

節分やひな祭りなど、日本古来の行事がもつ意味を理解し、生活との関わりに関心をもつようになります。豆まきを楽しんだり、ひな人形を作って自分たちで飾り付けたりしながら、健康に生活することの大切さやそれぞれの行事に込められた願いに気付けるようにしましょう。

寒さを楽しみながら自然事象への関心を深めるために

> 自然との関わり・生命尊重 / 健康な心と体 / 思考力の芽生え

いろいろな形に変化する雪の性質を楽しんだり、池の氷に関心をもったり友達と氷を作ったりしながら冬の自然事象に興味・関心が深まるような機会をつくりましょう。また、残り少ない園生活を、友達と一緒に思い切り体を動かして活動することが楽しめるようにしていきましょう。

2月の計画

クラス作り

発表会に向けて、それぞれの力を発揮しながら友達と協力し、つくり上げていく充実感を感じてほしい。友達と目的に向かって準備したり計画したりして、達成感を感じることで自信につなげていきたい。行事にふれる中で、寒さや春の兆しに気付き、身近な自然事象を遊びや生活に取り入れ、就学に期待をもてるようにしたい。

	前月末の幼児の姿	ねらい	幼児の経験する内容（指導内容）
生活	●発表会に向けて友達と考えを出し合ったり、取り入れたりして表現することを楽しんでいる。 ●小学生に親しみをもち、交流することで就学に期待をもっている。	●友達と一緒に考えを出し合いながら様々な表現を工夫することを楽しむ。	●自分の思いや考えを相手に伝わるように言葉や言い方を考えたり、友達の考えに耳を傾け取り入れたりする。 ●劇ごっこではストーリーに合う言葉や動き・道具・音などを工夫し、表現する。 ●遊びに必要な物や場を友達と考えてつくり、共通のイメージをもって遊びを進めていく。
興味・関心	●劇遊びに必要な道具や鬼のお面の製作などで友達と思いを伝え合ったり協力したりして作っている。 ●冬の自然事象に気付き、伝え合ったり遊びに取り入れたりしている。	●<u>クラスのみんなと目的や願いを共有し、協力してやり遂げようとする。</u>	●クラスやグループの目的に向けて、自分の力を発揮し友達と認め合うことで自信をもつ。 ●いろいろな人に見てもらい、誇らしさを感じたり、やり遂げた充実感を味わったりする。 ●ルールを工夫したり作戦を立てたりして、体を動かし、友達と駆け引きするおもしろさを感じる。
友達や保育者との関わり	●発表会に向けて相談した内容を共通理解しながら、見通しをもって進めている。 ●友達とルールを確認したり、工夫したりしてドッジボールや三つ巴鬼など思い切り体を動かして遊んでいる。	●冬から春への自然の変化に関心をもち、遊びや生活に取り入れて楽しむ。	●冬の自然事象に関心をもち、友達と試したり工夫したりして遊ぶ。 ●芽吹き、つぼみの膨らみなどの自然の変化に気付き、友達と発見を楽しむ。 ●節分やひな祭りなどの行事に関心をもち、身近な文化に親しむ。 ●年下の友達を交えて一緒に遊んだり活動したりし、園の伝統を伝えていく。

家庭・地域との連携
■発表会に向けて取り組む一人ひとりの頑張る姿や成長をクラス便りなどで伝え、子どもの育ちを共有していく。
■安心して就学を迎えられるように、保護者会などで就学に向けた話題を取り上げ、子どもの生活リズムを整えたり、交通ルールを親子で確認したりすることの意味を保護者同士で考え合える機会をもつ。

園生活の自立に向けての配慮点

●は健康・食育・安全、★は長時間にわたる保育への配慮、♥は保育者間のチームワークについて記載しています。

- ●自分で見通しをもって生活していけるように、予定やカレンダーを掲示していく。
- ●早寝早起きなどの生活のリズムや靴の履き方、名札の付け替え、ハンカチの所持などの身の回りの始末を再確認していく。
- ★年下の子どもと関わる楽しさを味わえるように、異年齢児と一緒に過ごす時間を大切にしていく。
- ♥園庭や遊戯室などで他の年齢と交流をもてるように保育者間で連携していく。

要領・指針につながるポイント

★互いの良さを認め合う関係を深める

クラスの共通の目的に向かい活動する中で、友達と一緒に表現を工夫しながら進める姿や、それぞれの表現を友達と認め合い、取り入れたり新たな表現を考えたりすることを楽しむ姿を十分に認めていくことで、意欲が高まり互いのよさを認め合う関係が深まります。（参考：領域「人間関係」、「協同性」・「言葉による伝え合い」・「豊かな感性と表現」）

環境の構成と保育者の援助

友達と一緒に考えを出し合いながら様々な表現を工夫することを楽しめるように

- ●一人ひとりが思いや考えを存分に工夫して表現している姿を認めていく。相手に伝わらず困っているときは、思いを聞き、話を整理し、相手の気持ちに気付けるようにする。
- ●友達と一緒に遊びに必要な物や場を考えを出し合って作っていけるよう、素材や道具を準備していく。
- ●友達同士で感じたことや考えたことを伝え合える場を設け、友達の刺激を受けて考え方や表現の幅を広げられるようにする。
- ●発表会に向けて自分たちで協力して作った大道具や小道具を使ったり、衣装を身に着けたりして演じ、想像力が膨らんでいくように、子どもの発想や工夫を生かし新しい表現をつくっていく。
- ●場面に合わせた動きや音楽を自分たちで考えられるように道具や楽器を準備し、工夫して表現する姿を認めていく。

クラスのみんなと目的や願いを共有し、協力してやり遂げようとするように

- ●友達の考えを取り入れながら生活や活動を進めている姿を認め合い、自信につながるようにする。
- ●他の年齢や他クラスに劇を見せる機会をつくり、感想を聞いたり、自分たちも演じた感想を話し合ったりすることで、"見せること"を意識して表現を工夫して自信をもって発表する喜びを味わえるようにする。
- ●自分たちでルールや作戦を立てて、競い合う楽しさを感じられるように時間や場を確保していく。状況に応じて保育者も遊びに加わり、協力し合えるよう援助する。

冬から春への自然の変化に関心をもち、遊びや生活に取り入れていけるように

- ●雪や氷の不思議さに思いを巡らし、探究したり、遊びに取り入れたりする時間を十分にもてるようにする。
- ●栽培物の生長や木々の芽吹きを見て、美しさや香りなどの発見や感動を伝え合ったりしている姿に共感し、表現を工夫したり調べたりする場を設ける。
- ●節分やひな祭りの由来を話題にし、日本の文化を通して季節の移り変わりを感じられるようにする。
- ●他の年齢の保育者と連携し、一緒に遊んだり、当番の引き継ぎをしたりする機会をもてるようにする。

反省・評価のポイント

- ★友達と一緒に考えを出し合いながら、様々な表現を工夫することを楽しんでいたか。
- ★クラスのみんなと目的や願いを共有し、協力していたか。
- ★冬から春への自然の変化に関心をもち、遊びや生活に取り入れられるような援助をしていたか。

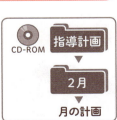

2月 1週の計画
2/1(木)〜10(土)

今週の予定
● 節分、立春

前週の幼児の姿
● 発表会に必要な道具や節分の鬼のお面などを協力して作っている。
● 友達とルールを工夫して思い切り体を動かしている。
● 小学生との交流を通して就学に期待をもっている。

ねらい（●）と内容（・）
● 友達の表現を見たり聞いたり取り入れたりして、自分たちで考えてつくっていく楽しさを味わう。
● 節分の由来を理解し、季節の移り変わりを感じる。
・自分の思いを言葉で伝えたり、相手の思いや考えを聞いたりして、工夫して表現することを楽しむ。
・友達と一緒にストーリーに合わせてせりふや動き・音・歌を考えてイメージを膨らませる。
・つぼみの膨らみや色づきに気付き、伝え合ったり様々な方法で表現したりする。
・自分の中の追い出したい鬼について、友達と伝え合う。

具体的な環境（◆）と保育者の援助（＊）

＊友達と一緒に工夫して表現している姿を見守り、表現の仕方などについて困っているときには思いを引き出しながら、言葉で相手に伝えられるように支えたり、友達の表現を知らせたりする。

＊役に必要な小道具や衣装を実際に身に着けて劇ごっこをすることでストーリーを共通理解しやすくするとともに、友達が工夫しているところに気付くようにする。

◆ストーリーに応じて楽器を用意したり、楽器を作れるように必要な素材を準備したりして表現が豊かになるようにする。

＊シーンごとに区切り、大道具や小道具、楽器の使い方、置き場所など、子ども同士で思いや考えを言い合えるようにする。

＊考えが取り入れられたり思いや考えを折り合わせたりすることで、生活や活動が進んでいくおもしろさを感じられるように子ども同士の関わりを見守る。

◆家族や年下の友達に見てほしい思いを伝えられるように招待状の材料を置いておき、自分なりに工夫して作り、渡せるようにする。
（色画用紙、ペン、ピンキングバサミ、マスキングテープ）

どんなおとがするかな？
ドングリをいれよう

＊節分について知っていることを互いに伝え合ったり、行事の絵本を見合ったりして心の鬼への関心を高めていく。
（♪：『豆まき』『赤鬼と青鬼のタンゴ』）
（📖：『オニの生活図鑑』『泣いた赤鬼』）

＊自分たちなりに工夫して表現した鬼を飾る場所を相談し、室内や園内に飾り、節分の雰囲気づくりを行なえるようにする。

＊立春や二十四節気について話題にして季節の移り変わりに興味をもてるようにする。
（📖：『子どもの行事しぜんと生活2月』、♪：『春』）

◆栽培物（ヒヤシンス、クロッカス）の生長やウメ、スイセン、ツバキ、フクジュソウなどのつぼみの膨らみや色づきに気付き、不思議を感じ、よく見て調べたり、描いたりしていけるように、図鑑や色鉛筆、墨汁などを用意する。

反省・評価のポイント
★互いに伝え合ったり、考え合ったりして工夫して表現することを楽しんでいたか。
★節分の由来や願いを理解し、季節の変化を感じられるような援助ができたか。

2月 2週の計画
2/13(火)〜17(土)

今週の予定
- 発表会、保護者会、避難訓練

前週の幼児の姿
- 互いに思いや考えを言い合ったり受け入れたりして、表現する楽しさを味わっている。
- 節分を通して季節の移り変わりを感じ、春の訪れを喜んでいる。
- 栽培物の生長に気付いたり、身近な自然物に興味をもって遊びに取り入れたりしている。

- 友達と一緒に自信をもって表現し、やり遂げた充実感を味わう。
- 身近な自然事象に関心をもち、工夫して遊びに取り入れる。
・お客さんに見てもらうことを通して友達と協力して表現する喜びを感じる。
・友達と良さを認め合い、期待をもって発表会に参加する。
・雪や氷の不思議さを感じ、探求したり考えたりして遊びに取り入れて楽しむ。

＊一人ひとりが工夫して表現する姿を認め、良かったところや見直したいところを友達と話し合えるようにする。

＊友達に思いが伝わらなかったり考えの相違があったりする際には、見通しがもてるように状況を整理して自分たちで考えられるような時間をもつ。

＊お客さんの座る位置を知らせ、伝わるようにせりふを言ったり、動き方を考えたりして、友達と一緒に自信をもって表現できるように声を掛けていく。

◆他クラスや年下の友達を招待し、お客さんの前で表現する楽しさと見通しをもってやり遂げる充実感が味わえる機会をもつ。

＊お客さんに感想を聞いたり、互いに感想を伝え合ったりして、協力してつくり上げた姿を互いに認めることで自信へとつなげていく。

＊家族や地域の人におもしろかった場面、印象に残った場面を聞き、みんなで共有することで達成感を感じられるようにする。

＊支えてくれた家族や見に来てくれた人に感謝の気持ちを言葉や歌、描画、手紙などで表現していけるようにする。
（♪:『大きい木』）
（手紙用の紙、画用紙 など）

＊寒い日には雪や氷を遊びに取り入れていけるように天気予報を話題にし、見通しをもてるようにする。

◆雪遊びに必要な道具（シャベル、バケツ など）を用意したり、工夫して氷を作れるように図鑑や素材を用意したりする。（花、フラワーペーパー、絵の具、空き容器、お盆、塩、拡大鏡 など）
（図鑑：『かがくあそび』『あんな雪こんな氷』『わんぱくだんのペンギンランド』『わんぱくだんのゆきまつり』）

＊雪の結晶を観察し、自分なりに工夫して表現している姿を認め、他の子どもに広げていく。（描画、切り紙、身体表現 など）

◆ぬれた防寒着や防寒具を乾かせるように物干し台を用意したり、体を温められるようにお湯を準備したりする。

反省・評価のポイント
★発表会で仲間と一緒に力を発揮し協力して表現する充実感を味わっていたか。
★身近な自然に関心をもち、遊びや生活に取り入れていけるような環境を工夫できたか。

指導計画 2月1・2週の計画

2月 3週の計画
2/19(月)〜24(土)

今週の予定
● 誕生会、身体計測

前週の幼児の姿
● 友達と一緒に力を発揮し発表会をやり遂げた充実感を感じている。
● 雪や氷を遊びに取り入れたり、工夫して表現したりすることを楽しんでいる。

ねらい(●)と内容(・)

● 友達とやり遂げた満足感を基に、自分たちで進んで遊びや生活をつくっていく。
● 友達と相談したり競い合ったりしながら体を動かして遊ぶ。
・ 発表会での姿を友達に認められることで自信をもち、友達と話し合って生活や遊びを進めていく。
・ これまでの経験を生かして遊びに必要な場や物をつくり、イメージを伝え合って遊ぶ。
・ 相手と駆け引きをしながら作戦を立て、ルールのある遊びを楽しむ。

具体的な環境(◆)と保育者の援助(＊)

＊ 発表会での友達の役をまねたり、交代したりしている姿を認め、引き続き表現することを楽しめるようにする。
◆ 道具や楽器などは自分たちの遊びに取り入れられるように場所を決めて置いておく。
＊ 道具の使い方や作り方、遊び方など年下の子どもに優しく関わっている姿を認め、他の年齢の保育者と子どもの様子を話しながら一緒に遊べる機会を増やしていく。
◆ 友達を誘って、遊びに必要な場や物が使えるようにイメージが実現できそうな素材や用具を準備する。（段ボール板、大型積み木、空き箱、空き容器、筒、モール、フラワーペーパー など）
＊ 思いや考えを伝え合って、イメージが共通になっていく様子を見守り、課題があるときは、タイミングを見て提案し、自分たちで考えることを大切にする。

＊ こま回しや竹馬、縄跳びなど、コツを教え合ったり、技や時間、回数などを競い合ったりして遊ぶ姿を認め、友達から刺激を取り入れながら繰り返し取り組めるようにする。
＊ ルールのある遊びを繰り返す中で相手の出方や状況に応じてチームで作戦を考え、競い合うおもしろさを感じられるようにする。（ドッジボール、三つ巴鬼、ドロケイ、Sケン など）

◆ 5歳児同士でルールのある遊びを十分に楽しめるように遊びの場や時間を自分たちで調整できるよう他の年齢の保育者間の連携を図る。
＊ 新しいルールや作戦を理解していない子どもがいる場合には、保育者も一員となって入りやすい雰囲気をつくったり、子ども同士で教え合ったりしていけるようにする。
◆ 子どもたちとひな人形を飾れるように準備しておき、楽しみながら飾る。

反省・評価のポイント

★ 友達とやり遂げた満足感を基に、自分たちで進んで遊びや生活をつくっていたか。
★ 友達と作戦を立て競い合って遊べるような援助ができたか。

2月 4週の計画

2/26(月)〜28(水)

今週の予定
● 児童館・学校見学、未就園児一日入園

前週の幼児の姿
● 発表会で作った道具をごっこ遊びに取り入れてイメージを膨らませて楽しんでいる。
● 他の年齢の子どもに遊びを教えながら5歳児らしく優しく関わっている。
● 友達と作戦を考えて、競いながら遊ぶ楽しさを味わっている。

● ひな祭りに込められた願いや季節の移り変わりを感じて、表現することを楽しむ。
● 友達と考えを取り入れ合いながら遊びや生活を進めていくことを楽しむ。
・ ひな人形を飾ったり工夫して作ったりすることを楽しむ。
・ 身近な植物の開花や日差しの温かさに気付き、調べたり表現したりする。
・ 共通の目的に向かって、思いや考えを伝えながら友達と協力して活動を進めていく。

◆ ひな祭りについての話をしたり行事絵本を用意したりし、関心をもって活動に取り組めるようにする。
（📖：『こどもの行事しぜんと生活3月』『ひなまつりのちらしずし』）

＊ 園の文化であるひな人形製作では、立体を意識して自分なりのひな人形を考えて表現していけるように、適した素材を子どもたちと考えていく。
（布、毛糸、和紙、紙粘土 など）

◆ 実物を見ることで顔や身に着けている物など細部にこだわって作れるように時間や製作場所を考慮する。

＊ 大きさや形、模様など一人ひとりのイメージに合わせて丁寧に工夫して作っている姿を認め、友達の表現にもふれて、互いに認め合えるようにする。

＊ ウメやタンポポの開花や日差しの温かさなどに気付き、自分なりに図鑑で調べたり、生長や変化を絵などで表現したりする姿に共感する。

◆ 修了に向けて残り少ない園生活を友達と存分に楽しみ、見通しをもって進めていけるようにカレンダーや映像などを活用する。
（📖：『1ねん1くみの1にち』、園行事の写真 など）

＊ 小学生との交流を話題にし、ごっこ遊びが始まった際には、イメージが広がるように必要な物を一緒に考えたり、自分たちで作っていけるように素材を準備したりする。（ランドセル…空き箱・段ボール板、色画用紙、リボン、あいうえお表、迷路表 など）

＊ 友達の意見を取り入れることで遊びや活動が発展するおもしろさを感じられるように、友達と相談して進めている姿を認めていく。

＊ 意見を出し合う中でまとまらないときには話の内容を整理したり、目的や目当てを明確にしたりしていく。

＊ 一日入園に向けて未就園児が楽しめるような内容を子どもたちと考え、準備していく。
（一緒に遊ぶ、製作物をプレゼントする、歌・手遊びをする）
（♪：『コブタヌキツネコ』『げんこつやまのたぬきさん』）

反省・評価のポイント
★ ひな祭りに込められた願いや季節の移り変わりを知り、表現することを楽しんでいたか。
★ 友達と考えを取り入れ合いながら、遊びや生活を進めていけるよう援助できたか。

2月 日の計画
2/13(火)

ねらい	●仲間と一緒に工夫して表現することを喜び、認め合う。 ●身近な自然事象に関心をもち、友達と発見を楽しむ
内容	●お客さんを意識して動きやせりふを考えて表現する。 ●友達と工夫しているところを認め合い、自信をもって表現する。 ●雪や氷を遊びに取り入れ、試すことを楽しむ。

指導計画 2月 日の計画

登園〜14時頃

環境を構成するポイント	予想される幼児の活動	保育者の援助
●発表会に向けて自分たちで生活を組み立てられるようにホワイトボードなどに本日の予定を掲示しておく。 ●ごっこ遊びに必要な材料を自分で考えて使えるように用意する。 ●遊びに使う材料や用具、遊具は取り出しやすい場所に置き、続きができるように片付ける場もつくる。 ●発見したことを様々に表現していけるように、素材や場を用意する。 ●自分たちで考えたり試したりしながら、氷作りが行なえるように、図鑑やお盆、塩、拡大鏡などを用意しておく。 ●劇で使う道具は自分で修理していけるように必要な修理道具や素材を準備する。	●登園する。 ●持ち物の始末をする。 ●手洗い・うがいをする。 ●好きな遊びをしたり、発表会に向けて劇の準備をしたりする。 （好きな遊び：ごっこ遊び、こま回し、描画、縄跳び、ドッジボール、三つ巴鬼、氷作り、栽培物の観察 など 発表会に向けて：せりふや動きをシーンごとに表現する、道具の修理） ●片付けをして集まる。 ●通して劇を行ない、良かったところや気が付いたところを話し合う。 ●手洗い、うがいをする。 ●昼食をとる。 ●当番活動、好きな遊びをする。 ●片付けをして集まる。 ・翌日の活動を確認する。	●舞台を使う時間や順番を掲示し、自分たちで確認して取り組めるよう必要に応じて声を掛ける。 ●お客さんの座る位置を知らせ、伝わるようにせりふや動きを再表現していけるようにする。 ●他の役の子たちに見てもらい、感想や意見を伝え合い、一緒につくり上げている意識をもてるようにする。 ●保育者や友達も認めていくことで自信をもって表現していけるようにする。 ●自然事象の変化について、一人ひとりの気付きや表現を認め、集まったときに紹介するなどしてクラスの友達と疑問に感じたことや発見したことが共有できるようにする。

14時頃〜降園

環境を構成するポイント	予想される幼児の活動	保育者の援助
●友達とボードゲームやカードゲーム、編み物などでじっくりと遊べる時間を確保する。 ●在室の人数に合わせて遊びの工場を調整していく。	●好きな遊びをする。 （ドリームキャッチャー作り、指編み、あやとり、縄跳び、囲碁、将棋、オセロ） ●おやつを食べる。 ●好きな遊びをする。 ●降園準備をする。 ●降園する。	●保育中の様子を伝え合うことで、体調の変化に気付けるよう保育者間で連携していく。 ●胃腸炎やインフルエンザなどの流行を考慮して、手洗い・うがいを徹底していく。

反省・評価のポイント
★ 仲間と一緒に工夫して表現し、認め合えるような援助ができたか。
★ 身近な自然事象に関心をもち、発見したことを伝え合ったり、表現したりして楽しんでいたか。

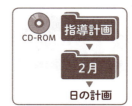

3月

今月の保育

園生活を振り返り、楽しさや友達の良さを感じながら就学に期待をもって過ごすために

慣れ親しんだ園での生活が残り僅かになり、それぞれが就学する小学校について伝え合ったり見通しをもって卒園までの活動に取り組んだりするようになります。友達と役割を分担し、互いの良さを認め合いながら様々な活動を進めていく姿を認め、保育者も子どもと共に一日一日を大切に過ごしていくように心掛けましょう。園生活を振り返りながらこれまで経験したいろいろな遊びや、異年齢の子どもたちとの関わりを楽しみ、充実感を味わうことができるようにしましょう。また、この時期は日差しの暖かさや木々の芽吹きに気付くようになってきます。卒園に向けて自分自身や友達の成長を喜び合い、自信をもって行動できるようにしていきましょう。

指導計画 3月

▲▼▲▼▲▼▲▼▲▼▲▼▲ 保育のポイント ▲▼▲▼▲▼▲▼▲▼▲▼▲

互いの良さを認め合いながら、様々に表現する楽しさを

協同性 / 思考力の芽生え / 言葉による伝え合い / 自立心 / 豊かな感性と表現

卒園に向けた取り組みでは、自分や友達の良さや成長を認めたり、家族の大切さに気付いたりしながらいろいろな活動を進めていけるようにします。園生活の思い出を様々な方法で表現できるように子どもたちの思いや考えを聞きながら一緒に材料などを用意したり工夫して作ったりできるようにしましょう。また、今までうたってきた歌や合奏してきた曲を友達と楽しみ、卒園式やお別れ会の内容と時間の流れを共に確認していきましょう。

季節の移り変わりに気付き、春の訪れを感じるために

自然との関わり・生命尊重 / 数量や図形、標識や文字などへの関心・感覚

園庭や地域の公園で咲き始めた花や木の芽に気付き、匂いをかいだりつぼみや花の数をかぞえたりしながら、春の訪れを感じられる機会をつくりましょう。自分たちが育ててきた水栽培や鉢植えの花を保育室に飾り、年下のクラスの子どもたちも楽しんでくれるうれしさを感じられるようにしましょう。

就学への期待と、成長の喜びを

自立心 / 健康な心と体 / 社会生活との関わり / 道徳性・規範意識の芽生え

年下の友達や様々な保育者と遊んだり過ごしたりする機会を設けて、自分の成長を感じ、自信をもって過ごせるようにしましょう。卒園が近付くにつれ、友達や園との別れに不安や緊張を感じているときは、思いを受け止め温かい雰囲気の中で過ごせるように心掛けて、就学に期待をもち安心して過ごせるようにしましょう。

221

3月の計画

クラス作り

生活の見通しをもちながら、園で過ごす日々を存分に楽しめるようにしていく。卒園に向けた活動や友達と一緒に遊ぶ中で、互いの良さを認め合い、友達とのつながりを深めてほしい。また園生活を振り返り、自分の成長を感じ、自信をもって就学を迎えるとともに、周りの人への感謝の気持ちを大切にしてほしい。

	前月末の幼児の姿	ねらい	幼児の経験する内容（指導内容）
生活	●小学校のことを話題にすることが多くなり、就学への期待が高まってきている。 ●同じ目的に向かってやり遂げたことで、友達との関わりを深め、自信をもって過ごしている。	●見通しをもって友達と遊びや生活を進める楽しさや充実感を味わい、就学に期待をもつ。	●一日の生活や卒園、就学までの生活の見通しをもち、意欲的に活動を進める。 ●思いや考えを伝え合いながら、活動を提案したり、今まで経験した遊びを繰り返し楽しんだりする。 ●卒園に向けて準備をしたり、それぞれの思いや考えをいろいろな方法で表現することを楽しむ。
興味・関心	●ウメやモモの開花に気付き、その美しさや匂いに春の訪れを感じ始めている。 ●それぞれのアイディアでひな人形作りを楽しみ、友達と見せ合い、ひな祭りを楽しみにしている。	●互いの良さを認め合ったり、成長を喜び合ったりしながら友達と過ごす心地良さを感じる。	●園生活を振り返り、自分の成長を喜んだり、仲間と過ごす心地良さを感じたりする。 ●得意なことを披露するなどして、自分の力を十分に発揮しながら、友達と認め合ううれしさを感じる。
友達や保育者との関わり	●年下の友達のお世話をしたり、一緒に遊んだりして、小さな子が喜んでいる姿にうれしさを感じながら自らの成長を感じている。 ●友達と一緒に遊びのルールを工夫したり、競ったりして楽しんでいる。	●身近な自然の変化に気付き、春の訪れを感じる。	●年下の友達に親しみや思いやりの気持ちをもって関わったり、必要なことを伝えたりする。 ●お世話になった人に感謝の気持ちをもって関わる。 ●日差しの温かさや草木の芽吹きに気付き、伝え合ううれしさを感じる。 ●球根の変化や生き物の様子に気付き、調べたり、成長に興味をもったりする。 ●季節の歌や物語を通して、春の訪れや友達とのつながりを感じる。

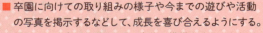

家庭・地域との連携
■ 卒園に向けての取り組みの様子や今までの遊びや活動の写真を掲示するなどして、成長を喜び合えるようにする。
■ 規則正しい生活を送ること、自分で準備をすることなど、生活習慣の見直しをすることが就学に向けて必要であることを伝え、親子で取り組めるようにする。
■ 就学前に小学校や学童保育施設までの道のりや交通手段を親子で確認し、交通ルールや危険箇所を把握する大切さを伝えていく。

園生活の自立に向けての配慮点

- ●は健康・食育・安全、
- ★は長時間にわたる保育への配慮、
- ♥は保育者間のチームワークについて記載しています。

- ● みんなで食事をする楽しさが味わえるよう子どもたちと一緒に計画する。
- ● 一人で登下校することを踏まえて、横断歩道の渡り方、信号の見方、車内マナーなどの社会的ルールを確認していく。
- ★ 友達や園との別れを不安がる子もいるので、気の合う友達とゆったり過ごせるように配慮する。
- ♥ やりたいことに存分に取り組めるように、場所や時間の調整を保育者同士で行なう。

要領・指針につながるポイント

★ 就学への期待を高める

心のつながりをもった集団の中で、友達と一緒に活動の見通しをもったり、クラス全体で様々な活動を楽しんだり、振り返ったりする体験を重ね、自他の良さや特徴が生かされている実感をもって、就学への期待が高まるようにしていきます。(参考：見通しや振り返りの工夫、領域「人間関係」、「協同性」・「道徳性・規範意識の芽生え」)

環境の構成と保育者の援助

見通しをもって友達と遊びや生活を進める楽しさや充実感を味わえるように

- ● 遊びや生活などの一日の流れや、卒園、就学までの活動の見通しを自分たちで考えていけるように、手作り時計や書き込めるカレンダーなどを用意する。
- ● 残りの園生活の中で子どもたちがやりたいことを話題にし、提案したり計画したりして、遊びや生活に期待と満足感がもてるようにする。
- ● 友達と一緒にやりたいことを実現していく楽しさを感じられるように、多様な素材や道具を十分に準備したり、遊び込む時間や継続して遊べる場所の確保をしたりする。
- ● 卒園や就学を間近に感じ、その思いを絵に描いたり、保育室を装飾したり整頓したりするなど、工夫して表現しようとする姿を受け止め、必要な物を一緒に用意する。

互いの良さを認め合ったり、成長を喜び合ったりしながら友達と過ごす心地良さを感じられるように

- ● 年下の友達に思いやりをもって関わったり、4歳児に当番活動などのやり方を分かりやすく伝えたりする姿を認め、自信につなげていく。
- ● 今までに取り組んだ共同作品や、遊びや活動の写真を子どもの目線の高さに掲示し、友達と一緒に話題にしたり、一年を振り返ったりしながら、共に成長を感じられるようにする。

- ● やりたいことを十分に楽しみながら、互いに思いや考えを伝えたり、励ましたり、良さを認めたりする姿を大切にしていく。
- ● 園生活を振り返りながら、お世話になった人への感謝の気持ちを感じられるようにしていく。また、その気持ちを表現したり、伝えたりする方法を子どもたちと考えて実施する。

身近な自然の変化に気付き、春の訪れを感じられるように

- ● 保育者も一緒に戸外で遊びながら、日差しや風の暖かさ、木々の花やつぼみの膨らみなどに気付けるようにし、発見したり調べたりしたことなどを伝え合えるようにする。
- ● 園庭の球根や草花、池の生き物の変化に気付き、数や形、色、匂い、大きさなど知的好奇心を高めていく。
- ● 友達と心がつながっている心地良さを感じながら、春の歌や就学向け絵本などをじっくり楽しむ時間をもてるようにする。

反省・評価のポイント

- ★ 卒園までの園生活に見通しをもち、友達と一緒に意欲的に活動したり、やりたい遊びを存分に楽しんだりしていたか。
- ★ 互いの良さを認め合ったり、成長を喜び合ったりする援助や環境の工夫はできていたか。
- ★ 卒園や就学への気持ちをいろいろな方法で表現しようとする姿を受け止めた援助や環境の工夫はできていたか。

3月 1週の計画

3/1(木)〜10(土)

今週の予定
- ひな祭り

前週の幼児の姿
- ひな祭りの由来を理解してひな人形を製作し、当日を楽しみにしている。
- 自然の変化に関心をもって、遊びや生活に取り入れて楽しんでいる。

ねらい(●)と内容(・)

- ● 友達と一緒に好きな遊びを思い切り楽しんで充実感を味わう。
- ● 卒園への見通しをもち、友達と一年間の思い出を振り返り成長を感じる。
- ● ひな祭りの雰囲気を楽しんだり、身近な自然にふれたりして季節感を味わう。
- ・ 友達と考えを出し合い、好きな遊びをして楽しむ。
- ・ 作品整理をしながら一年間を振り返ったり、友達と思い出を伝え合ったりする。
- ・ 木々の芽吹きや日差しの暖かさを感じ、気付いたことを表現する。

具体的な環境(◆)と保育者の援助(＊)

- ＊ 自分のしたい遊びや、クラスのみんなで行なう活動を、子どもたちの思いに添って進められるように、子どもたちと相談しながら一日の生活の流れを考えていく。
- ＊ 好きな遊びの中で互いに考えを伝えたり、聞いたりして継続して楽しめるように遊びの様子を見守ったり、課題に応じて援助したりする。
- ◆ 遊びに必要な素材や用具や運動器具を子どもたちと一緒に準備していく。また、それぞれの遊びが安全に行なえるように十分な場所を確保する。
（バトン、縄跳び、竹馬、こま、鬼ごっこ、学校ごっこ など）
- ◆ カレンダーを見たり、友達と一緒に日々の活動を考えて書き込んだりして、卒園までの見通しがもてるようにする。
（ホワイトボード、日めくりカレンダー、スケジュール表 など）
- ◆ お別れ会で年下の友達に伝えたいことや披露したいことなどを友達同士で話し合う機会をつくる。
- ◆ 作品整理をする中で友達とその時々に感じたことを伝え合ったり、懐かしんだりして互いの成長を感じられるように、ゆったりとした時間や場を用意する。

- ＊ ひな人形の製作では、友達同士で作品の良いところや工夫したことなどを伝え合っている姿に共感したり認めたりしていく。また、ひな祭りの文化的な由来を話題にしたり、当日は歌をみんなでうたったり、ひなあられを食べたりして伝統的な行事を楽しめるようにする。
（♪：『うれしいひなまつり』）
- ＊ 春の訪れを感じられるように、木々の芽吹きや春風の暖かさなど気付いたこと、感じたことを友達同士で伝え合う姿を捉えて共感していく。
- ◆ 春の自然に親しめるように、イチゴなどを収穫して食べたり、タンポポなど自然にちなんだ絵本や図鑑を用意して春を探すきっかけにしたりしていく。
（📖：『たんぽぽのおくりもの』『しろいうさぎとくろいうさぎ』）

うんどうかいたのしかったね

反省・評価のポイント

- ★ 友達を誘い、考えを伝え合って好きな遊びを思い切り楽しんでいたか。
- ★ 卒園への見通しをもち、一年間を振り返り成長を感じる援助ができたか。

3月 2週の計画
3/12(月)〜17(土)

今週の予定
- お別れ会、誕生会、身体計測、避難訓練

前週の幼児の姿
- 今まで描いた絵を友達や保育者と一緒に振り返りながら整理することで、一年間の楽しかったことを思い出したり、自分の成長に喜びを感じたりしている。
- 友達と一緒にやりたい遊びを存分に楽しんでいる。
- お別れ会や卒園に向けて友達と一緒に意欲的に活動している。

- 友達と協力して意欲的に活動を進めながら互いの良さを認め合う。
- 年下の友達との関わりを通して、自分の成長を感じ、自信をもって過ごす。
- 卒園に向けてみんなで力を合わせて部屋を飾ったり、気持ちを込めて歌ったりする。
- 縄跳びやこま回しなど、それぞれに得意なことをお別れ会で披露し、互いに認め合いうれしさを感じる。
- 年下の友達に親しみや思いやりの気持ちをもち、お別れ会のお礼を考えたり当番の引き継ぎをしたりする。

＊ 友達のアイディアを聞いて、さらに新しいことを提案するなど、互いの考えを出し合いながら卒園の準備を進める様子を捉えて認め、自信がもてるようにする。

＊ 卒園に向けて友達と一緒に部屋の装飾を考えたり思い出の絵を飾ったりして、うれしさを感じられるようにする。また必要な材料を探したり、集めたりと、子どもたちが自分たちで活動に取り組めるようにしていく。

＊ 友達と一緒に声を合わせる心地良さや、リズムにのる一体感、笑顔を交わすうれしさなどを感じながら心をつないで歌えるようにする。(♪:『みんなともだち』『ともだちになるために』『思い出のアルバム』『はじめの一歩』『ありがとうの花』)

◆ クラスみんなで親しんだ物語や小学校生活に関わる絵本などを読み、友達と一緒に過ごした日々を懐かしむとともに入学に期待がもてるようにしていく。

＊ それぞれが得意なことを見せ合えるような機会を設け、互いに応援したり、拍手を送ったり、喜び合ったりして、互いの成長が実感できるようにする。

＊ お別れ会では、年下の友達がプレゼントやゲームを自分たちのために準備していることを話題にし、5歳児クラスとして喜びや感謝の気持ちをもてるようにしていく。

◆ お別れ会後に、年下の友達へのお礼にやりたいことや一緒に楽しみたいことなどの提案があったときには、実現できるように時間や場所の調整をする。(交流ランチ、大縄跳び など)

＊ 当番の引き継ぎでは、どのように伝えると年下の友達に分かりやすいか考える機会を設け、役割を分担したり、引き継ぎに必要な物を準備したりできるようにする。(当番のイラスト手順表、当番の道具 など)

＊ 年下の友達と一緒に当番活動を行ない、丁寧に教えたり、分かりやすく紹介している様子を認め、他の子どもに紹介することで、自分たちの成長を感じ、自信につながるようにする。

反省・評価のポイント
★ 互いの良さを認め合いながら友達と協力して意欲をもって活動を進められたか。
★ 年下の友達に親しみや思いやりの気持ちをもって関われるような援助ができたか。

指導計画 3月 1・2週の計画

3月 3週の計画
3/19(月)～24(土)

今週の予定
- 春分の日、進級・就学祝い会（卒園式・修了式）

前週の幼児の姿
- 卒園や就学を意識しながら、見通しをもって遊びや生活を自分たちで進めていこうとしている。
- 友達の優しい気持ちや良さに気付き、互いを認め合いながら友達とのつながりを楽しんでいる。

ねらい（●）と内容（・）

- ● 大きくなった喜びを感じ、期待や自信をもって卒園式に参加する。
- ● 楽しかった園生活を思い出し、お世話になった人に感謝の気持ちをもつ。
- ● 好きな遊びを十分に楽しみながら、季節の移り変わる様子に興味をもつ。
- ・自分の力を発揮して卒園式に参加し、就学への期待と喜びをもつ。
- ・家族や身近な人たちへの感謝の気持ちをもち、伝わるように工夫して表現する。
- ・友達と力を合わせて、好きな遊びを進めていくことを楽しむ。

具体的な環境（◆）と保育者の援助（＊）

- ＊ 動植物の変化を通して、色・形・匂い・数に関心をもち、気付いたことを伝え合うとともに1年生になることや春の訪れを喜べるように共感する。
- ＊ 友達と考えを伝え合い、力を合わせて好きな遊びを満喫している姿を見守り、工夫しながら遊ぶ姿を認めていく。
- ＊ 園での思い出を話したり、今まで親しんできた歌をうたったり絵本を見たりして、クラスみんなで心を通わせながら楽しんできたことを振り返る。
- ◆ 残り少ない園生活の思い出作りに、いろいろなクラスや年下の友達と一緒に昼食を食べたり、ゲームをしたりする機会などをつくる。
（交流ランチ、靴鬼、いろいろな鬼ごっこ、リレー大会 など）
- ◆ 自分たちが使った保育室を次年度に使う子どもたちが期待をもてるような装飾を工夫してつくり、掲示する。また、新入園児を迎えるための飾りについて話し合い、イメージした物が製作できる材料、用具を用意する。

- ＊ 園生活でお世話になった人や家族の人への感謝の気持ちを表現したり伝えたりする方法をみんなで話し合う。メッセージカードやペンダントを作ったり、言葉を考えたりと、一人ひとりがそれぞれの思いを自分なりに伝えられるようにする。
- ＊ 卒園式では一人ひとりが自覚をもって式に臨み、自信をもって参加できるように励まし、温かく見守っていく。
- ＊ 当日の姿を保護者と共に喜び、子どもたち自身が成長を実感できるようにする。

反省・評価のポイント

- ★ 大きくなった喜びを感じ、卒園式に参加することができたか。
- ★ お世話になった人に感謝の気持ちが伝わるような援助ができていたか。

3月 4週の計画
3/26(月)〜31(土)

今週の予定

前週の幼児の姿
- 卒園式で達成感を味わい、自信をもって伸び伸びと過ごしている。
- 就学することへの期待を膨らませながらも、保育者や友達との別れが間近となり寂しさを感じている。

- ● 友達とのつながりを感じながら、遊びや生活を十分に楽しむ。
- ● 自分や友達の成長を感じ、就学への期待を膨らませる。
- ・友達と思いや考えを伝え合いながら、したい遊びを思い切り楽しむ。
- ・園生活を振り返り、自分や友達の成長を感じたり、周りの人への感謝の気持ちをもったりする。
- ・年下の友達に優しさや思いやりをもって関わり、1年生になることを楽しみにする。
- ・年下の友達が気持ち良く使えるように自分たちで生活の場を整えたり清掃したりする。

- ＊ 保育者も遊びの輪に入って一緒に遊び、クラスのみんなで遊ぶ楽しさに共感していく。
- ＊ クラスの友達と相談して活動内容を決め、友達と一緒にしたい遊びを十分に楽しめるようにする。
- ◆ 友達とのつながりを感じながら遊べるように、これまでに楽しんできた遊びをクラスのみんなで楽しむ機会をもつ。
- ◆ 園で過ごす残り少ない日々を、友達と十分に関わりながら過ごせるように場を整える。
- ＊ これまで自分たちのことを見守ってくれた方々のことを考える機会をもち、感謝の気持ちが膨らむようにする。
- ◆ 様々な素材を用意し、自分たちなりの表現で親しみや感謝の気持ちを伝えられるようにする。
  （色画用紙、色紙、フラワーペーパー など）
- ＊ 年下の友達を思いやって優しく接したり、相手のペースに合わせて動こうとしたりする姿を認め、自分の成長を感じられるようにする。
- ＊ 自分たちで生活の場を整えたり清掃したりしようとする姿を認め、場所や方法、必要な道具などを自分たちで考えられるようにしていく。
- ◆ 友達と一緒に必要な清掃道具などを用意し、自分たちで整頓や清掃に取り組めるようにする。

- ＊ 就学への期待を膨らませる反面、園や友達との別れに寂しさや不安を感じていることも受け止め、一人ひとりと関わる時間を大切にする。
- ◆ 春らしさを感じる日には、レジャーシートや机を用意し、戸外で食事や遊びを楽しめるようにする。
- ＊ 安心し、期待をもって小学校へ気持ちを向けられるように、最終登園日には保護者も含めて一人ひとりに心を込めて声を掛ける。

指導計画 / **3月3・4週の計画**

反省・評価のポイント
- ★ 友達とのつながりを感じながら、遊びや生活を十分に楽しんでいたか。
- ★ 自分や友達の成長を感じて、就学への期待が膨らむような援助ができたか。

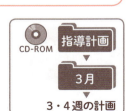

3月 日の計画
3/13(火)

ねらい	●卒園に向けて友達と一緒に意欲的に準備を進めようとする。 ●友達と一緒にやりたい遊びを楽しみながら、互いの良さを認め合う。
内容	●友達と一緒にイメージに合った素材を探したり、協力して作ったり飾り付けをしたりすることを楽しむ。 ●縄跳びや竹馬など、挑戦したり、友達と競争したりする中で、互いの良さを認め合いながら遊ぶ。

指導計画　3月 日の計画

	環境を構成するポイント	予想される幼児の活動	保育者の援助
登園〜14時頃	●やりたい遊びを自分たちですぐに始められるように必要な道具や遊具を取り出しやすい所に用意しておく。 ●前年の卒園式の写真を紹介し、卒園式の雰囲気をイメージしたり、飾り作りのきっかけにしたりする。 ●飾り作りに必要な物を取り出しやすいようにしておく。 ●飾り付けについて話し合う際には、イメージしたことを絵に描いたり、飾りのアイディアをすぐに試せるように素材や用具を用意しておく。 ●自分たちで見通しをもって遊びや生活を進められるように、一週間単位のカレンダーなどを掲示し、子どもたちと相談し書き込めるようにしておく。	●登園する。 ●朝の挨拶をする。 ●所持品の始末や身支度をする。 ●好きな遊びをする。 　（戸外：鬼ごっこ、竹馬、縄跳び など 　　室内：こま回し、飾り作り、製作・描画 など） ●片付けて集まる。 ●一緒に歌をうたう。（♪：『みんなともだち』『ともだちになるために』） ●遊びの時間に友達が作っていた飾りをみんなに紹介する。 ●卒園に向けてクラスをどのように飾るか考えを出し合う。 ●卒園に向けて飾りを作って飾ったり、思い出の絵を描いたりする。 ●手洗い、うがいをする。 ●昼食を食べる。 ●物語の読み聞かせを楽しむ。 　（📖：『金のおの銀のおの』） ●降園する。	●竹馬や縄跳びなどに挑戦する姿を捉え、保育者も応援したり、挑戦する過程を話したりして、互いの良さに気付けるようにしていく。 ●みんなで歌うときには、声がそろう心地良さを保育者も一緒に感じたり、しぜんと肩を組んで歌う様子を温かく見守ったりする。 ●飾り作りについての話し合いは、個々の発言をみんなで共有しやすいようにホワイトボードなどに書き留めていく。 ●友達と協力して作ったり飾ったりする様子を据えて成長を伝え、自信につながるようにする。 ●一日を振り返り、明日や卒園までにやりたいことを聞く時間を設け、明日以降の見通しをもてるようにする。
14時頃〜降園	●卒園に向けて、みんなで活動することが多くなるので、ゆっくりと過ごせるような遊びの道具を用意しておく。（将棋、オセロ、トランプ、色紙 など） ●午前中の製作や遊びの続きを気の合う友達と一緒にしたいときには、いつでもできるように、身近な場所に作品や道具を置いておく。	●昼食後、休息をとる。 ●好きな遊びをする。（飾り作り など） ●おやつを食べる。 ●自分の持ち物をまとめる。 ●個々にゆったりと好きな遊びをする。 ●片付けて、降園準備をする。 ●降園する。	●年下の友達と一緒に遊ぶ際には、体格や運動量の違いを考慮し、安全に遊べるように保育者も一緒に遊んだり、場所の確認をしたりするなどの配慮をしていく。

反省・評価のポイント
★ 卒園に向けて、自分たちでアイディアを出し合いながら、飾り作りなどの準備を意欲的に進めていたか。
★ 友達と一緒にやりたい遊びを十分に楽しめるような環境の工夫や援助ができていたか。

おたより

イラストや文例など、おたよりの素材を
12か月分たっぷり掲載しています。読みやすく、
分かりやすいおたより作りに大活躍！

文例・イラスト案／永井裕美

※本書掲載のおたより素材は、『月刊 保育とカリキュラム』2013〜2015年度
の連載『毎月のおたよりイラスト＆文例』に修正を加えたものです。

おたより レイアウト例

おたより作りのポイントをおさえたレイアウト例をご紹介します。

保護者に伝わる ポイント
書き出しには季節を感じられる言葉を入れましょう。

保護者に伝わる ポイント
季節の遊びや行事など受け継いでいきたいものをまとめて書きましょう。

保護者に伝わる ポイント
季節によって保健に関する内容を考えて入れましょう。

1がつ クラスだより

○○○○年
1月
○○○○園

- あけましておめでとうございます。今年も健康で元気に過ごせますように、どうぞよろしくお願いいたします。
- 冬休みが終わり、子どもたちの元気な姿が戻ってきました。楽しかったことをいろいろ話してくれます。
- 乾燥した日が続きますが、手洗いやうがいをしっかりして、生活リズムを整えて健康に過ごしましょう。

伝承遊び

こま回し・たこ揚げ・けん玉・あやとり・カルタ・竹馬など、昔から受け継がれてきた遊びのことを伝承遊びといいます。伝承遊びは、楽しみながら記憶力・集中力や想像力など、いろいろな力を培えます。家族でカルタやすごろくを楽しんだり、体を動かす羽根突きやけん玉に挑戦したりしてみましょう。

鏡開き

1月11日は鏡開きです。「鏡」は円満、「開」は末広がりを意味しています。「割る」や「切る」は縁起が悪いということで、包丁を使わずに、木槌で鏡餅をたたいて「開き」ます。お餅は家族の円満を願いながら、子どもたちも一緒に食べる予定です。

生活チェック

休みの間、どのように過ごしていましたか？
生活チェックをしてみましょう。

- ☐ 早寝・早起きができましたか？
- ☐ 朝ごはんを食べましたか？
- ☐ 顔を洗いましたか？
- ☐ 歯磨きをしましたか？
- ☐ うんちをしましたか？
- ☐ 自分で身支度をしましたか？

全部チェックが付くように頑張りたいですね。

保護者に伝わる ポイント

5歳児クラスならではのグループ活動です。グループ名の決め方や子どもたちの様子なども書くといいですね。

チェック！

名前・日にちなど間違っていないか確認しましょう。

4月 イラスト

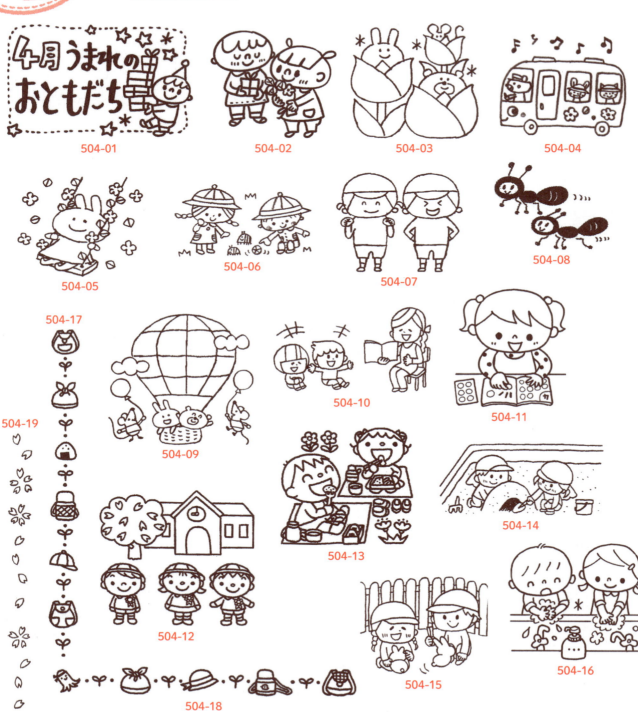

囲みイラスト付き文例

※ CD-ROM 内の囲みイラスト付き文例は Word 文書です。
Excel で使用される際は、P.270 をご参照ください。

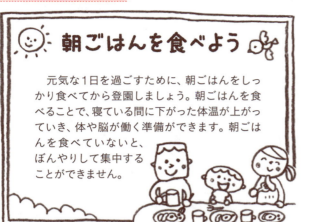

朝ごはんを食べよう

元気な1日を過ごすために、朝ごはんをしっかり食べてから登園しましょう。朝ごはんを食べることで、寝ている間に下がった体温が上がっていき、体や脳が働く準備ができます。朝ごはんを食べていないと、ぼんやりして集中することができません。

504-22

お箸のマナー

お箸には、してはいけない使い方があります。ねぶり箸→箸に付いた物をなめること、箸渡し→箸から箸へと食べ物を移すこと、迷い箸→どれにしようかと食べ物の上で箸を動かすこと、指し箸→箸で人を指すこと、寄せ箸→箸で器を寄せること、渡し箸→箸を器に載せて橋のように渡すこと、などです。日頃から気を付けておきましょう。

504-23

持ち物に名前を書きましょう

かばん・帽子・ハンカチ・ポケットティッシュなど、持ち物に名前を書いていますか？ 迷子になっているハンカチや靴下を見掛けます。薄くなったり消えたりしている場合は、もう1度記入をお願いします。物を大切にする気持ちを育てていきたいですね。

504-24

身体計測

子どもたちの健康状態や成長を知るために、毎月身長と体重を計測し、4・9・1月は座高も計測します。下着や服には、必ず名前を書いておいてください。また、髪の毛を頭の上でくくると、正確に計ることができません。計測の結果は健康手帳に記入して持ち帰りますので、確認印を押して、翌日持って来てください。健康手帳は園でお預かりします。

504-25

書き出し文例

4月のあいさつ

● サクラが満開を迎えました。鳥の鳴き声や優しい春風に、サクラの花もうれしそうに揺れています。みんなを笑顔にしてくれますね。
504-26

春の全国交通安全運動

● お子さんと一緒に歩いたり自転車に乗ったりして登降園する方がほとんどだと思います。道路の端を歩く、信号を守る、左右を確認するなど交通ルールを守り、安全に通えるようにしましょう。交通マナーを身につけることが、交通事故を防止することにつながります。
504-27

子どもの姿

● 春の柔らかい日差しを浴びながら、子どもたちは戸外で元気に遊んでいます。大型遊具や乗り物など、新しく来た友達にも教えてあげています。
504-28

● 新学期がスタートしました。新しい友達を迎え、園内を案内したり一緒に遊んだりしながら、おにいさん・おねえさんとして頑張っています。
504-29

文章の最後にチェック！

読みやすい文章とは

短い文章ほど読みやすく印象に残ります。読点「、」で文章を長々とつないでいくと、伝えたい内容がぼやけてしまいます。一文にたくさんの事柄が入ると、読んでいるうちに混乱してくることもあるでしょう。長い文章は読み直して、短く切ったり箇条書きにしたりするなどしてまとめましょう。

5月

イラスト

505-01　505-02　505-03　505-04

505-05　505-06　505-07　505-08

505-18

505-09

505-10

505-13

505-11

505-12

505-14　505-15

505-20
505-21
505-19

505-16

505-17

このメッセージが見えるまでページを開くと、きれいにコピーできます。

234

囲みイラスト付き文例

※ CD-ROM内の囲みイラスト付き文例はWord文書です。
Excelで使用される際は、P.270をご参照ください。

みどりの日

新緑のまぶしい季節を迎えました。5月4日は「自然に親しむとともにその恩恵に感謝し、豊かな心をはぐくむ」という趣旨で「みどりの日」と定められました。公園や山などで自然を見たり四季を感じたりできることに感謝しましょう。何げなく見ていた木や植物などに関心をもち、家族で観察したり調べたりするのも楽しいですね。

505-22

母の日

5月第2日曜日は「母の日」です。プレゼントを贈り、言葉ではなかなか伝えられない日頃の感謝の気持ちを表します。起源は諸説ありますが、アメリカの少女が母の墓に白いカーネーションを飾ったことから始まったといわれています。園では、絵を描いたりプレゼントを作ったりして、ありがとうの気持ちを伝えたいと思います。

505-23

うがい、していますか?

うがいの仕方を確認してみましょう。口に水を含み、ブクブクと水を移動させ、口の中の雑菌を流し出します。次に水を含んだら、上を向いてガラガラとうがいをします。「ガラガラ」「ゴロゴロ」「おー」などと声を出しながらやってみましょう。病気の予防にもなるので、手洗いとともにうがいも行なうようにしましょう。

505-24

健康診断

新しい友達との出会いを迎えた子どもたちは、今では楽しそうに遊ぶ姿が見られるようになってきました。子どもたちの健康状態を把握して毎日元気に過ごせるように、健康診断(眼科・耳鼻科・内科検診)を予定しています。結果は健康手帳に記入し、治療が必要な場合は別に用紙をお渡しします。プールが始まるまでに治しておいてくださいね。

505-25

書き出し文例

5月のあいさつ

- 新緑の若葉がまぶしく輝き、爽やかな風を運んでくれます。公園や園庭の木々も笑顔で見守ってくれているようです。 505-26

- 風が心地良い季節になりました。新しいクラスや生活にも慣れ始め、元気な声が響き渡るようになりました。 505-27

子どもの姿

- 立夏が過ぎると、暦のうえでは夏になります。戸外に出ていると汗がにじんできますが、子どもたちは元気良く遊んでいます。 505-28

愛鳥週間

- 5月10日〜16日は「愛鳥週間」です。公園などいろいろな場所で、鳥たちのかわいい鳴き声を聞きながら、周りの自然に目を向けて観察してみるのもいいですね。 505-29

文章の最後にチェック!

「ず」「づ」の使い分け①

「ず」「づ」は間違いやすい文字です。
しっかりチェックして、正しくお便りを書きましょう。

○	×
少しずつ	少しづつ
言葉づかい	言葉ずかい
片づく	片ずく
近づく	近ずく
手づくり	手ずくり
気づく	気ずく
いずれは	いづれは
つまずく	つまづく

囲みイラスト付き文例

※ CD-ROM 内の囲みイラスト付き文例は Word 文書です。
Excel で使用される際は、P.270 をご参照ください。

時の記念日

6月10日は「時の記念日」です。1920年に制定されました。日本初の水時計の鐘が打たれたのが671年4月25日だそうですが、それを現在の暦に置き換えると6月10日に当たります。毎日同じ時刻に寝起きするなど、規則正しく過ごすことを意識するきっかけになるといいですね。

506-21

紫外線に気を付けて

紫外線の強さは、季節・時間や天気によって違います。季節は6月～8月頃、時間は10時から14時頃が強くなります。紫外線を浴び過ぎると、皮膚や目などに悪影響が出るといわれています。戸外での活動は紫外線の強い時間を避け、日焼け止めのクリームを塗る、帽子をかぶる、UVケアの服を着る、日陰で遊ぶなど、気を付けましょう。

506-22

衣替え

衣替えの習慣は平安時代に始まったといわれています。明治以降は6月1日と10月1日の年2回、学校や制服を着用する職場などで行なわれるのが一般的です。季節に合わせ、半袖・夏帽子・涼しい素材の服などに衣替えをして、元気いっぱい遊べるようにしましょう。肌着や靴下なども夏用に替えるとよいでしょう。

506-23

6歳臼歯

6歳頃に生えるので「6歳臼歯」、正式には第一大臼歯といいます。6歳臼歯は、生え変わる乳歯がない場所に生えてきます。生えてきても分かりづらいことや乳歯と勘違いされることなどから、永久歯の中で一番虫歯になりやすいそうです。仕上げの歯磨きをしたり奥まで歯ブラシを入れるよう声を掛けたりしてあげましょう。

506-24

書き出し文例

6月のあいさつ

● すがすがしい初夏を迎え、木々や花がとてもきれいに見えてきました。雨の水分をたくさんもらい、元気になったようです。
506-25

子どもの姿

● 雨が大好きなカエルやカタツムリが、元気良く遊んでいます。子どもたちも戸外で存分に遊びたいと羨やましそうにしています。
506-26

父の日

● 第3日曜日は「父の日」です。お父さんに手紙を書いたりマッサージをしてあげたりして、日頃思っていることを伝えてみましょう。
506-27

健康

● 歯磨きの習慣はついていますか？ 歯ブラシのチェックをしてみてください。ゆっくり、丁寧に磨くことを心掛けましょう。
506-28

文章の最後にチェック！

「じき」3通り

「じき」の漢字は3通りあります。
意味をよく理解して、正しい漢字を書けるようにしましょう。

時季→そのことが盛んに行なわれる季節、シーズン
時期→そのことをするとき、季節
時機→ちょうどよいとき、チャンス、タイミング

7月 イラスト

囲みイラスト付き文例

※ CD-ROM 内の囲みイラスト付き文例は Word 文書です。
Excel で使用される際は、P.270 をご参照ください。

夏休みのお約束

もうすぐ楽しい夏休みです。長期の休みに入っても生活リズムを崩さないように、早寝・早起きをしてラジオ体操に参加してみましょう。おうちでお手伝いをお願いしてもいいですね。出掛けるときや戸外で遊ぶときなどは交通ルールを守り、安全を心掛けましょう。

507-20

プール遊び

子どもたちが楽しみにしていたプール遊びが始まります。プール遊びを楽しむために、毎日朝ごはんをしっかり食べ、排便・検温を忘れないようにしましょう。また、早寝・早起きをして規則正しい生活を心掛けましょう。後日、プール参観を予定していますので、ぜひ参加してくださいね。

507-21

熱中症に注意！

急に気温が上がった日などは、熱中症が起こりやすいです。戸外に出るときは帽子をかぶる、薄い長袖をはおる、日陰で遊ぶ、こまめに水分補給をする、涼しい時間に外出するなど、日頃から予防を心掛けるようにしましょう。

507-22

水分補給をしっかりと

暑い日は汗をたくさんかき、水分が欲しくなります。水分補給をするときに気を付けておきたいことは、こまめに少しずつ、喉が渇く前に飲む（のどが渇いたときにはすでに水分不足）、糖分の多いジュースや炭酸飲料は控えてお茶や水またはスポーツドリンクなどを飲む、旬の野菜や果物からも水分をとる、などです。

507-23

書き出し文例

7月のあいさつ

- 青空がとてもまぶしく、太陽がギラギラと音を立てそうです。毎日暑い日が続きますが、1日中日陰の場所はとても涼しいです。
507-24

子どもの姿

- 園庭や公園の木々では、朝から元気いっぱいにセミが鳴いています。子どもたちは大喜びで網を持って、虫採りを楽しんでいます。
507-25

夏休み

- もうすぐ夏休みが始まります。身の回りの危険な場所や交通ルールについて、みんなで話し合いをしました。
507-26

文章の最後にチェック！
文体を統一しよう

文章の終わりの文体には「ですます調」と「である調」があります。

- ですます調 →です、ます、でした、ました
- である調 →である、だ

一つの文章の中に、二つの文体があると読みにくくなります。文章を書くときには、統一するようにしましょう。

8月

イラスト

囲みイラスト付き文例

※ CD-ROM内の囲みイラスト付き文例はWord文書です。
Excelで使用される際は、P.270をご参照ください。

立秋

今年の8月7日は、二十四節気のひとつ「立秋」です。まだまだ夏の暑さは続きますが、暦のうえでは秋になり、時候の挨拶も暑中見舞いから残暑見舞いに変わります。朝晩の風、雲の形や高さなど、少しずつ変化しています。みんなで秋を探してみましょう。

508-22

原爆記念日/終戦記念日

8月6日は「広島原爆記念日」、9日は「長崎原爆記念日」、15日は「終戦記念日」です。第二次世界大戦では、日本を含めて世界中でたくさんの人が亡くなりました。亡くなられた方々を追悼し、現在の平和な生活に感謝し、未来へ向けてみんなで祈りましょう。

508-23

プールの開放

夏休みにプールの開放を予定しています。クーラーの効いた涼しい部屋で過ごすばかりではなく、プールで水の感触を楽しんだり、元気いっぱい泳いだりしましょう。紫外線対策をして、水分補給ができるように水筒を持って来ましょう。子どもたちが遊んだ後は、地域の小さな子どもたちもプール遊びを楽しめます。

508-24

ペットボトル飲料の飲み方

ペットボトル飲料にはいろいろなサイズがあります。直接口を付けて飲むことも多いと思いますが、ちょっと気を付けておきましょう。ペットボトルを直飲みすると、唾液や口の中の菌が入ってしまいます。少し飲んで残す場合は、菌が繁殖することもあります。できるだけコップに移して飲むようにしましょう。

508-25

書き出し文例

8月のあいさつ

● 空に入道雲ができ、雷が鳴ったり大雨が降ったりして、夏の天気の激しさを感じることができます。　508-26

● ヒマワリが太陽に向かって、ニッコリとほほえんでいるようです。背の高いヒマワリの影に入ると、涼しさを満喫できます。　508-27

子どもの姿

● 日陰に入ると涼しい風を感じることができ、子どもたちもいろいろな物を手に、日陰へとお引っ越しをして遊んでいます。　508-28

夏祭り

● 夏祭りを予定しています。おうちの方も子どもたちと一緒に夏の暑さを吹き飛ばして、楽しい時間を過ごしてください。　508-29

文章の最後にチェック！

重複表現

過剰に表現していませんか？

● 炎天下の下→炎天下
● 今現在→現在
● 約10cm程度→約10cm（または、10cm程度）
● 返事を返す→返事をする
● 必ず必要である→必要である（または、必ず要る）
● 期待して待つ→期待する
● 頭痛が痛い→頭痛がする（または、頭が痛い）
● 尽力を尽くす→尽力に努める（または、尽力する）

このメッセージが見えるまでページを開くと、きれいにコピーできます。

おたより 8月

9月 イラスト

このメッセージが見えるまでページを開くと、きれいにコピーできます。

囲みイラスト付き文例

※ CD-ROM 内の囲みイラスト付き文例は Word 文書です。
Excel で使用される際は、P.270 をご参照ください。

救急の日

9月9日は「救急の日」です。いざというときに慌てないためにも、応急手当ての仕方や救急車の呼び方などを確認しておきましょう。出掛けたときにAED（自動体外式除細動器）が置いてある場所（駅・施設・店など）を意識して探してみるのもいいですね。

509-21

敬老の日

9月の第3月曜日は"敬老の日"です。「多年にわたり社会につくしてきた老人を敬愛し、長寿を祝う」趣旨で制定されました。おじいちゃんやおばあちゃんと遊んだり、プレゼントを贈ったりして、日頃の感謝の気持ちを伝えましょう。

509-22

生活習慣をチェック

毎日チェックしてみましょう。
● 朝ごはんを食べる
● うんちをする
● しっかり体を動かす
● 早寝・早起きをする

9月に入ってもまだまだ暑い日は続きます。これから運動会に向けて運動をする機会が増えるので、生活リズムを整えて、元気に過ごせるようにしましょう。

509-23

月見団子

月見団子は、穀物の収穫を感謝してお団子を作ったのが始まりといわれています。丸い団子は月をイメージしています。地域によっては、サトイモをイメージした形の物や、カラフルなお団子を食べる所もあるようです。お月様を見ながら、月見団子を食べるのもいいですね。

509-24

書き出し文例

9月のあいさつ

● コスモスが風に揺られ、秋らしい風景を見かけるようになりました。ピンク、紫、白など、たくさんの種類がみんなを和ませてくれます。
509-25

子どもの姿

● 朝晩は随分と涼しくなりましたが、日中は暑さが戻ってきます。子どもたちは元気にかけっこやダンスに励んでいます。
509-26

水分補給

● 日中は太陽の日差しが強く、汗をたくさんかきます。しっかり水分補給をしながら過ごしたいと思います。
509-27

避難訓練

● 地震や火事が起きたときに慌てないために、避難訓練を予定しています。おうちでも、いざというときの避難経路を確認しておきましょう。
509-28

文章の最後にチェック！ 正しい漢字を

間違いやすい漢字です。
気を付けて正しい漢字を使いましょう。

○ 低温	× 抵温	○ 栽培	× 裁培
○ 徐々に	× 除々に	○ 収穫	× 集穫
○ 子ども同士	× 子ども同志	○ 検討	× 険討

10月

イラスト

510-01

510-02

510-03

510-04

510-05

510-06

510-07

510-08

510-09

510-10

510-11

510-12

510-13

510-14

510-15

510-16

510-17

510-18

510-19

510-20

囲みイラスト付き文例

※ CD-ROM 内の囲みイラスト付き文例は Word 文書です。
Excel で使用される際は、P.270 をご参照ください。

体育の日

10月第2月曜日は「体育の日」です。1964年（昭和39年）に開催された「東京オリンピック」を記念し、「スポーツにしたしみ、健康な心身をつちかう」日として、国民の祝日に制定されました。家族でウォーキングやサイクリングなどをして、体を動かしてみてはいかがでしょう。地域の行事に参加してみるのも楽しいですね。

510-21

目を大切に

10月10日は「目の愛護デー」です。目はとても疲れやすい器官です。絵本を読むときは明るい場所で、テレビやゲームは時間を決めてしましょう。目を使った後は遠くを見るようにすると休まります。目を大切にして健康に過ごしましょう。

510-22

読書週間

10月27日〜11月9日は「読書週間」、27日は「文字・活字文化の日」です。親子で図書館や書店に行って絵本を選んだり、園の貸し出し絵本を読んだりして、絵や文字に親しんでみましょう。読書週間をきっかけに、じっくり本を読む時間をつくってみてください。

510-23

魚の切り身の食べ方

切り身の魚に皮が付いている場合は、皮が上です。ひっくり返さないようにして食べます。皮が食べられないときは、箸で皮を取り皿の端に寄せておきましょう。身を少しずつほぐしながら食べ、小骨は箸で取っておきます。口に入ったときは、口元を手で隠し、箸で小骨だけを取ります。

510-24

書き出し文例

10月のあいさつ

● 過ごしやすい秋の風が吹く季節です。アカトンボも園庭や公園で見掛けるようになりました。　510-25

子どもの姿

● 秋晴れの日が続き、運動会の練習に取り組む子どもたちを応援してくれているようです。子どもたちの気持ちも高まってきて、本番を楽しみにしています。　510-26
● 毎日良い天気が続きます。子どもたちは運動会に向けて、体操やリズム遊び、かけっこなどに取り組んでいます。　510-27

水分補給

● 運動した後は、汗の始末をして水分補給をしましょう。適度な休息もとり、元気に過ごせるように頑張りましょう。　510-28

文章の最後にチェック！ ひらがなと漢字を使い分けよう

文章を書くとき使いたい言葉を、漢字かひらがなどちらにするか考えることがあります。そのときは、言葉の意味や文章の内容によって使い分けましょう。ひらがなのほうが分かりやすい場合もあります。

おたより 10月

245

11月

イラスト

511-01

511-02

511-03

511-04

511-05

511-06

511-07

511-08

511-09

511-17

511-10

511-11

511-12

511-19

511-13

511-14

511-15

511-16

511-18

511-20

511-21

このメッセージが見えるまでページを開くと、きれいにコピーできます。

囲みイラスト付き文例

※ CD-ROM 内の囲みイラスト付き文例は Word 文書です。
Excel で使用される際は、P.270 をご参照ください。

立冬（りっとう）

毎年立冬は11月7日頃です。「立冬」とは冬の始まりで、「立」には新しい季節になるという意味があります。「立春」「立夏」「立秋」「立冬」を四立といいます。「立冬」から「立春」の前日までが、暦のうえでは冬です。この時季には木枯らしが吹いたり初霜が見られたりするようになります。

511-22

よくかんで食べよう

食事はしっかりかんで食べていますか？よくかむことで満腹中枢が刺激され、食べ過ぎを防いでくれます。また、唾液の分泌が促され、虫歯予防になるとともに消化吸収も助けてくれます。更に、口の周りの筋肉が鍛えられ、発音や表情が良くなります。更に、脳も元気に働き、記憶力や集中力が高まります。体にいいことばかりですね。

511-23

文化の日

11月3日は「文化の日」です。「自由と平和を愛し、文化をすすめる」という趣旨で国民の祝日になりました。文化の発展に功労のあった人々に対して、皇居で文化勲章の授与式が行なわれます。家族で美術館や映画館などに行って、文化にふれてみてもいいですね。

511-24

服について

海外では、服に付いているフードやひもが原因で子どもたちに大きな事故が起こっているという報告があります。日本では大きな事故の報告はありませんが、フードやひも付きの子ども服によるヒヤリ・ハットや危険、けがなどを経験している人も多いようです。JIS（日本工業規格）案では、7歳未満用の服には「頭部・けい部の範囲にひもが付いた衣料をデザイン、製造、供給してはならない」と規定されました。子どもの服は安全も考えて選びましょう。

511-25

書き出し文例

11月のあいさつ

● イチョウの葉っぱが降り積もり、辺り一面黄色いじゅうたんに覆われました。風が吹くと葉っぱが宙を舞い、とてもきれいです。
511-26

● 日差しも少しずつ弱まり、冬の気配が感じられるようになりました。風が吹くと秋から冬への変化が感じられます。
511-27

健康

● 秋も終わりを迎え、暦のうえでは冬がやってきます。うがい・手洗いをしっかりして、風邪や病気にかからないよう、予防しましょう。
511-28

文化の日

● 秋も深まり、季節の変化を楽しむことができます。文化に親しみ、ふだんできないことにも挑戦してみましょう。
511-29

文章の最後にチェック！ 正しい送りがな

間違いやすい送りがなです。
しっかりチェックして、正しいお便りを書きましょう。

○	×	○	×
自ら	自から	新しい	新い
備える	備る	少ない	少い
半ば	半かば	短い	短かい
親しい	親い	快い	快よい

おたより ▶ 11月

12月

イラスト

512-01

512-02

512-03

512-04

512-05

512-06

512-17 512-19

512-07

512-08

512-09

512-10 512-11

512-12

512-13

512-14

512-15

512-16

512-18

512-20　512-21

このメッセージが見えるまでページを開くと、きれいにコピーできます。

248

囲みイラスト付き文例

※ CD-ROM 内の囲みイラスト付き文例は Word 文書です。
Excel で使用される際は、P.270 をご参照ください。

冬休み

今年も残すところ数日となりました。たくさんの行事を経験した子どもたちは、心身共に大きく成長し、生活リズムも整ってきました。しばらく園は休みに入りますが、お手伝いをするなど規則正しい生活ができるように、目標をたててみましょう。新学期に会えるのを楽しみにしています。

512-22

餅つき

少し前まで、餅つきは各家庭の年末行事でした。餅がしっかり固まらないので、31日より前に行ないます。29日は「苦が付く」とされ縁起が悪く避けられることが多いようですが、中には29日は語呂合わせで福をもたらすとされ、餅つきをする所もあるようです。つきたての餅はおいしいですね。ぜひ、餅つきに参加してみましょう。

512-23

マスクの着け方

マスクを正しく着けていますか？ 顔に合った大きさの不織布のマスクを使う場合は、1日ごとに使い捨てましょう。ワイヤーを鼻の形に沿って折り、マスクを顎の下まで伸ばします。鼻や顎が隠れているか、頬とマスクの間に隙間がないかなどに気を付けて、正しく着用しましょう。

512-24

冬至の食べ物

冬至の日には「ん」の付く物を食べると「運」が付くともいわれています。カボチャは南瓜ともいい「ん」が付くので、この日に食べられます。ニンジン、レンコン、ダイコンなども「運盛り」といって縁起担ぎの食べ物です。旬の野菜には「ん」が付く食べ物がたくさんあります。バランス良く取り入れて、風邪や感染症にかからないようにしたいですね。

512-25

書き出し文例

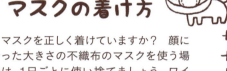

子どもの姿

●木枯らしが吹く寒い季節になりました。寒さのあまり体を丸めてしまう子どももいますが、戸外で元気に遊んで体を温めて、姿勢に気を付けています。　　512-26

大掃除

●園内の大掃除を行ないました。窓拭きや床掃除、ロッカーやおもちゃの片付けなどをして、きれいな保育室に変身しました。　　512-27

●今年も残り僅かとなりました。子どもたちが使った遊具やロッカーなどをきれいに掃除して、新年を迎えたいと思います。　　512-28

健康

●空気が乾燥し、感染症や風邪の流行が心配されます。戸外から帰ったらうがいや手洗いをして、予防をしましょう。　　512-29

文章の最後にチェック！
「が」「の」の連続
助詞の「が」や「の」を連続して使うと、読みにくくなります。読み直して他の言葉に変えたり、省略したりしましょう。

1月

イラスト

501-01

501-02

501-03

501-04

501-05

501-06

501-07

501-08

501-17

501-18

501-11

501-09

501-12

501-10

501-14

501-13

501-15

501-16

501-19

501-20

このメッセージが見えるまでページを開くと、きれいにコピーできます。

250

囲みイラスト付き文例

※ CD-ROM 内の囲みイラスト付き文例は Word 文書です。
Excel で使用される際は、P.270 をご参照ください。

伝承遊び

こま回し・たこ揚げ・けん玉・あやとり・かるた・竹馬など、昔から受け継がれてきた遊びのことを伝承遊びといいます。伝承遊びは、楽しみながら記憶力・集中力や想像力など、いろいろな力を培えます。家族でカルタやすごろくを楽しんだり、体を動かす羽根突きやけん玉に挑戦したりしてみましょう。

501-21

鏡開き

1月11日に鏡開きをします（地域によっては日にちが違うこともあります）。お供えしていた丸い餅は、家庭円満を表すともいわれています。木槌でたたいて割りますが、「割る」のではなく、「開く」という縁起のいい言葉を使います。焼いたりぜんざいにしたりして、おいしくいただきましょう。

501-22

生活チェック

休みの間、どのように過ごしていましたか？
生活チェックをしてみましょう。

☐ 早寝・早起きができましたか？
☐ 朝ごはんを食べましたか？
☐ 顔を洗いましたか？
☐ 歯磨きをしましたか？
☐ うんちをしましたか？
☐ 自分で身支度をしましたか？

全部チェックが付くように頑張りたいですね。

501-23

和食のマナー

顔を器に近づけて前かがみで食べる「犬食い」はマナー違反です。小皿や小さな器は手に持って食べましょう。刺身や小鉢は手前から奥に向かって食べます。大きい物は、箸で小さく切って食べます。器に直接口を付けて食べたり、ご飯におかずや漬け物を載せたりするのも和食のマナーとしては違反です。気を付けましょう。

501-24

書き出し文例

1月のあいさつ

● 新しい年が始まりました。今年は○年です。家族や周りの人たちと仲良く元気に過ごせる1年になるといいですね。

501-25

子どもの姿

● 北風が吹く中、子どもたちは寒さも気にせず園庭に出て、鬼ごっこやマラソンをして遊んでいます。

501-26

健康

● 冬休みは健康に過ごせましたか？ 感染症が心配される季節です。うがいや手洗いをしっかり行ないましょう。

501-27

鏡開き

● 園でお供えしていた鏡餅は、鏡開きをした後に食べる予定です。昔からの伝統を子どもたちに伝えていく大切な行事です。

501-28

文章の最後にチェック！

正月のいろいろ

正月とは、本来1月のことを示していました。最近では1月1日〜3日までを三が日、7日までを松の内（地域によって違う場合もある）、この間を正月といっています。
元日は1月1日のこと、元旦は1月1日の朝のことをいいます。
元旦に最初に昇る太陽のことを「初日の出」といいます。

囲みイラスト付き文例

※ CD-ROM 内の囲みイラスト付き文例は Word 文書です。
Excel で使用される際は、P.270 をご参照ください。

節分

節分は1年の節目とされ、昔は立春・立夏・立秋・立冬の前日を指したようですが、現在は立春のみをいうようになりました。「鬼は外、福は内」と豆をまいた後は豆を食べます。自分の年より一つ多く食べると、1年間病気をしないといわれています。元気に過ごせるように願いながら豆まきをしましょう。

502-22

アレルギーの日

日本アレルギー協会により、2月20日は「アレルギーの日」、17～23日まではアレルギー週間と定められ、アレルギーについての理解を深める期間です。スギ花粉などによりアレルギー症状が出る人は増えています。予防するには、外出時にマスク・眼鏡・帽子を着用すること、外出後は手洗い・うがい・洗顔をして花粉を落とすこと、免疫力を高めるため食事や睡眠をしっかりとることが大切です。

502-23

体をほぐそう

雪が降ったり冷たい風が吹いたりと、寒い日が続きます。戸外に出て急に体を動かすと、いろいろな箇所をけがしてしまうかもしれません。寒さで体や筋肉が縮こまっているときは、体操するなど軽く体を動かしてから行動するようにしましょう。ジョギングやウォーキングをする前にも、しっかりと体をほぐしておきましょう。

502-24

体内時計

子どもたちの睡眠時間が減っていることが問題となっています。睡眠はしっかりととりましょう。朝起きて太陽の光を浴びると、体内時計がリセットされます。睡眠時間が不規則な子どもは、リセットする時間がバラバラでリズムが整いません。毎朝決まった時間に起きるようにしましょう。

502-25

書き出し文例

子どもの姿

- 日差しが柔らかくなり、戸外で過ごす時間も長くなってきました。子どもたちは、縄跳びや鬼ごっこなどで体を存分に動かして遊んでいます。　502-26

- 毎日元気良く体操やマラソンに取り組んでいます。寒さに負けないたくましい子どもたちに変身してきました。　502-27

生活発表会

- 寒さの中にも少しずつ春の気配を感じられるようになりました。発表会に向けて取り組んでいる子どもたちを応援してくれているようです。　502-28

クラス懇親会

- クラス懇談会を予定しています。1年間の子どもたちの成長や進級・就学についてお話ししたいと思います。502-29

文章の最後にチェック！

敬語の「お」「ご」の使い分け

「お」の場合	「ご」の場合
● お断り	● ご住所
● お手紙	● ご説明
● お話	● ご意見

例外もありますが、「ご」は音読み「お」は訓読みと覚えておいてもいいですね。

CD-ROM　おたより ▶ 2月

3月

イラスト

囲みイラスト付き文例

※ CD-ROM 内の囲みイラスト付き文例は Word 文書です。
Excel で使用される際は、P.270 をご参照ください。

ありがとうの日

3月9日は「サンキュー」で「ありがとうの日」です。ふだんの生活で、どれだけ「ありがとう」と言っているでしょうか？ 3月は卒園式や終業式など、いろいろな別れがあります。「今まで見守ってくれたり助けてくれたりしてありがとう」と、感謝の気持ちを伝えるきっかけの日になるといいですね。

503-21

1年間を振り返って

生活習慣は身につきましたか？
チェックをして、小学校につなげていきましょう。

☐ 早寝・早起きをする
☐ バランスの良い食事をする
☐ 歯磨きをする
☐ うんちをする
☐ 元気に挨拶をする
☐ 持ち物を確認する

503-22

学校探検

もうすぐ卒園する年長児たちは、寂しさや不安、期待など複雑な気持ちでいっぱいでしょう。新しい環境への戸惑いもあると思います。その不安を少しでもなくすため、学校探検を予定しています。授業を見学したり小学生に校内を案内してもらったりする予定です。今から楽しみにしています。

503-23

卒園式

春の足音が聞こえ、日差しも暖かくなってきました。子どもたちは小学校への期待でいっぱいのようです。入園式から今日までたくさんのことを経験してきましたが、楽しかった園生活も残すところあと僅かです。最後の行事である卒園式で、子どもたちの成長した姿を温かく見守ってください。

503-24

書き出し文例

3月のあいさつ

● 待ちに待った春の季節、優しい風が吹くと気持ちまで穏やかになるようです。春の力はすごいですね。　503-25

子どもの姿

● 桃の節句が過ぎ、今年度も1か月を切りました。作品をまとめたりプレゼントを作ったりして、最後のクラス活動を楽しんでいます。　503-26

● 子どもたちの1年の成長をカードにして渡します。身長や体重の変化を見て、子どもたちと話してみてくださいね。　503-27

● いろいろな行事を経験した子どもたちは、自信をもって挑戦しようとする姿が見られるようになってきました。　503-28

文章の最後にチェック！

「ず」「づ」の使い分け②

「ず」「づ」は間違いやすい文字です。
しっかりチェックして、正しくおたよりを書きましょう。

○	×
一つずつ	一つづつ
色づく	色ずく
ずかん	づかん
活気づく	活気ずく
読みづらい	読みずらい
うなずく	うなづく
ひざまずく	ひざまづく
おとずれる	おとづれる

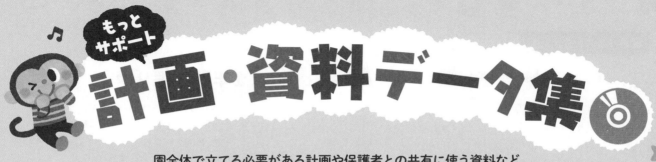

園全体で立てる必要がある計画や保護者との共有に使う資料など、
もっと保育をサポートするために、資料の例をデータにしました。
園運営に必要な保健計画や子育て支援計画といった計画や、与薬依頼票などが入っています。
これらのデータは、CD-ROMの 計画・資料データ集 に入っています。

※本書掲載の指導計画とのつながりはありませんが、一例としてご覧ください。

健康

健康支援年間計画

▼
健康支援年間計画

子育て支援

子育て支援年間計画

▼
子育て支援年間計画

安全・防災

A 施設の安全管理チェックリスト

CD-ROM 　安全・防災 ▶ A_施設の安全管理チェックリスト

B 施設安全チェックリスト

CD-ROM 　安全・防災 ▶ B_施設安全チェックリスト

C 防災チェック表

CD-ROM 　安全・防災 ▶ C_防災チェック表

保健

保健年間計画

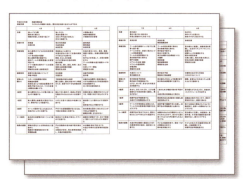

CD-ROM 　保健 ▶ 保健年間計画

計画・資料データ集

避難訓練

A 避難訓練年間計画

CD-ROM 避難訓練 ▶ A_避難訓練年間計画

B 避難訓練年間計画

CD-ROM 避難訓練 ▶ B_避難訓練年間計画

C 避難訓練年間計画

CD-ROM 避難訓練 ▼ C_避難訓練年間計画

258

食育

A 0〜5歳児の食育計画

B 食物アレルギー指示書

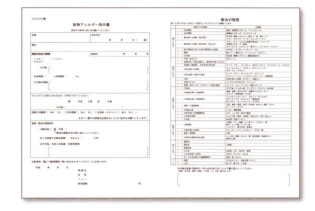

病気関連書類

登園許可証明書

与薬依頼票

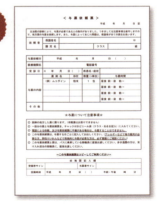

計画・資料データ集

今日の保育記録

今日の保育記録

CD-ROM 今日の保育記録 ▶ 今日の保育記録

苦情処理

苦情申出書

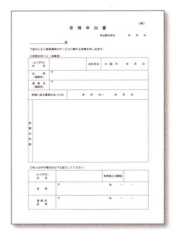

CD-ROM 苦情処理 ▶ 苦情申出書

苦情受付書

CD-ROM 苦情処理 ▶ 苦情受付書

苦情受付報告書

CD-ROM 苦情処理 ▶ 苦情受付報告書

CD-ROMの使い方

ここからのページで、CD-ROM内のデータの使い方を学びましょう。

⚠️ CD-ROM をお使いになる前に必ずお読みください

付属のCD-ROMは、「Microsoft Word 2010」で作成、保存したWord文書（ファイル）、
Wordで開くリッチテキストデータ、イラスト画像（PNG形式）データを収録しています。
お手持ちのパソコンに「Microsoft Word 2010」以上がインストールされているかご確認ください。
付属CD-ROMを開封された場合、以下の事項に合意いただいたものとします。

●動作環境について

本書付属のCD-ROMを使用するには、下記の環境が必要となります。CD-ROMに収録されているWordデータは、本書では、文字を入れるなど、加工するにあたり、Microsoft Office Word 2010を使って紹介しています。処理速度が遅いパソコンではデータを開きにくい場合があります。
○ハードウェア
　Microsoft Windows 10以上推奨
○ソフトウェア
　Microsoft Word 2010以上
○ CD-ROMを再生するにはCD-ROMドライブが必要です。
※ Mac OSでご使用の場合はレイアウトが崩れる場合があります。

●ご注意

○本書掲載の操作方法や操作画面は、『Microsoft Windows 10』上で動く、『Microsoft Word 2010』を使った場合のものを中心に紹介しています。
　お使いの環境によって操作方法や操作画面が異なる場合がありますので、ご了承ください。
○データはWord 2010に最適化されています。お使いのパソコン環境やアプリケーションのバージョンによっては、レイアウトが崩れる可能性があります。
○お客様が本書付属CD-ROMのデータを使用したことにより生じた損害、障害、その他いかなる事態にも、弊社は一切責任を負いません。
○本書に記載されている内容に関するご質問は、弊社までご連絡ください。ただし、付属CD-ROMに収録されているデータについてのサポートは行なっておりません。
※ Microsoft Windows、Microsoft Wordは、米国マイクロソフト社の登録商標です。
※ その他記載されている、会社名、製品名は、各社の登録商標および商標です。
※ 本書では、TM、®、© マークの表示を省略しています。

●本書掲載おたより、指導計画など CD-ROM 収録のデータ使用の 許諾と禁止事項

CD-ROM収録のデータは、ご購入された個人または法人・団体が、営利を目的としない掲示物、園だより、その他、家庭への通信として自由に使用することができます。ただし、以下のことを遵守してください。
○他の出版物、企業のPR広告、商品広告などへの使用や、インターネットのホームページ（個人的なものも含む）などに使用はできません。無断で使用することは、法律で禁じられています。なお、CD-ROM収録のデータを変形、または加工して上記内容に使用する場合も同様です。
○ CD-ROM収録のデータを複製し、第三者に譲渡・販売・頒布（インターネットを通じた提供も含む）・賃貸することはできません。
○本書に付属のCD-ROMは、図書館などの施設において、館外に貸し出すことはできません。
（弊社は、CD-ROM収録のデータすべての著作権を管理しています）

● CD-ROM 取り扱い上の注意

○付属のディスクは「CD-ROM」です。一般オーディオプレーヤーでは絶対に再生しないでください。パソコンのCD-ROMドライブでのみお使いください。
○ CD-ROMの表面・裏面ともに傷を付けたり、裏面に指紋をつけたりするとデータが読み取れなくなる場合があります。CD-ROMを扱う際には、細心の注意を払ってお使いください。
○ CD-ROMドライブにCD-ROMを入れる際には、無理な力を加えないでください。CD-ROMドライブのトレイに正しくセットし、トレイを軽く押してください。トレイにCD-ROMを正しく乗せなかったり、強い力で押し込んだりすると、CD-ROMドライブが壊れるおそれがあります。その場合も一切責任は負いませんので、ご注意ください。

CD-ROM 収録データ一覧

付属のCD-ROMには、以下のデータが収録されています。

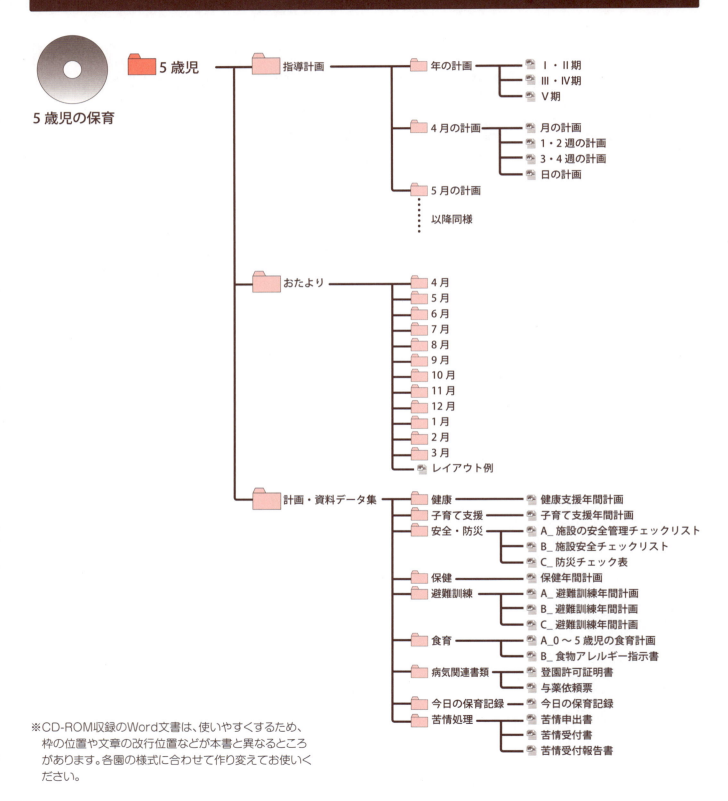

※CD-ROM収録のWord文書は、使いやすくするため、枠の位置や文章の改行位置などが本書と異なるところがあります。各園の様式に合わせて作り変えてお使いください。

付属のCD-ROMのデータを使って
指導計画やおたよりを作ろう

『Word』を使って、指導計画やおたよりを作ってみましょう。付属のCD-ROMのWord文書はMicrosoft Word 2010で作成されています。ここでは、Windows 10上で、Microsoft Word 2010やペイントを使った操作手順を中心に紹介しています。

（動作環境についてはP.261を再度ご確認ください）
※掲載されている操作画面は、お使いの環境によって異なる場合があります。ご了承ください。

CONTENTS

- Ⅰ ファイルの基本操作 …………… P.264
  - 1 ファイルを開く　3 名前を付けて保存する
  - 2 文字を入力する　4 印刷する
- Ⅱ 文章を変更する ………………… P.265
  - 1 文章を変更する
  - 2 書体や大きさ、文字列の方向、行間、文字の配置を変える
- Ⅲ 枠表の罫線を調整する ………… P.267
  - 1 セルを広げる・狭める　2 セルを結合する・分割する
- Ⅳ イラストを挿入する ……………… P.268
- Ⅴ イラストに色を塗る
  - 1 ペイントからCD-ROMのイラストを開く　3 名前を付けて保存する
  - 2 色を塗る
- Ⅵ 囲みイラスト付き文例を利用する …… P.270
- Ⅶ 文例を利用する ………………… P.271
- Ⅷ テキストボックスを挿入する

基本操作

マウス

マウスは、ボタンを上にして、右手ひとさし指が左ボタン、中指が右ボタンの上にくるように軽く持ちます。手のひら全体で包み込むようにして、机の上を滑らせるように上下左右に動かします。

クリック　カチッ
左ボタンを1回押します。ファイルやフォルダ、またはメニューを選択する場合などに使用します。

ダブルクリック　カチカチッ
左ボタンをすばやく2回押す操作です。プログラムなどの起動や、ファイルやフォルダを開く場合に使用します。

右クリック　カチッ
右ボタンを1回押す操作です。右クリックすると、操作可能なメニューが表示されます。

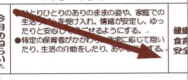

ドラッグ　カチッ…ズー
左ボタンを押しながらマウスを動かし、移動先でボタンを離す一連の操作をいいます。文章を選択する場合などに使用します。

元に戻る・進む

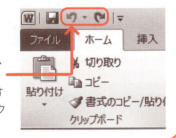

操作を間違えたら ゥ（元に戻す）をクリックすると、ひとつ前の状態に戻ります。戻した操作をやり直す場合は、 ℂ（やり直し）をクリックします。

Ⅰ ファイルの基本操作

1 ファイルを開く

① CD-ROMをパソコンにセットする

② 「自動再生」画面の「フォルダを開いてファイルを表示」をクリック

③ フォルダを順次開き、Wordのファイルをダブルクリック

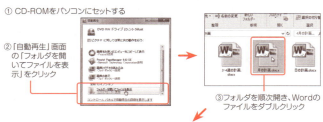

〈テンプレートの文書構成〉
収録されているWordテンプレートは、A4横または縦の表で構成されています。表内にカーソルがあるので、リボンには「表ツール」が表示されています。

- リボン：ツールが並んでいる領域
- タブ：操作の種類によって、クリックしてリボンを切り替えます
- 表ツール

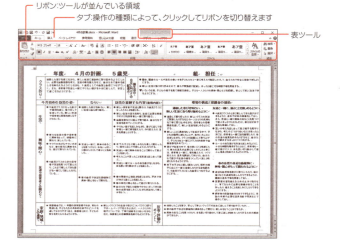

2 文字を入力する

表の各枠をセルといいます。文字を入力するには、セル内をクリックします。各セルには、左揃え、中央揃えなどの配置があらかじめ設定されています。年度、組名、担任名など、セル内に文字を入力します。

→セル内の文章を変更するには、P.265「Ⅲ 文章を変更する」へ。
→セル内の文字列の配置を変更するにはP.266「Ⅲ 文章を変更する 2.文字列の方向・配置を変更する」へ。
→これで作成完了の場合は、次の「3 名前を付けて保存する」「4 印刷する」へ。

3 名前を付けて保存する

① 「ファイル」をクリック
② 「名前を付けて保存」をクリック
③ 保存先を選択
④ ファイル名を入力
⑤ 「保存」をクリック

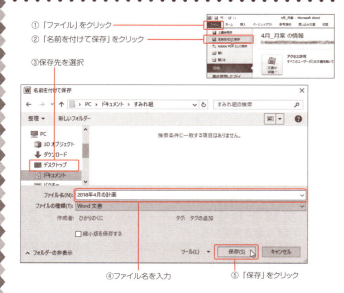

4 印刷する

① 「ファイル」をクリック
② 「印刷」をクリック
③ プレビュー画面で確認
④ 枚数を入力
⑤ 「印刷」をクリック

★用紙サイズ、印刷方向などの変更をすることができます

★縮小印刷
A4サイズの文書をB4サイズに拡大して印刷することができます。

① 「ファイル」をクリック
② 「用紙サイズの設定」をクリック
③ 用紙サイズを指定

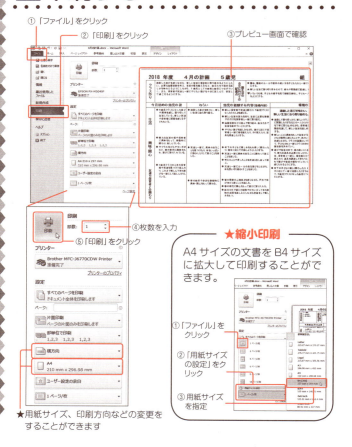

Ⅱ 文章を変更する

担当クラスの様子や、子どもたちに合わせて文章を変更しましょう。
文字の書体や大きさを変えるなどアレンジしてみてください。

1 文章を変更する

1. 変更したい文章を選択する

変更したい文章の最初の文字の前にカーソルを合わせてクリックし、ドラッグして変更したい文章の範囲を選択します。

ここにカーソルを合わせて、変更したい所までドラッグします。

ここでマウスをはなすと、クリックした所から、ここまでの文章が選択されます。

選択された文字の背景の色が変わります。

2. 新しい文章を入力する

そのまま新しい文章を入力します。

2 書体や大きさ、文字列の方向、行間、文字の配置を変える

1. 文字の「書体」や「大きさ」を変える

文字を好きな書体（フォント）に変えたり、大きさ（フォントサイズ）を変えたりしてみましょう。
まず、「1 1.変更したい文章を選択する」の方法で、変更したい文章の範囲を選択します。
次に、「ホーム」タブのフォントやフォントサイズの右側「▼」をクリックし、書体とサイズを選びます。

※フォントサイズ横の「フォントの拡大」「フォントの縮小」ボタンをクリックすると少しずつサイズを変更できます。

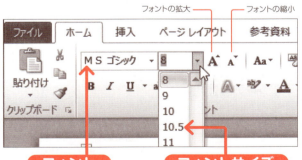

フォント
フォント名が英語のものは、日本語を表示できません。使うことのできるフォントの種類は、お使いのパソコンにどんなフォントがインストールされているかによって異なります。

フォントサイズ
フォントサイズは、数字が大きくなるほどサイズが大きくなります。
フォントサイズが8以下の場合は、手動で数値を入力します。

下の例のように、文章が新しい書体と大きさに変わりました。

変更前	変更後
フォント:MSゴシック フォントサイズ:8	フォント:HG丸ゴシックM フォントサイズ:10

2. 文字列の方向・配置を変更する

変更したいセルを選択し、【表ツール】の「レイアウト」タブの「配置」から文字列の配置や方向を設定します。

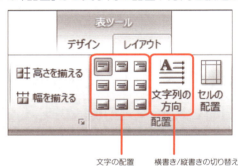

左端揃え（上）

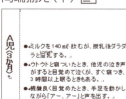

中央揃え（中央）

両端揃え（下）

縦書き

横書きのセルを選択し、「文字の方向」ボタンをクリックすると、縦書きの「両端揃え（右）」の配置になります

配置も縦書きに変わります。下図は、文字の配置を「両端揃え（中央）」に設定しています。

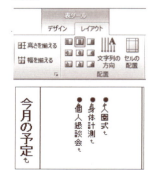

II 文章を変更する

3.「行間」を調整する

行と行の間隔を変更したい段落を選択して、「ホーム」タブ「段落」にある「行と段落の間隔」ボタンをクリックして、数値にマウスポインターを移動させると、ライブプレビュー機能により、結果を確認することができます。行間の数値をクリックすると決定します。

行間1

行間・間隔

ヒント

行間などの段落書式を詳細に設定する場合は、「ホーム」タブ「段落」の右下の⇘ボタンをクリックして、下図の「段落」の設定画面を表示します。インデント（行の始まる位置）や段落前後の空きなども設定できます。

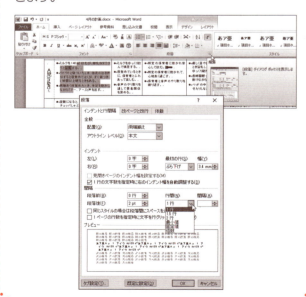

Ⅲ 枠表の罫線を調整する

枠表の罫線を動かしてセルを広げたり狭めたりして調整してみましょう。
自分で罫線を引いたり消したりすることもできます。

1 セルを広げる・狭める

表の罫線上にマウスを移動すると、マウスポインターが ÷ や ⇔ に変化します。そのままドラッグして上下または左右に動かすと、セルの高さや幅を変更することができます。

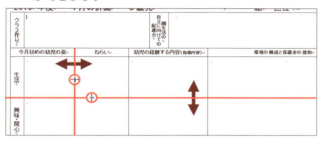

※特定のセルの幅を変更する場合は、そのセルを選択し、【表ツール】「レイアウト」タブ「表」にある「選択→セルの選択」をクリックしてから左右の罫線をドラッグします。

2 セルを結合する・分割する

1. 複数のセルを選択して、結合する

結合したいセルをドラッグして選択し、【表ツール】の「レイアウト」タブ「結合」の「セルの結合」ボタンをクリックします。

右図のように2つのセルが結合されて1つになります。

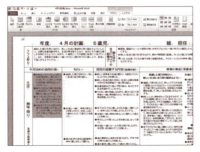

2. 1つのセルを複数のセルに分割する

表の行数や列数を変更したい場合、一旦、セルを結合してから分割します。

①行数と列数を変更したいセルをすべて選択します。

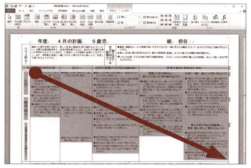

②「Delete」キーを押して文字を消去します。

③もう一度、行数と列数を変更したいセルをすべて選択します。

④【表ツール】「レイアウト」タブ「結合」の「セルの結合」ボタンをクリックすると、下図のように大きな1つのセルになります。

⑤【表ツール】「レイアウト」タブ「結合」の「セルの分割」ボタンをクリックして表示された画面で、列と行を設定して「OK」をクリックします。

列数を「3」、行数を「5」に設定してみます。

3列5行に分割されました。

Ⅳ イラストを挿入する

CD-ROMに収録されているイラストはPNG形式の画像データです。Word文書に「挿入」して使います。

①イラストを挿入したい場所をクリック

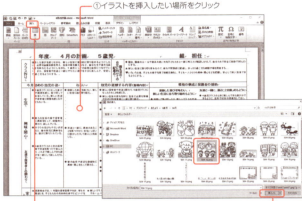

②「挿入」タブに切り替えて「図」をクリック

③「CD-ROM」から使いたいイラストを選択して「挿入」をクリック

図が挿入されると一時的にレイアウトが崩れるので設定を変更します

④【図ツール】の「文字列の折り返し」をクリックして「前面」を選択

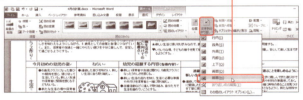

イラストのサイズ変更と移動

⑥イラストの角のハンドル（○）をドラッグしてサイズを調整します。

⑦イラストをドラッグして任意の場所へ移動します。

★文字列の折り返しについて

「文字列の折り返し」は、挿入したイラスト（画像）と、画面に入力した文字列（テキスト）との関係を設定するものです。

【行内】：イラストを文字列の行内に配置します。（挿入した際の初期設定はこの状態）
行内(I)

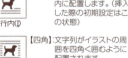
【四角】：文字列がイラストの周囲を四角く囲むように配置されます。
四角(S)

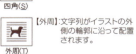
【外周】：文字列がイラストの外側の輪郭に沿って配置されます。
外周(T)

【内部】：イラストの内部にも文字列が配置されます。
内部(H)

【上下】：文字列がイラストの上下に分かれて配置されます。
上下(O)

【背面】：イラストが文字列の背面に配置されます。
背面(D)

【前面】：イラストが文字列の前面に配置されます。
前面(N)

※囲みイラスト付き文例については、P.270を参照下さい。

Ⅴ イラストに色を塗る

Windowsに付属しているお絵かきソフト「ペイント」で、イラストにクレヨン調の色を塗ってみましょう。

1 ペイントからCD-ROMのイラストを開く

1. ペイントを起動する

①デスクトップのスタートボタンの右側にある検索ボックス（Cortana）に「ペイント」と入力します。

②デスクトップアプリの「ペイント」が表示されるので、クリックします。

①「ペイント」と入力
②クリック

〈ペイントを開いたときの画面と主なボタンの役割〉

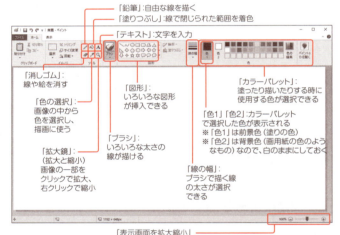

「鉛筆」：自由な線を描く
「塗りつぶし」：線で閉じられた範囲を着色
「テキスト」：文字を入力
「消しゴム」：線や絵を消す
「色の選択」：画像の中から色を選択し、描画に使う
「図形」：いろいろな図形が挿入できる
「ブラシ」：いろいろな太さの線が描ける
「拡大鏡」：（拡大と縮小）画像の一部をクリックで拡大、右クリックで縮小
「カラーパレット」：塗ったり描いたりする時に使用する色が選択できる
「色1」「色2」：カラーパレットで選択した色が表示される
※「色1」は前景色（塗りの色）
※「色2」は背景色（画用紙の色のようなもの）なので、白のままにしておく
「線の幅」：ブラシで描く線の太さが選択できる
「表示画面を拡大縮小」：表示させている画面の大きさを変えることができる。

2. ペイントからCD-ROMのイラストを開く

①画面左上のボタンをクリック
②「開く」をクリック
③「コンピュータ」の中の「CD-ROM」をダブルクリック
④イラストを選択
⑤「開く」をクリック

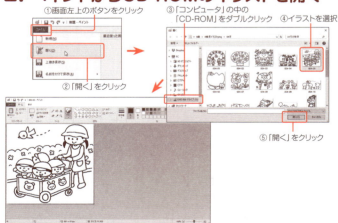

2 色を塗る

1. 閉じている面を塗るとき

「塗りつぶし」を使って色を塗ります。

①「カラーパレット」から塗りたい色をクリック

②イラスト上でマウスポインターが⋮⋮に変わるので、塗りたい場所でクリック

失敗したら「元に戻す」ボタンをクリックして元に戻せます。

2. 閉じていない面を塗るとき

閉じていない面で塗りをクリックすると、線がとぎれた部分から色がはみ出して広い範囲で着色されます。このような場合は、とぎれている部分をつないで面を閉じてから塗りつぶします。

線が離れているので植込みと背景が同じ色で塗られてしまいます。

「鉛筆」を使って途切れている線をつなげてみましょう。

①「鉛筆」をクリック　②「線の幅」をクリック

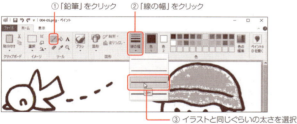

③ イラストと同じぐらいの太さを選択

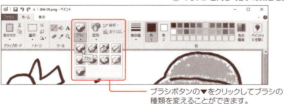

ブラシボタンの▼をクリックしてブラシの種類を変えることができます。

④キャンバスのマウスポインターが✏に変化するので、途切れている線の端をドラッグして線を描き足します。

⑤面が閉じたら、「塗りつぶし」を使って色を塗ります。

V イラストに色を塗る

★線や色を消す場合

①「ホーム」をクリック
②「消しゴムツール」をクリック

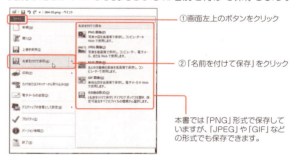

③ マウスポインタが□に変わるので消したい所をドラッグする

3 名前を付けて保存する

完成したら、いつでも使えるように名前を付けて保存します。

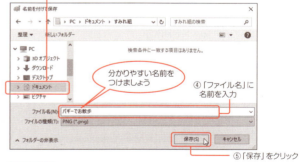

①画面左上のボタンをクリック

②「名前を付けて保存」をクリック

本書では「PNG」形式で保存していますが、「JPEG」や「GIF」などの形式でも保存できます。

③保存先をクリック

分かりやすい名前をつけましょう

④「ファイル名」に名前を入力

⑤「保存」をクリック

できあがり

ヒント

イラストをべた塗りするには

ペイントの「塗りつぶし」ツールは、クリックした場所と同じ色に適用されます。CD-ROMのイラストは、きれいに印刷できるように同じ白でも少しずつ色味が異なる階調を持っているため、クレヨンで塗ったようになります。

そこで、一旦、色数の少ない画像形式（16色ビットマップ）に変換してからPNG形式に戻すと、べた塗りすることができるようになります。

①色を塗りたいイラストを開き、「ファイル」タブをクリックして、「名前を付けて保存」を選択します。

②「ファイルの種類」のVをクリックして「16色ビットマップ」を選択して「保存」をクリックします。

③次のようなメッセージが表示されたら、「OK」ボタンをクリックします。

④もう一度「ファイル」タブをクリックして、「名前を付けて保存」を選択し、「ファイルの種類」のVをクリックして「PNG」を選択して「保存」をクリックします。

P.269の手順で色を塗ると、右図のようにきれいに塗ることができます。

Ⅵ 囲みイラスト付き文例を利用する

CD-ROM内の囲みイラスト付き文例はWord文書にイラスト（PNG形式）とテキストボックスが組み合わさってできています。毎月のおたよりなどにご利用ください。

①囲みイラスト付き文例を挿入したいWord文書を開いておきます。

②CD-ROMから使いたい囲みイラスト付き文例を開きます。

④「ホーム」タブ「クリップボード」の「コピー」をクリックします。

③イラストの端の部分をクリックすると、外枠が表示されます。

⑤作成中の文書に切り替えて、挿入したい部分をクリックしてから、「ホーム」タブ「クリップボード」の「貼り付け」ボタンをクリックします。

※Excelで使用される際は、ここでご使用の文書を開いてください。

→囲みイラスト付き文例のイラストとテキストボックスは、グループ化されているので、ひとつの図のように移動することができます。

→「文字列の折り返し」については、P.268へ

★文例の書式を解除したい場合
（字下げだけではなく、文字サイズや行間なども）

囲みイラストつき文例の文例だけをコピーして、別の場所に貼り付けると、元の書式も一緒に貼り付きます。このような場合は、次のいずれかの方法でテキストだけを貼り付けます。

[A]「ホーム」タブ「クリップボード」の「貼り付け▼」をクリックして「A」（テキストのみ保持）をクリック

[B]貼り付け後、右下に表示される「貼り付けオプション」ボタンをクリックして「A」（テキストのみ保持）をクリック

VII 文例を利用する

CD-ROM内の文例はリッチテキスト形式として収録されており、Wordで開くことができます。

※リッチテキストとは、文字と文字の書式情報(フォントやフォントサイズ、色、太字、斜体など)を持つ文書ファイル形式です。
　CD-ROM内の文例の書式は、MSゴシック、10.5ptです。

①文例を使いたいWord文書を開いておきます。
②CD-ROMから文例ファイルを開きます。

③使用したい文章をドラッグして選択します。

④「ホーム」タブ「クリップボード」の「コピー」をクリックします。

⑤文例を使いたいWord文書に切り替えて、貼り付けたい位置をクリックします。

⑥「ホーム」タブ「クリップボード」の「貼り付け▼」をクリックして「A」(テキストのみ保持)をクリックします。

VIII テキストボックスを挿入する

テキストボックスは、囲み罫やイラストに重ねて文章を入れたいときに使います。

イラストの「文字列の折り返し」を「前面」に設定する

イラストにテキストボックスを重ねる場合、イラストの「文字列の折り返し」は「前面」に設定しておきます。

①イラストをクリックして選択します。
②【図ツール】の「書式」タブ「配置」の「文字列の折り返し」をクリックします。

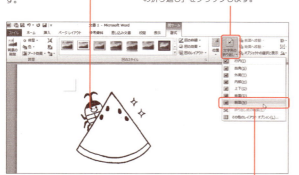

③【図ツール】の「書式」タブ「配置」の「文字列の折り返し」をクリックして「前面」をクリックします。

テキストボックスを挿入する

囲みケイやイラストに重ねて文章を入れたいときに使います。

①「挿入」をクリック　②「テキストボックス」をクリック

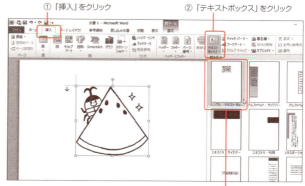

③「シンプル-テキストボックス」をクリック

④テキストボックスの文章が反転している状態で、文字を入力します。

⑤テキストボックスのサイズは枠のハンドル(○、□)をドラッグして調節します。

⑥テキストボックスの外枠をドラッグして、イラストの上に配置します。

テキストボックスの枠を選択すると、ボックス内の文字の文字書式や段落書式を「ホーム」タブの「フォント」や「段落」のツールで変更できます。

既定のテキストボックスは、塗りつぶしが白色、枠線が黒色です。イラストに重ねる場合は、【描画ツール】「図形のスタイル」で両方とも「なし」に設定します。

▼塗りつぶしなし　　　　　▼枠線なし

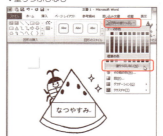　

できあがり

監修 神長美津子

國學院大學教授
幼保連携型認定こども園教育・保育要領の改定に関する検討委員会
中央教育審議会 教育課程部会幼児教育部会主査代理
元・文部科学省初等中等教育局幼児教育課教科調査官
『月刊 保育とカリキュラム』総監修

保育のきほん

監修・執筆　神長美津子
　　　　　　馬場耕一郎（聖和短期大学准教授、厚生労働省保育課保育専門調査官、大阪・幼保連携型認定こども園 おおわだ保育園 理事長）

5歳児保育のきほん

監修・執筆　神長美津子

● 発達と生活・発達と遊び

監修・執筆　塩谷 香（國學院大學特任教授、NPO法人「ぴあわらべ」理事）

環境とあそび

● 環境づくり

執筆　　　　永井由利子（松蔭大学教授）
写真協力園　東京　　　石浜橋場こども園、北大泉幼稚園、京橋朝海幼稚園、
　　　　　　　　　　　小日向台町幼稚園、さくらだこども園、千駄木幼稚園、
　　　　　　　　　　　高島幼稚園、立花幼稚園、東京学芸大学附属幼稚園竹早園舎、
　　　　　　　　　　　西が丘保育園、ふじみこども園、船堀幼稚園、本駒込幼稚園、
　　　　　　　　　　　武蔵東第二幼稚園、明化幼稚園、湯島幼稚園
　　　　　　神奈川　　岡本保育園、報徳幼稚園
　　　　　　千葉　　　入船南幼稚園、百合台幼稚園

● 子どもとつくる部屋飾り

監修　　　　村田夕紀（四天王寺大学教授）
　　　　　　内本久美（四天王寺大学非常勤講師）
製作協力　　西村久美子、南 睦子、大阪・羽曳野市立恵我之荘幼稚園

● ちょこっと遊ぼう・いっぱい遊ぼう・行事あそび

執筆　　　　小倉和人（KOBEこどものあそび研究所所長）
写真・実践協力園　兵庫　須磨区地域子育て支援センター、
　　　　　　　　　　　　認定こども園まあや学園、
　　　　　　　　　　　　よこやま保育園

● じっくりゆったり遊ぼう

執筆　　　　中尾博美（姫路日ノ本短期大学非常勤講師、元・姫路市立保育所保育士）

指導計画

執筆　　　　『月刊 保育とカリキュラム』東京 5歳児研究グループ
チーフ　　　赤石元子（明治学院大学特命教授）
　　　　　　篠原孝子（元・聖徳大学教授）
　　　　　　永井由利子
　　　　　　松本紀子（品川区第一日野すこやか園、西五反田第二保育園）

● 今月の保育

執筆　　　　赤石元子、篠原孝子、永井由利子、松本紀子

● 月の計画 要領・指針につながるポイント

執筆　　　　篠原孝子

おたより

文例・イラスト案　永井裕美（保育士・幼稚園教諭）

もっとサポート 計画・資料データ集

協力園　　　東京　　　武蔵野東学園幼稚園
　　　　　　千葉　　　柏井保育園
　　　　　　大阪　　　寺池台保育園、たんぽぽ学園
　　　　　　奈良　　　ふたば保育園

※本書掲載の一部は、『月刊 保育とカリキュラム』2009～2017年度の内容に加筆・修正を加え、再編集したものです。

STAFF

本文デザイン　株式会社フレーズ（宮代佑子、武田紗和、岩瀬恭子）
本文DTP　　　株式会社フレーズ（江部憲子、小松桂子）
製作物・イラスト　石川元子、いとうみき、イケダヒロコ、オビカカズミ、菊地清美、
　　　　　　　　　北村友紀、白川美和、鈴木えりん、田中なおこ、常永美弥、
　　　　　　　　　中小路ムツヨ、なかのまいこ、ナシエ、楢原美加子、福島幸、
　　　　　　　　　みやれいこ、Meriko、やまざきかおり、shoko
撮影　　　　佐久間写真事務所
　　　　　　山田写真事務所
編集協力　　太田吉子、川城圭子、堤谷孝人、
　　　　　　株式会社どりむ社、pocal（本城芳恵、和田啓子）
楽譜浄書　　株式会社クラフトーン
校正　　　　株式会社どりむ社
　　　　　　永井一嘉
企画・編集　安部鷹彦、山田聖子、松尾実可子
CD-ROM制作　NISSHA株式会社

本書のコピー、スキャン、デジタル化等の無断複製は著作権法上での例外を除き禁じられています。本書を代行業者等の第三者に依頼してスキャンやデジタル化することは、たとえ個人や家庭内の利用であっても著作権法上認められておりません。

年齢別クラス運営シリーズ

5歳児の保育

2018年2月　初版発行

監修者　神長美津子
発行人　岡本 功
発行所　ひかりのくに株式会社
　　　　〒543-0001　大阪市天王寺区上本町3-2-14
　　　　TEL06-6768-1155　郵便振替00920-2-118855
　　　　〒175-0082　東京都板橋区高島平6-1-1
　　　　TEL03-3979-3112　郵便振替00150-0-30666
　　　　ホームページアドレス　http://www.hikarinokuni.co.jp
印刷所　NISSHA株式会社

©2018　乱丁、落丁はお取り替えいたします。　Printed in Japan
<JASRAC 出1715539-701>　　　　　　　　　ISBN978-4-564-61556-6
　　　　　　　　　　　　　　　　　　　　　NDC376　272P　26×21cm